소비자 행동과 마케팅

방용태

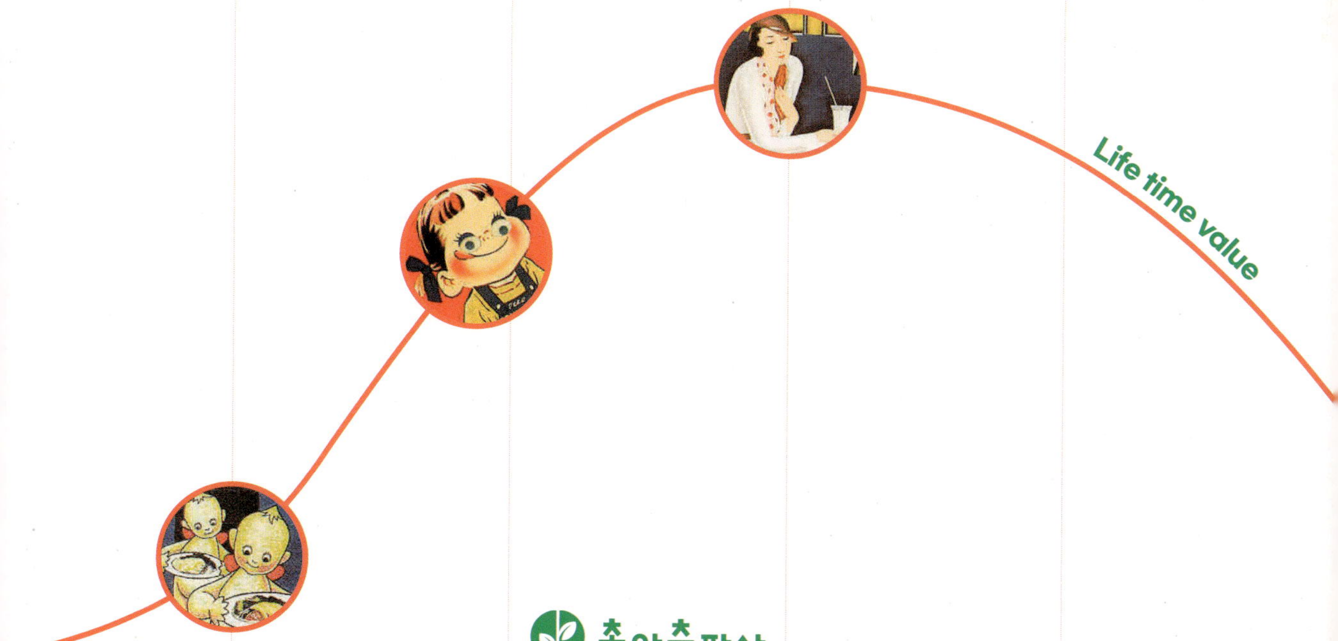

초아출판사

소비자 행동과 마케팅

방용태

초아출판사

머릿말

마케팅이라는 대영역에서 나오는 아홉 번째 책인 본서의 탈고에서 손을 떼면서 느끼는 기분이랄까, 아! 이제 정년퇴임을 4년 앞둔 시점에 내가 할 수 있는 마지막 작품이구나 하는 생각이다. 2002년 처음 배재대학에 부임하였을 때 가졌던 배움과 가르침에 대한 강한 열정도 서서히 식어가고, 그래서 제품수명주기를 마케팅에서 말하듯, 우리 인간에게도 수명주기가 있나보다 하는 생각이 든다.

제자들을 향한 뜨거운 애정을 같이 공부하는데 쏟아 붓고 전공의 특성을 살려서 해외시장 탐방의 기회도 제공하였다. 그런데 지금 그런 애정마저 줄어드는 자신을 발견하고서는 더 이상 소비자 가치를 제공할 수 없음을 절감하기도 하였다. 주님의 집 배재대학을 깨끗이 하는데 심부름 역할을 다하여 주님께서 내게 베푸신 무한한 은혜와, 곤경에서 이끌어 내주신 자비에 보답하겠다는 다짐도 결실을 보지 못하였다.

그래서 모든 것이 허무로다 하는 자괴감이 들기도 하고, 이 모든 것이 주님이 정하신 일이다 싶어서 곱게 체념하기도 한다. 시장을 창출하는 일이 마케팅(market+ing)이라면 그 분야의 인재를 창출하는 탤런팅(talent+ing)이 나의 소임이거늘 과거의 몇몇 제자들이 사회에 나가서 굳건히 자기 맡은 바를 수행하는 모습에서 과연 나의 소명을 제대로 하였다고 말할 수 있는 건지?

나이를 먹을수록 아는 것이 늘어난다는 것도 한계효용체감의 법칙(law of diminishing marginal utility)이 작용하다보니 커다란 의미를 부여하기는 어렵다는 생각이 든다. 오히려 영어를 대한 시간이 반세기에 도달해가는 현 시점에서 갈수록 영어가 버겁다는 생각이 드는 것처럼, 세상사 겪을수록 모르는 일 투성이라는 깨달음이 오는 것은 어인 일일까. 마지막 작품 같지도 않은 걸 책이랍시고 출간하는 필자의 심정이 왜 이리 넋두리로 가득 차 있는 건지, 역시 식자우환(識字憂患)이 딱 들어맞는 명언이로구나.

2021년 마지막 안식년을 마무리하면서

방 용 태

목 차

PART 1 소비자 행동

PART 2 시장 개발

PART 3 마케팅 믹스

PART 4 패션산업의 시장과 마케팅

PART 1

소비자 행동

01 소비자 가치

1. 소비자 가치와 기업 생존

2017년 9월 미국의 의류업체 GAP은 3년에 걸쳐 200개의 미국 내 점포를 폐쇄하겠다고 발표하였고, 2018년 3월 미국의 완구업체 토이저러스는 파산법원(US bankruptcy court)에 미국 내 사업의 청산 신청을 하고 735개의 점포를 폐쇄하였다[1]. 이들의 부진은 온라인소매업의 강자 아마존에게 경쟁력에서 밀리고 있는 점에 기인하는데, 그 저변에는 기술의 진화와 소비자행동 변화에 신속하게 대처하지 못한 점이 있다. 반면에 애완사업체 PetSmart, 아웃도어사업체 REI 등은 고객체험을 무기로 성장세를 보이고 있다(田中達雄, 2018: 16).

Forrester Research의 'The US Customer Experience Index, Q1 2015'에 의하면, 고객체험에 선도적인 기업의 주가는 2007-13년 중에 77.7% 상승하여 S&P500 기업의 51.5%보다 높은데 비하여, 고객체험에 둔감한 반응을 보인 기업은 –2.5%의 역성장을 기록하였다. 또 다른 조사기관인 Salesforce Research의 '2016 State of Service' 조사(미국, 캐나다, 영국, 프랑스, 독일, 네덜란드, 일본, 호주·뉴질랜드의 서비스직 종사자 2636명을 대상)에서는 응답자의 85%가 고객체험이 기업 간 경쟁의 차별화 요인이라고 지적하였다.

미국의 가전할인점 양대 산맥인 Best Buy와 Circuit City를 비교하면, 서킷시티는 1990년대에 업계 1위에 올랐지만 IT에 대한 소극적 투자로 2001년에 1위의 자리를 내

1 토이저러스는 2005년에 투자회사 콜버그크라비스로버츠(KKR: Kohlberg Kravis Roberts),베인캐피탈(Bain Capital), 부동산투자신탁회사 보네이도리얼티트러스트(Vornado Realty Trust=vno.com)가 LBO(Leveraged Buy Out) 형식으로 인수하여 상장을 철회하였다. LBO는 인수대상 기업의 자산을 담보로 차입금을 조달하여 인수한 뒤에 인수대상 기업을 매각하거나 사업개선을 통하여 늘어난 현금흐름으로 부채를 변제해나간다. 인수주체 입장에서는 적은 금액의 자기자금으로도 대상기업을 인수할 수 있는 장점이 있지만, 대상기업 입장에서는 바뀐 소유주의 차입금 이자를 부담해야 하는 단점이 있다. 50억 달러의 차입금은 2008년 서브프라임모기지 사태로 토이저러스의 재상장이 좌초하면서 발목을 잡게 되었다(田中達雄, 2018: 22).

주더니 급기야 2008년 11월에 미국연방파산법 11조의 적용을 신청하여 사실상 퇴출하고 말았다. 반면 베스트바이는 'Purchase Path'라는 분석시스템을 도입하여 고객행동의 파악을 통한 고객욕구의 충족 제품을 제공하고 접근성이 좋은 도심지에 점포를 개설하였으며, 특히 온라인판매에 심혈을 기울여서 오프라인 매출 감소를 보전(補塡)하였다(田中達雄, 2018: 20). 즉 서킷시티가 비용절감과 효율성 추구라는 기업 본위의 전략을 추구한데 비하여, 베스트바이는 고객체험의 제공이라는 소비자 본위의 전략을 채택한 점이 대조를 보였다.

2. 상품 개발과 소비자가치

히트 상품을 보유한 기업 가운데 58.7%가 경상이익이 증가한 것으로 나왔다(일본중소기업백서, 2005:chusho.meti.go.jp/pamflet/hakusyo). 히트 상품이란 무엇일까? 판매 수량이 일정 수준을 넘어선 상품이라고 말한다면 너무 썰렁한 느낌이 든다. 이럴 때는 소비자가 인식하는 가치(consumer-perceived value)를 기준으로 이해할 필요가 있다. 소비자가치는 그 공식이 (기능가치+경험가치+상징가치)÷비용가치이다. 분자를 합치면 편

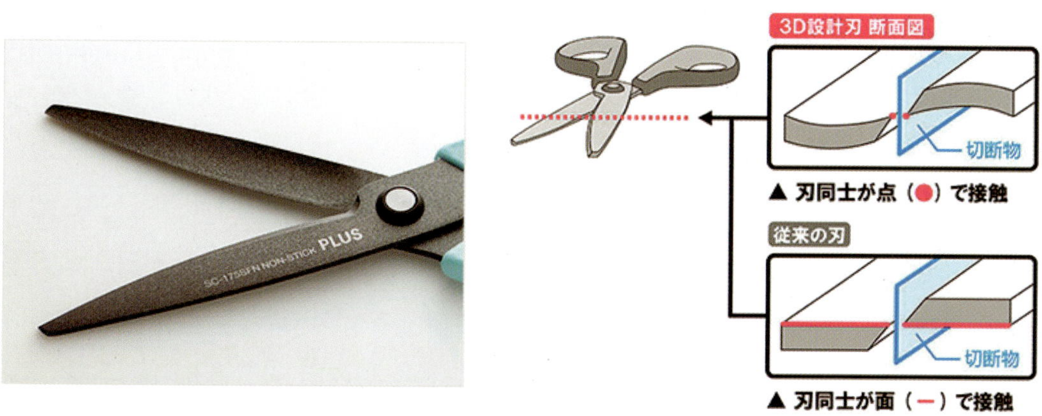

출처: https://bungu.plus.co.jp/product/cut/std/fcc_fluorine_3d
주) 기존 가위는 양 날이 면에서 접촉하는 반면, 신형 가위는 점에서 접촉하는 차이점.
사진 우측 그림의 일본어 설명은, "3D설계 날의 단면도. 신형 가위는 두 개의 날이 점에서 접촉하지만, 종래 가위는 두 개의 날이 면에서 접촉한다."고 함.

익(benefit)이므로 결국 비용(cost) 대비 편익의 크기를 소비자가 어떻게 받아들이는가에 따라서 인기 상품 여부가 결정된다고 보는 게 분석적 시각이다.

일본의 문구제조업체 프라스(plus.co.jp)의 가위 브랜드 '핏컷커브'는 2012년 1월 출시 후 2017년 12월말 기준으로 시리즈 누계 2천 만 개를 돌파한 히트 상품이 되었다. 그 원동력은 소비자 가치의 편익 부분 가운데 기능가치를 획기적으로 개선한 점에 있다. 두꺼운 종이, 판지 등 가위로 자르기 힘든 것들을 힘들이지 않고 가볍게 자를 수 있다는 기능 가치를 소비자들이 인식, 인정해 준 것이다[2].

일본의 편의점 업체 '로손(Lawson: 우리나라에는 미진출, 패밀리마트는 철수하고 합작 상대인 보광이 단독 운영)'은 'Uchi Cafe SWEETS 프리미엄 롤케익'을 2009년에 출시하여 엄청난 실적을 기록하였다. 홋카이도(북해도) 산 생유를 사용한 생크림, 양과자 전문점에서 쓰는 밀가루를 원료로 한 스펀지케이크(단가 150엔)는 1억 6천만 개의 매출을 달성하였다. 이 신상품이 제공한 소비자 가치는 생크림의 품질과 양에 있다. 포장에는 크림의 양이 일반 롤 케이크의 몇 배라서 '스푼으로 먹는다'는 표기가 되어 있을 정도이다. 롤 케이크는 스펀지(부드러운 빵 부분)가 아니라 크림이 강조점이므로, 반대로 스펀지 양을 몇 배로 했더라면 이 정도의 반응을 얻지는 못하였을 것이다(게다가 특수공법으로 둥글게 말리지 않은 케이크). 롤 케이크의 원가를 상세히 알 수는 없지만, 판매가 100엔, 크림 원가10엔이라고 가정하면 크림의 양을 3배로 하더라도 크림 원가의 추가 상승분은 20엔이다(30엔-10엔). 따라서 크림 원가의 추가 상승분을 고스란히 판매가에 반영하더라도 120엔이다. 20엔의 추가 비용을 지불하고 수배에 달하는 크림이 담긴 롤 케이크를 사먹는다는 즐거움이 소비자가 인식한 가치인 셈이다(佐藤義典, 2018: 193).

소비자 가치에 기반을 둔 상품개발은 영세 신생기업에게도 그대로 적용된다. 암벨(amvel.net)은 창업자를 포함하여 5명으로 구성된 신생기업인데, 크라우드펀딩으로 조달한 436만 엔의 자금을 투입하여 세계에서 가장 가벼운 67g(2016년 창업 당시 79g에서 더욱 개량)의 자동접이식 우산을 개발, 판매하고 있다. 우산을 펼치면 직경 83cm로 몸을 보호

2 필자가 일본의 지인에게 부탁하여 배송 받아 사용해보니, 택배 상자를 기존에 사용 중인 가위(프라스 제품보다 사이즈가 큼)로 자를 때보다 프라스 제품으로 자를 때 손가락에 닿은 압박감이 다소 적기는 하였다.

*https://www.lawson.co.jp/recommend/original/dessert/

하는데 부족함이 없으며, 초속 15m의 강풍에도 꺾이지 않는 튼튼한 성능을 갖추고 있다. 이처럼 독창성이 돋보이는 상품 개발력 덕분에 자체 브랜드와 PB 브랜드의 판매 비율이 각각 절반을 차지하고 있다(ゲームチェンジャー, NIKKEI BUSIMNESS, 2021.02.01.). 우산의 경쟁 요소, 즉 자리매김의 기준은 디자인과 브랜드, 가격의 세 가지이다. 이 중 디자인은 업체 간 경쟁이 극심하고, 유명 브랜드의 라이선싱에는 적잖은 자금이 필요하며, 위탁생산 공장에 대량주문을 발주할 여력이 없는 신생 영세기업에게는 가격 경쟁도 여의치 않다. 따라서 암벨이 선택한 차별화는 기능가치에 있다. 우산의 무게라는 기능 차원에서 차별화를 이루기 위하여 우산의 뼈대 소재를 강철(steel)이 아니라 탄소섬유(carbon fiber)로 교체하였고, 섬유의 굵기도 최대한 얇게 하는데 성공하였다.

이와는 반대로 출시 후 곧 퇴출당하는 상품은 소비자 가치를 중심에 두지 않고 개발을 진행한 문제점을 노출하고 있다. 모 화장품제조업체의 상품개발 담당자 말에 따르면, 개발 부서가 신상품을 제작하고 나서 광고부서가 표적 고객을 설정한다는 것이다(佐藤義典, 2018: 20). 또 다른 사례로 모 IT업체는 신기술을 개발하고 나면 이를 테스트하기 위한 사내 서비스를 모색하고, 여기서 될 것 같다는 감이 오면 IT 시스템을 제작한 뒤에 누구한테 판매를 할 것인지를 생각하다보니 팔리지도 않는 사태가 벌어진다.

3. 소비자 가치와 사용상황

소비자 가치가 있는지 여부는 상품을 소비자가 어떻게 사용하는지 그 상황을 살펴봐야만 알 수 있다. 바꾸어 말하면, 기업 측이 자사의 상품을 소비자가 구입하면 어떤 상황에서 유용하게 사용할 수 있는지를 제대로 전달해야 한다는 것이다. 성공을 거둔 기업과 그렇지 못한 기업 간에는 여러 차이점이 있는데, 그 중 가장 커다란 격차는 소비자에게 자사 제품·서비스의 가치에 관한 정보 발신의 충분성에 있다(9.6%p. 출처: 일본 중소기업백서, 2017).

그렇다면 소비자 가치는 어떻게 인식, 결정되는가? 소비자가 제품·서비스를 사용하는 상황(TPO: Time, Place, Occasion)에서 이루어진다. 이를 마케팅의 개념으로 표현한다면, 시장세분화가 필요하다는 뜻이다. 기업은 저마다 상이한 가치를 지닌 각 세그먼트에 맞는 편익을 제공해야 한다.

가방이라는 상품도 TPO에 따라서 사용 상황은 가지각색이다. 업무용, 학업용, 여행용 등의 사용 상황에 따라서 소비자가 추구하는 가치는 상이하다. 심지어 여행용 가방이라고 하더라도 짐을 넣어야 하는 상황, 여행지에서 가벼운 짐만을 넣고 구경하는 상황, 멋진 레스토랑이나 오페라에 들어가는 상황은 저마다 상이한 가치를 가방이라는 상품에 요구할 것이다.

문제는 그러한 가치를 제대로 언어를 통하여 명확하게 표현해 줄 수 있는 소비자를 선정하여 이를 상품 개발에 반영하는 일이 만만한 작업은 아니라는 점이다. 우선 그런 인물을 찾아내는 작업이 쉽지 않고, 그런 인물이 명확하게 표현한 욕구가 다른 소비자들에게도 확산, 공유될 수 있는 성질의 것인지, 아니면 그 사람 특유의 개인적 욕구에 그치는 것인지를 판별해야 한다. 일단 이런 작업들을 무사히 마치고 나면, 가설을 설정하고 이를 설문조사를 통하여 입증하는 일을 해야 한다. 그 결과가 타당한 것으로 나온다면, 조직의 승인을 받기 위한 결재 보고서를 작성한다.

소비자 가치는 앞서 소비자가 인식한 가치라고 정의하였다. 이것이 갖는 의의를 사례를 통하여 살펴보자. 헤어드라이어의 가치를 무엇으로 소구(appeal)할 것인가를 두고, 보다 강력한 바람의 세기(기능가치)를 강조하여 1350w에서 2000w로 높인 상품이라면 저자와 같은 소비자는 비용가치의 격차가 심하지 않다고 판단될 경우 곧바로 구입한다. 안방 욕실에서 쓰고 있는 헤어드라이어가 머리를 말리는데 시원찮아서 새로 산 헤어드라이어를 공용 욕실에 두고 쓰고 있는데, 건조 속도의 차이라는 편익을 느낄 수 있다. 또 다른 가치로서 핸즈프리라는 기능가치를 내세운다면, 머리를 말리면서 동시에 다른 일(스마트폰 사용, 애완견 돌봄, 네일 아트하기 등)을 함으로써 시간 단축이라는 편익을 누리려는 소비자는 이런 상품을 구입할 것이다.

4. 사용상황과 경쟁상대

자사의 경쟁자가 누구이냐는 문제는 단순히 제품 카테고리가 동일한가로 판가름해서는 안 된다. 상이한 카테고리에 속하는 상품일지라도 사용상황이 동일하다면 경합관계에 놓이게 된다. 그런 면에서 경쟁자가 누구인지는 기업이 정하는 것이 아니라, 소비자가 결정하는 것이다.

가령 햄버거라는 제품 카테고리에 속하는 맥도날드는 동일 카테고리의 버거킹, 롯데리아, 맘스터치, KFC 등과 경합관계에 있다. 그러나 휴일에 어린 자녀들을 데리고 외출하면서 브런치를 하는 사용상황에 놓이게 되면, 소비자는 패밀리 레스토랑과 햄버거 체인점을 동일한 선택지 후보군에 올려놓을 것이다. 마찬가지로 필자는 일요일 미사를 마치고 주변 식당에서 점심을 먹고 나서 커피 한 잔을 마시려 할 때, 스타벅스(카페 카테고리)는 물론 베스킨라빈스(아이스크림 카테고리), 맥도날드(패스트푸드 카테고리) 등을 비교하여 방문 점포를 결정한다. 결정 기준은 그때마다의 사용상황이다. 은은한 분위기에서 커피를 마시려는지, 아이스크림이라는 후식과 더불어 마시려는지, 아니면 철저히 가격만을 따져서 잠시 마시고 나오려는지, 즉 필자가 지각하는 순간순간의 소비자 가치가 중요하다.

물론 소비자 가치 차원에서 파격적인 가치, 차원을 달리하는 가치를 제공하게 되면, 신제품은 기존제품을 퇴출시키기까지 한다. 이용자를 목적지까지 운반해주는 교통수단으로서의 가치 차원에서 자동차(신제품)는 마차(기존제품)를 완전히 따돌리고 말았다.

일본의 문구업체 파이로트가 개발, 시판하고 있는 볼펜 '프릭션볼(frixion ball)'은 지금까지 볼펜 제품에서 볼 수 없었던 '지울 수 있다'는 기능가치를 소비자에게 제공하여 엄청난 반응을 불러일으켰다(참고로, 필자가 구입·사용해보니 지워지는 기능은 인정하지만, 필기를 한 글씨가 선명치 않다는 단점을 느꼈음). 일본 시장에 앞서서 2006년 유럽시장에 먼저 소개되었는데, 프랑스와 독일에서는 학교 수업시간에 만년필이 필기도구로 여전히 사용되고 있다. 글씨를 지우려면 잉크지우개(ink eradicator)라는 별도의 펜을 사용해야 한다. 프릭션볼은 이런 사용상황의 불편함을 단숨에 제거하여 소비자들의 호평을 얻었다(佐藤義典, 2018: 149). 즉 볼펜의 경합 상대는 볼펜이 아니라 만년필이었다.

좌측: 프릭션볼(파이로트), 우측: 잉크지우개(펠리컨)
https://www.pilot.co.jp/products/pen/ballpen/gel_ink/frixionball/
https://item.rakuten.co.jp/penroom/pelikan027/

02 소비자 욕구와 소비자 체험

1. 현재욕구와 잠재욕구

❶ 맥도날드

2006년 일본맥도날드는 어떤 상품을 원하는지에 관한 소비자 설문조사를 하였다. 저칼로리, 유기농, 건강식의 신메뉴가 있으면 좋겠다는 응답이 나왔다. 그러나 정작 젊은 여성 고객들은 여전히 메가맥이나 더블쿼터파운드 메뉴를 시켜 먹는 것이었다. 결국 야채와 과일을 넣어 "균형 잡힌 건강한 생활(Balanced, Active Lifestyle)"을 모토로 내건 5종류의 '샐러드맥'은 2006년 5월 13일(토)에 신상품으로 출시된 뒤 퇴출되고 말았다. 이는 소비자가 맥도날드에 대해 갖고 있는 통찰(insight)이 "두툼하여 포만감을 주는 햄버거를 제공하면, 한 입 넣고 싶다"는 속내라는 점을 의미한다.

설문조사에서 응답자들이 말한 건강이라든가 다이어트는 평상시에 의식하고 있는 어휘이었다. 반면 '고기를 한 입에 넣는다'는 것은 건강에도 안 좋고 살찌게 만드는 인상을 주는 행위이지만, 맥도날드에서 햄버거를 먹은 경험을 떠올리는 소비자들에게는 점포로 발걸음을 옮기게 만드는 매력적 요인인 셈이다. 이는 남들에게 말하거나 보여주고 싶지 않은 본인의 속내, 곧 통찰인 것이다. 겉으로 표방하는 것과 속마음의 차이를 간과한 점이 신상품 패착으로 이어졌다(大松孝弘·波田浩之, 2017, p.30).

2006년5월13일 일본전국에서 발매된 샐러드맥의 한 종류인 '사라다 디쉬 그릴치킨: 단품 490엔, 음료M사이즈 세트 640엔.
출처: https://www.mcd-holdings.co.jp/news/2006/release-060419c.html

❷ 에이비스

1999-2017년까지 고객충성도 평가에서 렌터카 업계 1위를 고수한 에이비스(AVIS)의 사례를 보자(田中達雄, 2018: 29). 렌터카를 이용하는 소비자들이 원하는 가치에는 차종의 풍부, 편의, 가격, 대응속도 등이 있다. 차종의 풍부는 최신 차종을 구비하면 되고, 편의는 출발지(자택 혹은 도착공항)에서 점포까지의 셔틀버스를 늘리면 되고, 가격은 할인 캠페인을 실시하면 되고, 대응속도는 접수업무의 효율성을 높여서 대기시간을 줄이면 된다. 그런데 이들 가치는 다른 경쟁사들도 개선 노력을 한다면 제공 수준이 동일해져서 차별화를 상실한 채 범용 서비스(commodity)로 변질하고 만다.

이에 에이비스는 고객 충성도를 확보하기 위하여 고객의 현재적(顯在的) 욕구가 아니라 잠재적 욕구를 파악하기 위한 조사에 들어갔다. 문화인류학적 기술법(ethnography)을 적용하여 고객 행동을 관찰하였더니, 접수 절차를 밟는 중에 동반한 자녀가 보이지 않아서 찾아 돌아다니는 고객, 짐을 꺼냈다 넣었다 하는 고객(공항 주변 렌터카 점포 방문 고객 중 추운 지역에서 더운 지역으로 혹은 그 반대로 이동한 고객은 여행가방에서 짐을 꺼냈다 넣기도 하고 옷을 갈아입기도 하는 행동을 보임), 렌터카를 빌리고 나서 근처 편의점을 들르는 고객 등을 발견할 수 있었다.

에이비스는 이러한 고객 행동을 '여행에 수반되는 스트레스와 불안으로서 고객은 이들을 제거해주었으면 한다'는 잠재적 욕구로 규정하였다. 따라서 고객가치는 기존의 네 가지에 환대(hospitality)와 생기(refresh)를 더하였다. 신설된 두 가지 가치는 아동 돌봄 공간 및 옷 갈아입는 공간의 설치, 편의점 병설 등으로 제안하였다. 그 결과, 에이비스는 타 경쟁사들과 차별화에 성공하여 미국의 브랜드조사기관 BRAND.Keys의 고객충성관여지수(Customer Loyalty Engagement Index)에서 1999-2017년 연속 1위에 올랐다(田中達雄, 2018: 32).

❸ USAA

미국의 USAA(United Services Automobile Association: 1922설립. 2017년 기준 1,240만 명 회원)는 현역 및 퇴역군인과 그 가족을 상대로 은행, 증권, 생명보험, 손해보험 등의 금융서비스를 제공하고 있다. 2009년 7월에 개시한 모바일 앱 Deposit@Mobile 서비스는 금융기관 지점이나 ATM에 갈 필요 없이 수표를 현금화할 수 있는 특징을 내세웠

Evernote 1 시장 성숙과 혁신

휴대폰 시장의 폭발적 성장도 어느 정도 정체를 보이면서, 어느 제조사의 휴대폰이나 오십보백보의 차별화에 그치고 말았다. 그러다 보니 굳이 신제품으로 교체해야 할 강력한 필요성도 떨어지고, "이만하면 됐네." 라는 인식이 소비자 사이에 퍼져 나갔다. 그러다가 2007년 애플이 아이폰을 발매하면서, 휴대폰은 "전화기를 재발명한다(Apple Reinvents the Phone with iPhone)"는 스티브 잡스의 말처럼 전혀 다른 차원의 가치를 소비자들에게 제공하게 되었다. 이는 소비자들의 네트워크 욕구를 충족시키는 혁신의 결과물이다.

혼다기연공업(Honda Motor)의 창업주 혼다 소이치로(本田 宗一郞. 1906-1991)는 연구소의 역할이 기술을 연구하는 것이 아니라 인간의 기분을 연구하는 곳이라고 말했고, 오스트리아의 경제학자 슘페터(Joseph Schumpeter. 1883- 1950. 출신지는 현 체코. 오스트리아 재무장관. 미국 하버드대학교수)는 혁신의 비연속성을 언급하면서, 기존의 도로를 달리는 마차를 혁신하는데 집착한다면, 증기에너지로 선로를 달리는 철도라고 하는 전혀 다른 차원의 혁신은 발상조차 하지 못했을 것이라고 하였다(大松孝弘·波田浩之, 2017, p. 112).

오늘날에도 이러한 발상의 전환을 통하여 이루어진 혁신적 상품은 여럿 있다. 우선 마운틴바이크를 예로 들어보자. 1970년대 초반 미국에서 사이클링을 즐기는 청년이 자신의 자전거를 개조하여 비포장도로에서 타기 시작한 것이 상품 탄생의 출발점이다. 이런 일부 이용자의 소비행동을 간파한 SPECIALIZED 라는 회사(1974년 창업)가 1982년에 대량생산을 개시하였고, 이어서 대형 자전거제조업체들이 가세하면서 80년대 중반부터는 마운틴바이크가 자전거시장의 독립된 제품카테고리로 자리 잡았다(On-road 자전거는 미국 자전거시장에서 62.8%의 점유율을 누리고 있다:2016년. US Bicycle Industry Analysis 2017-2025: Market Research Report. goldsteinresearch.com).

다. 2주 단위의 급여를 수표로 지급하는 기업들이 있는데, 다른 금융기관들은 고객에게 GPS 기능을 사용한 지점·ATM 검색서비스를 제공하는 수준이었다. 즉 고객의 현재(顯在)욕구의 충족을 위한 가치 창출이었다.

이에 반하여 USAA는 고객의 잠재 욕구 충족에 초점을 맞추었다. 즉 '되도록 지점·ATM에 가지 않고 현금화하고 싶다'는 욕구가 고객조사에서 드러났다. Deposit@Mobile 서비스는 수표를 아이폰의 사진 촬영 기능을 사용하여 USAA에 전송하면 2분 이내에 현금화를 해주는 기능을 제공한다. 그 덕분에 2009년 모바일 이용 고객은 전년대비 12%의 증가를 이루었다. 동 서비스에 대한 특허는 USAA가 보유하고 있고, 미국의 대부분의 금융기관이 마찬가지의 서비스를 자사 고객들에게 제공하고 있다(田中達雄, 2018: 96).

2. 소비자 의식

소비자는 자신의 행동을 정확하게 설명하지 못한다고 한다. 뇌과학에서는 인간의 사고와 행동 중 5%만이 의식 하에서 이루어지고 나머지 95%는 무의식중에 이루어진다고 한다(大松孝弘·波田浩之, 2017, p.31). 즉 의식은 빙산의 일각에 불과한 셈이다. 통찰 마케팅은 바로 이러한 인간의 무의식에 관심을 조명하려는 것이다. 통찰 마케팅(insight marketing)은 표적 고객의 통찰을 규명하여 적확(的確)하게 통찰을 자극할 수 있는 아이디어를 제공함으로써, 고객이 상품을 구입하는 행동을 유발하는 것을 일컫는다(大松孝弘·波田浩之, 2017, p.31).

무의식에는 크게 3가지 차원이 있는데, 첫째는 소비자 자신이 미처 깨닫지 못하고 있는 심층의 무의식, 둘째는 소비자 자신이 인정하고 싶지 않아서 의식 세계 밖으로 내몰고 있는 무의식이다. 감정이나 사고를 무의식의 영역에 가두어 놓고 있기 때문에, 설문조사에서 응답자가 말로 표현하기 어렵다. 바로 이런 모순과 갈등의 무의식이야말로 소비자를 움직이는 유효한 힌트를 내포하고 있다. 마지막으로 셋째는 의식에 근접하고 있기는 한데 형언하기가 어려운 무의식이다. 소비자의 사고 속에서 정합성을 보이고 있지 못하여 느낌은 있는데 언어화가 잘 안 되는 것이다.

Evernote 2 Brainteaser

구글의 인사담당 부사장(senior vice president)이었던 Laszlo Bock은 "비행기에 골프공을 몇 개 넣을 수 있는가?", "맨해튼에 주유소가 몇 개 있는가?"와 같은 어려운 문제(뇌를 괴롭히는 teaser)는 고용주 입장에서 보면 완전히 시간낭비였다고 말하였다. 면접 대상자의 능력을 전혀 예측할 수 없었고, 단지 면접관의 기분만 으쓱해질 질문이었다고 뉴욕타임즈와의 인터뷰에서 말하였다. 결국에는 1970년대부터 행해져온 구조화행동면접으로 회귀하였다

(원전:www.nytimes.com/2013/06/20/ business/inheadhunting-big-data-may-not-be-such-a-big-deal).

3. 소비자의 인식 편향

초점집단 조사(focus group interview)처럼 소비자의 목소리를 직접 경청하겠다는 정성적 조사(qualitative study)는 이미 조사자가 알고 있는 내용을 응답자로부터 재확인하는 정도에 그치기 때문에, 그런 조사결과를 바탕으로 신상품을 출시해도 시장의 반응은 시원찮다. 환언하면 응답자도 자신이 어떤 신상품을 원하는지는 실제 형태를 보기 전까지는 알지 못하다는 점이다.

이와 관련된 것이 인간의 편향이다. 그 중 인지 편향(cognitive bias)은 자신의 이해관계, 희망, 과거의 경험, 선입견 등에 영향을 받아서 이성적이지 못한 행동을 유발하는 것을 말한다(大松孝弘·波田浩之, 2017, p.36). 인지편향의 예로는 매몰비용(sunk cost)을 들 수 있다. 이성적으로 생각하자면 특정 행위를 계속하는 것이 손해인데도, 지금까지 써 온 비용(노력, 시간, 금전적 지출 등)을 봐서라도 여기서 그만 둘 수 없다는 이유만으로 합리적 판단을 내리지 못하는 일이다. 프랑스가 영국과 합작으로 제작한 초음속여객기(supersonic plane)인 콩코드의 비참한 퇴출을 빗대어 콩코드효과(concorde effect)라고도 한다.

가령, 영화관 입장권을 매표소에서 현금으로 1만원에 예매했는데 입장 시간이 되어 들어가려는 순간 표를 분실한 사실을 알게 된 경우와, 매표소에서 표를 구입하려고 지갑을 열어보니 넣어둔 1만 원 권 지폐가 분실된 것을 알게 된 경우를 비교하면, 전자의 재구매 의사를 표한 응답자는 46%인데 비하여 후자의 재구매 의사를 표한 응답자는 88%나 되었다. 전자의 경우, 영화 관람이라고 하는 여가비용으로 1만원이 아닌 2만원(1만원의 추가비용 발생)을 지불하는 것은 과도하다고 생각하는 경향인 반면, 후자의 경우에는 지폐 분실이 여가활동과는 무관한 일이라고 보기 때문이다. 이처럼 자신의 금전 지출을 용도별로 색칠하여 무의식중에 판단을 내리는 행위를 가리켜 2017년 노벨경제학상 수상자 테일러(Richard Thaler, 1945-) 교수는 정신 회계(mental accounting)라는 표현을 썼다. 또 다른 편향이 확증 편향(confirmation bias)인데, 이는 뭔가를 입증하려 할 때 자신에게 유리한 정보만을 수집하는 대신 불리한 정보는 무시하거나 수집하지 않는 일이다.

4. 소비자 체험

소비자체험을 브랜드가치와 결부시키기 위해서는 그 이유와 조건을 규명해야 한다. 그러한 규명 작업은 『현재의 체험 - 과제해결의 욕구 - 브랜드 가치의 수용 - 소비자의 생활 변화』 라고 하는 네 단계를 거친다(村山·芹沢, 2020, p. 33). 현재의 체험이란 소비자가 특별한 문제의식 없이 당연히 받아들이고 있는 것이고, 과제해결의 욕구는 당연시하였던 현재의 체험을 해결해야 할 과제로 재인식하는 것이다. 브랜드 가치의 수용은 소비자가 재인식한 체험과 브랜드 편익을 일치시켜서 소비자 가치를 성립시키는 일이다. 끝으로 소비자의 생활 변화는 기업이 제공하는 상품·서비스의 구입, 사용으로 소비자의 생활이 본인이 바라던 바에 근사하게 되는 것을 의미한다. 따라서 기업이 해야 할 일은 바꾸어야 할 소비자의 현재 체험은 무엇인지, 소비자가 해결해야겠다는 욕구를 지녀야 할 과제는 무엇인지, 소비자에게 제안해야 할 편익은 무엇인지, 소비자가 바라는 생활의 변화된 모습은 무엇인지를 마케팅 기획에 담는 것이다.

소비자의 현재 체험을 데이터로 수집하는 방법으로는 내러티브(narrative) 분석이 있다. 내러티브는 소비자가 1인칭 관점에서 이야기를 전개하는 것으로서, 소비자가 그런 감정이나 생각을 하게 된 배경과 사정을 이해하는데 목적이 있다. 내러티브의 수집은 소비자와의 대화를 통하여 이루어지는데, 대화에는 대면 형식뿐 아니라 온라인을 통한 인터뷰 혹은 채팅 등이 있다. 어디까지나 소비자의 주관적 관점이 중요하기 때문에, 대화에 담겨 있는 내용 중 소비자가 보고 들은 정보와 본인 자신의 체험 정보가 혼재되어 있는 경우, 양자를 분리해야 한다. 이에 유용한 방법이 소비자의 발언 내용이 본인의 믿음이라는 점을 확정짓기 위하여 인터뷰어가 요약 표현을 사용하는 신조 검사(belief probe)이다. 이는 소비자 혹은 소비자가 소속된 준거집단이 믿는 인과관계에 대한 주관적 내러티브이다(村山·芹沢, 2020, p. 67). 가령, 소비자의 의견 진술을 들은 인터뷰어가 “결국, 귀하의 말씀은 A가 B라는 것이군요.” 라는 식이다. 이 때 정반대의 사고방식이나 행동을 하는 사람들과 비교하여 질문을 던지는 방법을 이용하면 보다 효과적이다. 네 단계별로 소비자의 내러티브를 유도하는 질문의 예를 들면 다음과 같다.

➲ **현재 체험의 단계**: "브랜드의 상품이 본인에게 아직 필요하지 않다고 생각했을 때는 무엇을 하였습니까?"

➲ **과제해결의 욕구 단계**: "브랜드의 상품이 본인에게 필요하다고 느끼게 된 계기는 무엇입니까?"

➲ **브랜드 가치의 수용 단계**: "브랜드를 선택하게 된 경위와 결정적 이유는 무엇입니까?"

➲ **생활 변화의 단계**: "브랜드를 구입할 때 가졌던 기대가 이루어진 예를 들어주시겠습니까? 사용하면서 일어난 생활의 변화는 무엇입니까?"

내러티브의 수집 다음 단계는 내러티브 코딩이다. 이는 정해진 조건에 따라서 내러티브를 분석하여 소비자의 심리와 행동, 이를 둘러싼 상황 등의 요소별로 정리하는 일이다(村山·芹沢, 2020, p. 83). 심리는 그 전후에 나타나는 외적 자극이나 본인의 행동에 수반하는 내러티브인데, 소비자 인식의 파악에 가장 중요한 요소이다. 코딩 작업의 예로 화장품 구입 사례가 다음과 같이 제시될 수 있다.

➲ **현재 체험의 단계**:

(심리) "피부 노화는 연령과 계절의 영향으로 어쩔 수 없는 것이다."

(사실) "피부 관리는 세안 정도에 그치고 있다."

➲ **과제해결 욕구의 단계**:

(심리) "생각 이상으로 내 피부가 노화된 건 아닌지? 피부 관리를 하고는 싶은데 안하려던 일을 하려니까 어디서부터 시작하면 좋을지 모르겠다."

(사실) "청년 시절의 사진을 우연히 보게 되었다. 아이들이 아빠의 현재 모습이 많이 늙어 보인다고 말했다."

➲ **가치수용의 단계**:

(심리) "동년배의 평가가 높은 브랜드라서 안심이다."

(사실) "스마트폰으로 중년의 피부 관리 상품을 검색해보았다"

➲ 생활변화의 단계:

(사용 중의 심리) “피부가 깨끗하게 보여서 기분 좋다.”

(사용 후의 심리) “피부가 좋아졌다는 말을 들으니 의욕이 생긴다.”

(사용 중 사실) “아침에 샤워하고 나서 피부관리를 하는 습관이 생겼다.”

(사용 후 사실) “피부 관리뿐 아니라 헤어스타일에도 신경 쓰게 되었다.”

소비자 체험에 관한 코딩 작업이 종료되면 그 다음으로 기업이 취해야할 일은 코딩 내용을 데이터로 삼아서 동일한 인식 변화를 다른 소비자들에게도 일으키기 위하여 무엇을 전달해야 할지를 결정하는 것이다. 소비자는 저마다 사물이나 현상을 파악하는 경험지(經驗知)를 갖고 있는데 이를 지배적 이야기(dominant story)라고 칭한다. 이와는 반대로 동일한 사물이나 현상을 다른 각도에서 바라보고 해석하는 것을 대안적 이야기(alternative story)라고 한다(村山·芹沢, 2020, p. 118). 따라서 대안적 이야기에 되도록 다수의 소비자들을 유도하는 방안을 수립하는 일이 기업의 과제인 셈이다. 소비자의 지배적 이야기를 내러티브에서 끄집어내려면 강력한 감정을 느낄 수 있는 발언, 애매모호한 발언, 반복적으로 표현하는 발언, 자기 방어적 발언, 인터뷰어에게 동의를 구하는 발언 등을 살펴보아야 한다. 그 다음으로는 그러한 지배적 이야기를 하게 된 배경을 파헤치는 작업이 수행된다. 소비자의 과거 경험, 생활환경, 소속 준거집단의 문화 등이 있을 수 있다. 가령, 예체능계 전공의 준거집단에 속하는 소비자는 집단 내 상하관계에 민감할 것이다. 가령, 50대의 가장이라면 노후에 대한 경제위기 의식, 제2의 인생을 맞이해야 하는 불안감 등이 자리 잡고 있을 것이다. 기업의 마케팅 활동은 이러한 소비자의 지배적 이야기에 자극을 주어서 기업이 제공하는 가치, 편익으로 변환하는 일, 즉 대안적 이야기를 소비자가 수용토록 하는 일이다.

대안적 이야기에는 과제해결 유형과 이미지형성 유형의 두 가지가 있다. 전자는 단기매출 증대를 위한 촉진프로그램 혹은 브랜드인지도 조성을 위한 마케팅캠페인 용도로, 후자는 중·장기에 걸친 브랜드가치 향상 내지 호감도 제고의 용도로 적합하다(村山·芹沢, 2020, p. 147). 대안적 이야기가 소비자의 관심을 환기시키려면, 지배적 이야기가 갖고 있는 당연함의 전제를 붕괴시키는 일이 필요하다. 그렇게 되었을 때 소비자는 대안적 이야기가 지니는 참신함에 동요를 받기 쉽다. 물론 참신성은 소비자의 수요 창출과 연계되어야만 의미를 지닌다. 그러기 위해서는 소비자체험과 브랜드가치를 연계시키기 위한 네 단계의 과정 중 두 번째 단계인 '과제해결의 욕구'가 이루어져야 한다. 지금까지 당연시해왔던 것에 문제가 있다는 점, 이 문제를 해결해야 한다는 점을 소비자가 인식해야 한다는 것이다.

과제해결의 대안적 이야기에서는 해결 이유를 선명히 해 줄 맥락이 필요하다. 그 맥락이란, 당연시해온 현재의 체험과 과제로 부각된 새로운 체험 간의 대립 구조를 말한다(村山·芹沢, 2020, p. 156). 대립 구조 속에서 당연시해온 체험이 가치로서 성립할 수 없다는 메시지를 만들어야 수요를 환기시킬 수 있다. 가령, 피부 관리는 세안만으로 충분하다는 점이 당연시해온 체험이라면, 40대에 들어서서는 세안만으로 피부 관리를 할 수 없다는 점이 과제로 부각된 새로운 체험이다. 이러한 양자 간 대립 구조가 맥락으로 작용하여 기업브랜드가 제안하는 가치를 소비자가 수용할 수 있도록 해준다.

이미지형성의 대안적 이야기는 기능적 가치를 제공하는 과제해결의 대안적 이야기와는 달리, 과제의 해결로 인하여 생겨나는 생활 속이 변화를 강조할 필요가 있다. 가령, 꽃가루 알레르기에 시달리는 소비자에게 과제해결의 대안적 이야기는 눈의 가려움증과 두통 등을 경감시켜주는 점을 내세운다면, 이미지 형성의 이야기는 봄철에 가족과 꽃구경을 갈 수 있게 된 생활의 변화, 그것이 주는 경험적 소비자 가치를 내세우는 것이다. 그래야만 소비자가 가치를 수용하는 세 번째 단계의 통과가 가능하다.

결국 대안적 이야기는 얼마나 많은 소비자를 공감시킬 수 있는가 하는 규모의 잠재력과 얼마만큼의 소비자를 기존의 경쟁 브랜드에서 자사 브랜드로 구매전환 시킬 수 있는가 하는 경쟁력이 관건이다. 그 효과를 마케팅 활동에서 측정하려면 대안적 이야기를 광고, 소셜 미디어 등을 통하여 접한 소비자(A)와 접하지 못한 소비자(B)를 실험집단과 통제집단으로 나누어 마케팅 목표(구매, 재구매, 추천 등)에 도달한 각 집단의 크기(a, b)를 파악해야 한다(村山·芹沢, 2020, p. 194). 그런 뒤에 a/A와 b/B의 비율을 비교하면 마케팅 활동의 효과를 가늠할 수 있다. 구체적으로는 특정 마케팅 활동의 전개 기간 중

Evernote 3 저가항공사의 소비자만족

일본의 저가항공사 '스타플라이어'는 서비스산업생산성협의회(SPRING)가 매년 일본의 30개 서비스업종을 대상으로 총 12만 명의 이용자를 대상으로 한 설문조사를 통하여 고객 만족도를 분석하는 일본판 '고객만족도조사(JCSI)'에서 2009년부터 10년 연속 1위를 차지하였다. 스타플라이어는 표적고객을 비즈니스맨으로 삼고, 대형항공사 ANA, JAL과 대동소이한 가격을 일관되게 제공한다. 무엇보다도 운항노선을 기타큐슈, 후쿠오카, 칸사이국제공항과 도쿄의 하네다 공항 간으로 집중하는 전략이 눈에 띈다. 하네다와 기타큐슈, 후쿠오카 간 노선은 매일 왕복 16편, 22편을 각각 운항하고 있어서 조조부터 심야까지의 폭넓은 시간대에 걸쳐 비즈니스맨들에게 편의성의 가치를 제공한다. 기내 설비 면에서도 이용객들에게 편의성의 가치를 제공하는데, 좌석의 앞뒤 간격이 넓어서 다리를 쭉 펼 정도이다. 비행기 동체와 좌석, 간식인 초콜릿과 탈리스 커피까지 블랙 색상으로 통일하여 고급스런 느낌을 준다. (출처: 小川孔輔, 2019, pp. 248-250)

에 기업이 거둔 매출 규모, 대안적 이야기를 통한 특정 마케팅 활동에 접촉하여 구매한 소비자의 비율(=a/A), 실험집단과 통제집단의 상대적 비율(= [{a/A-b/B} ÷ a/A]의 세 가지를 곱한 값이 소비자체험 가치의 크기이다. 또 다른 방법으로는 특정 마케팅 활동에 접촉하여 구매한 소비자 규모(a), 이들이 구매한 1인당 구매금액, 실험집단과 통제집단의 상대적 비율의 세 가지를 곱하여도 된다. 소비자가 대안적 이야기를 접촉한 마케팅 커뮤니케이션 채널이 복수인 경우에는 전자의 방법, 단수인 경우에는 후자의 방법이 적절하다.

03 소비자 통찰

1. 통찰의 등장

통찰(insight)이란 용어가 처음 등장한 것은 1960년대 영국의 광고업계에서 광고 표현의 아이디어를 얻기 위한 개념으로 주목받기 시작하면서부터이다(大松孝弘·波田浩之, 2017, p.43). 이후 1980년대에는 미국의 광고업계에까지 침투한 개념이 되었고, 소비자와 브랜드 간에 가치를 창출하는 통찰을 풀어헤치는 계정 기획(account planning)이라는 개념까지 탄생하였다. 즉 생산자 관점이 아니라 소비자 관점에서 상품이나 브랜드를 어떻게 인식하고 있는지, 왜 원하는지를 알기 위하여 소비자 심리와 행동을 깊이 이해하는 일을 말한다.

기업 가운데는 P&G가 'Consumer is Boss' 라는 이념을 내세워 소비자의 통찰을 가장 중시할 것임을 천명하였고, 구체적인 브랜드 전략으로 구현하는 작업은 Consumer & Marketing Knowledge 부서가 담당하고 있다. Unilever 역시 cB4L(crafting Brands for Life)이라는 구호 아래 소비자를 한 사람의 인간으로 바라봄으로써 소비자에게 애용되는 브랜드 창출을 목표로 삼고 있다(大松孝弘·波田浩之, 2017, p.51). 앞서 언급한 마운틴바이크의 경우, 일반 자전거로는 산길을 공략하기도 힘들고 만족도가 떨어진다는 소비자 통찰을 알아차린 것이 신상품 등장의 계기가 되었다.

2. 통찰의 사례

❶ 일본의 걸그룹 AKB48

지금까지 아이돌 그룹은 미디어가 만들어놓은 것, 지근(至近)거리에서 대하기에는 머나먼 곳에 떨어져 있는 존재라는 점에서 팬들의 불만과 좌절이 쌓여 있었다. 아이돌과 좀 더 연계성을 갖고 싶다는 팬들의 통찰을 간파하여 내세운 것이 "만나러 갈 수 있는 아이돌" 이라는 문구이었다(5개 팀, 총 102명). 구체적인 행동 방침으로는, 첫째, 아키하바라(秋葉原)에 상설 공연장을 설치(2005년 12월)하여 매일 공연을 하고, 둘째, 공연장에 오면 멤버들이 상시 있어서 그녀들의 성장모습을 실시간으로 확인하고 팬들이 아이돌의 성장에 관여하고 있다고 생각하게 하며, 셋째, 각 팀마다 20여 명의 상식을 넘어선 규모를 만들어 팬 각자가 좋아하는 멤버를 발견할 수 있도록 하며, 넷째, 악수모임을 만들어서 무대 위뿐 아니라 직접 만나서 말을 주고받을 수 있도록 하고, 다섯째, 팬 투표를 실시하여 응원을 통한 선발 선거제도를 실시하고, 여섯째, 오사카, 나고야, 후쿠오카 등 도쿄 이외의 지역에서도 아이돌을 만나러 갈 수 있는 새로운 공연장을 설치한다는 내용이다(大松孝弘·波田浩之, 2017, pp.55-56).

이를 '핵심통찰-가치제시-아이디어'라고 하는 틀에서 정리한다면, Key Insight(만날 수 없는 아이돌에 대한 동경을 부추기는 일에 질림=감추어진 불만과 좌절의 욕구) - Value Proposition(만나러 갈 수 있는 아이돌) - 아이디어(상설공연, 공연장에서 직접 만나기, 악수모임 등)로 말할 수 있다.

❷ 디즈니랜드

디즈니랜드는 유원지에 대한 성인들의 불만, 곧 핵심통찰이 "유원지는 애들이 노는 곳이지 어른들이 놀 곳은 아니다"라는 점에 주목하였다. 이에 창업주 디즈니씨는 The Happiest Place on Earth라는 문구를 가치로 제시하여 어른들이 몰입할 수 있는 장소로 변신시켰다.

그 구체적 아이디어에는 어른도 아이도 현실을 잊고 놀 수 있는 판타지의 세계 만들기, 테마파크를 외부와 격리시켜서 꿈의 세계에 한 발 내딛을 수 있게 하기, 작업장(backyard)이 가려져 있어서 고객들 눈에 띄지 않게 하기, 작업자들은 스탭이 아니라 캐스트로서 손님들 앞에서 자신의 역할을 다하기, 꿈의 세계이므로 쓰레기 한 줌 없는 청결한 상태 유지하기 등이 포함되었다(大松孝弘·波田浩之, 2017, p.61).

❸ 유아용 통신교육프로그램

일본에서 유아용 통신교육프로그램은 시장(주부)의 반응이 시원찮은 사업이었다. 판매 원인을 조사해보니, 가격이 비싸다든가, 집안에 쌓아두어야 할 교구교재가 늘어난다는 등의 이유가 나왔다. 그러나 가격인하는 수익을 고려할 때 불가하였고, 통신교육을 교재교구 없이 할 수는 없는 노릇이었다. 업체는 통신교육프로그램의 가치가 아니라 육아의 가치에 관하여 조사해보기로 관점을 바꾸었다. 주부가운데 통신교육에는 흥미가 없어도 육아에 관심이 없는 사람은 없을 것이다(大松孝弘·波田浩之, 2017, p. 122).

조사대상 주부들에게 다양한 육아 사진을 보여주면서 무의식의 영역을 언어로 표출토록 하였다. 그 중에, "남편이 밖에서 아이들과 즐겁게 놀아주는 모습을 조금 떨어진 곳에서 바라볼 때, 아이를 낳은 게 참 좋았다." 라는 것을 실감한다는 장면이 도출되었다. 육아의 가치를 파악한 뒤 통신교육에 대해 가지고 있는 주부들의 불만을 표면화할 수 있었다. "갇혀진 방 안에서 아이와 둘만의 답답한 관계. 자잘한 하루하루 생활에다가, 자잘한 교재까지 받아두는 건 아연실색"

이를 통해 나온 가치제안은 "역동적인 체험의 기회를 부여하여 아이들의 의욕을 이끌어내는 교재"이었다. 구체적 아이디어는 아웃도어, 자연에서 해방감을 느낄 수 있는 세계관을 전달할 수 있는 다양한 체험 촉진의 교재 개발과 광고 전개이었다.

판매자가 알고 싶다는 이유만으로 소비자에게 무관심한 질문을 하는 것은 독선적이고 오만한 생각이다. 표적 고객의 관심과 흥미에 다가가는 노력이 통찰 간파의 출발점이다.

❹ 중년남성의 피부관리

중년 남성의 피부 관리에 대한 관심은 아무래도 같은 중년여성에 한참 미치지 못한다. 이런 상황에서 '피부 관리'에 관한 중년남성의 관심을 알아보는 것보다는, '얼굴'에 관한 관심을 살펴보는 것이 보다 유용한 통찰을 얻을 수 있다. 설령 피부 관리에는 무관심하더라도 자신의 얼굴에조차 무심한 남자는 없을 것이기 때문이다.

웹리서치(조사회사가 보유한 모니터·패널 등록자들에게 웹상에서 설문조사)는 우선 자신의 과거와 현재 얼굴을 비교하여 그 차이를 드러내는 것부터 시작한다. 과거-현재 간 얼굴

차이에 대한 인식과 비교해볼 때, 과거-현재 간 피부 차이에 대한 인식은 어떤지를 물어봄으로써, 자신의 현재 피부에 대한 불만을 유도해내는 것이다. 조사 결과, 중년남성들이 얼굴과 피부 모두의 변화에서 '탱탱하게 당김'에 관심이 쏠려있음을 알아냈다. 피부가 탄력을 잃어서 축 늘어진 얼굴을 보면 아저씨가 되었다는 생각에 싫다고 하는 점이 핵심통찰이다.

3. 통찰의 구성

객관적 사실에 기초한 감정이라는 의미를 지닌 통찰은 감정이 생기는 장면(scene: 일시, 계절, 장소 등), 감정을 낳는 직접 요인인 구동요인(driver: 소재, 성능, 광고 등 제품 관련), 감정(emotion), 감정이 가치가 될 수 있는 배경 이유인 배경(background: 경험, 인간관계, 개인의 인구통계특성 등)의 네 가지 요소로 이루어져 있다(大松孝弘·波田浩之, 2017, p.71).

통찰은 긍정적 심리의 가치, 부정적 심리의 불만, 추구하고 있으나 아직 충족되지 않은 미충족욕구의 세 가지 유형으로 나뉜다. 통찰이 이들 중에 어떤 유형을 취할지는 구성요소인 감정에 의해 결정된다. 중요한 점은, 통찰이 사람의 마음을 움직이게 한다는 것이다. 따라서 심리 변화를 초래하지 않는다면 단순한 이미지에 그친다.

긍정적 심리의 가치를 보여주는 예로서 Kitkat 이라는 초콜릿을 들면, 휴식 시간에도(장면), 수험·연애·교우 등의 일로 인하여(배경요인), 스트레스를 심하게 느끼는 청소년들에게 Kitkat의 딱 부러지는 소리(구동요인)가 해방감을 느끼게(감정) 해준다. 이 예에서 핵심통찰은 휴식시간조차 스트레스를 느낀다는 점, 가치제안은 Kitkat을 쪼갤 때 나는 소리가 해방감을 준다는 점, 아이디어는 청소년 응원캠페인을 전개한다는 점이다(大松孝弘·波田浩之, 2017, p.79).

부정적 심리의 불만을 보여주는 예로서 밥가루(뿌리고)를 들면, 마땅한 반찬도 없이 밥가루로 식사를 할 때(장면), 혼밥을 하는 생활에서(배경요인), 과립의 밥가루를 씹으면 나는 사각사각하는 소리가(구동요인) 더욱 외롭고 쓸쓸한 기분(감정)을 들게 만든다. 이런 불만이 핵심통찰(Key Insight)이고, 촉촉한 밥가루를 제공하는 것이 가치제공(Value Proposition)이며, 과립이 아닌 자연산을 그대로 사용하는 것이 아이디어가 된다.

미충족욕구의 예를 들 때는 구동요인이 실제로 존재하지 않는 것이라는 점, 감정과의 연계가 상상 속에 있다는 점을 유념해야 한다. 섬유유연제의 경우를 보면, 세탁물을 거두어 개킬 때(장면), 가사와 육아가 힘들다는 점이(배경요인), 해님과 같은 향기를 주는(구동요인) 유연제 덕분에 기분이 업되는(감정) 점을 꼽을 수 있다. 여기서 핵심통찰은 빨래 개키는 귀찮은 일을 할 때 조금이나마 기쁨을 느끼고 싶다는 점이고, 가치제안은 해님의 향기(이불을 햇빛에 말리고 나면 나는 향)로 기분을 업시킨다는 점이며, 아이디어는 바로 그런 향기의 섬유유연제를 제공한다는 것이다.

4. 통찰의 해독

이러한 통찰을 간파하는데 유용한 것이 인간이 보이는 특이한 일들이다. 평상시와는 조금 다른 소비행동이나 일상행동, 최근 맘에 들어 하는 일, 집착하는 일, 제품 사용을 기업이 생각한 것과는 다른 방식으로 사용한다든가 아니면 그 목적이 독특한 경우 등을 꼽을 수 있다. 일례로 젊은이들이 On-road용 자전거를 개조하여 산길을 달리는 식으로 사용방식을 달리하는 특이한 일을 목격하여 마운틴바이크를 제조한다든가, 공사현장에서 쓰이는 마스킹테이프(masking tape)로 사진의 콜라주(collage)를 즐기는 식으로 사용 목적이 독특한 일을 목격하여 여성용 잡화품으로 마스킹테이프를 상품화한 것 등이 있다.

인간의 특이한 행동에서 통찰을 추출하려면 크게 심리학의 감정 접근법과 문화인류학의 민족학 방법을 이용하게 된다(大松孝弘·波田浩之, 2017, p.172). 감정 접근법은 투영법(사진, 그림 등에 조사대상자의 심리를 투영시키는 방법으로서, 인간의 본심은 애매모호한 것을 통하여 드러난다는 점을 이용)에 의거하여, 인간의 감정이 어떤 사실로부터 연유한 것인지를 풀어나간다. 민족학 방법은 대상 인물에게 직접 사고방식, 가치관을 질문하는 것이 아니라, 그의 언행을 관찰하여 이해하려는 것이다. 따라서 전자의 접근법이 감정으로부터 사실을 추출하는데 비하여, 후자의 접근법은 사실로부터 감정을 도출하는 차이점을 보인다.

심리학의 감정접근법의 일례로 시각자극법이 있다. 이는 사전에 준비한 다양한 사진들을 조사대상자에게 자극물로 보여주고, 그 사진들에 대상자들이 갖는 기분이나 오감을 투영시킴으로써 그들의 무의식에 접근하여 통찰을 읽어내는 단서를 수집하는 것이다. 시각자극법과 유사한 것으로서 콜라주 조사법이 있는데, 전자가 인간의 무의식을 간파하려는데 비하여 후자는 의식을 꿰뚫어 보려는데 그 목적이 있다는 차이점을 보인다. 가령, "A 브랜드에 관하여" 라든가 "이상적으로 생각하는 거실의 이미지에 관하여" 대상자의 의식을 언어로 표현하기 힘들 경우, 그 대신 사진을 이용하여 드러내도록 하는 것이다.

문화인류학의 민족학 접근법의 일례로 행동관찰법이 있다. 조사대상자가 행동을 재현하는 동안에는 조사담당자와 일체의 대화, 질문을 해서는 안 되며, 오로지 관찰만을 해야 한다. 담당자 간에 관찰, 촬영, 메모 등의 역할 분담을 하면 좋다. 행동의 재연이 종료되고 나면, 조사담당자는 상식과는 상이한 점, 행동의 흐름 속에서 부정합을 보이는 점 등에 관하여 대상자에게 의도라든가 배경 등을 질문하고 마지막으로 대상자를 이해하는데 필요한 질문(라이프 스타일, 가치관, 가족관계, 교우관계 등)으로 마무리한다. 질문할 때도 "왜 그런 행동을 하는가?" 라고 직접 물어볼 것이 아니라, "그런 행동이 본인에게 어떤 의미를 갖는가?" 내지는 "그렇게 행동하지 않을 경우에 본인에게 어떤 손해 내지 불리함 같은 것이 있는가?" 라고 묻도록 한다. 한 가지 유의할 점은, 대상자마다 처한 상황이 다르기 때문에 동일한 행위라 하더라도 그 의미가 다를 수 있어서 만인 공통의 관찰 계획을 갖고 임하기보다는, 대상자 각자에 맞는 맞춤형 관찰 계획을 세우도록 한다.

이처럼 통찰을 구하기 위하여 인간이 보이는 특이한 일들을 수집하는 방법에는 데스크 리서치, 웹 리서치, 현장관찰(town watching) 등이 있다(大松孝弘·波田浩之, 2017, p.134). 데스크 리서치는 각종 미디어 기사, 연구소의 발행 보고서, 업계 소식지 등에서 찾고자 하는 특이한 일(검색어)과 관련된 인간의 행동을 수집하는 일이다. 웹 리서치는 전문조사기관이 보유한 등록회원들에게 특이한 행동을 하고 있는지를 문장완성형으로 질문하는데, 그 때 행동의 장면 및 기분까지도 체크한다. 보통 응답대상자의 3-5% 정도가 특이한 일을 보여주는 경향이 있다. 현장관찰은 새로 등장한 장소, 화제의 장소를 직접 방문하여 그 곳에서 벌어지는 일 중에서 주목할 만한 것을 수집한다. 필요에 따라서는 현장에서 주목할 행동을 보이는 당사자와 인터뷰를 하기도 한다.

이상의 방법을 통하여 수집한 특이한 일들이 어떤 가치를 지니고 있는지를 음미하고, 그런 가치와 비교할 때 기업이 제공하는 상품·서비스에 어떠한 불만이나 미충족욕구가 있는지를 풀어낼 수 있다면 이를 해소할 아이디어가 도출될 수 있을 것이다.

5. 가치 창출

통찰을 기반으로 소비자 가치를 창출하기 위한 기업의 프로젝트는 기회발견(opportunity)-통찰조사(insight)-아이디어개발(ideation)-시제품개발(prototyping)-시장출시(launch)-추적(tracking)의 6단계를 거친다(大松孝弘·波田浩之, 2017, p.151).

기회발견 단계는 개발 주제와 관련한 통찰을 무작정 조사하는 것이 아니라, 가능성이 어디에 있는지를 명확히 하는 작업이다. 기회라 함은, 자사 브랜드가 해결해줄 수 있는, 소비자가 안고 있는 잠재적 문제를 가리킨다. 허연 머리가 섞인 헤어를 은발로 보이게 하는 왁스라는 제품을 예로 보자. 이 제품은 허연 머리카락을 가리는 게 아니라 오히려 검은머리까지 전체를 은발로 보이게 하는 상품이다. 즉 안티 에이징의 개념이 아니라, 에이징을 긍정적으로 즐긴다는 기회를 포착한 상품이다.

통찰조사 단계는 표적 고객의 통찰을 규명하는 작업으로서, 어떤 접근법을 취하면 좋을지를 알기 위함이다. 아이디어개발 단계는 워크숍을 열어서 진행한다. 시제품개발 단계는 사용자가 경험을 통해 충분히 이해할 수 있을 정도로 시제품을 만들어야 한다. 시장출시 단계는 신제품을 발매하는 것이고, 추적 단계는 발매 후 소비자 반응을 추적하여 대응해야 할 부분이 있는지를 확인하여 이를 수정, 개선하는 일이다.

6. 소비자 여정

서비스는 생산과 소비의 불가분성으로 서비스 생산 현장에 소비자가 관여하는 상호작용을 보인다는 점, 서비스의 품질 및 고객만족에 소비자 자신이 개입한다는 점 등의 특징을 지닌다. 따라서 서비스 이용자인 고객을 기점으로 한 서비스 설계가 중요하다.

고객 여정과 관련된 소비자행동 개념으로 소비자의 광고반응 계층모형인 AIDMA와 구매의사결정 과정모형인 AISAS 등이 있다. 이들 모형은 상품·서비스에 대한 소비자 인지에서부터 구매 혹은 구매후 행동에 이르는 과정을 자극에 대한 반응으로 파악하는 깔대기형이다.

반면에 고객 여정은 소비자의 심리와 행동의 변용을 초래하는 다양한 고객접점과 그 변용 상태를 명기하면서, 반복적인 구매의 시계열적 특징을 지닌 순환형이다(近藤公彦·中見真也, 2019: 81).

고객 여정에 관련된 또 다른 개념이 진실의 순간(moment of truth)이다. 고객이 서비스를 평가하여 만족 혹은 불만족이 형성되는 결정적 순간을 말하는데, 바로 구매 전, 구매 중, 구매 후의 이들 진실의 순간에서 이루어지는 고객경험과 고객접점에 주목하게 되었다.

고객 여정(customer journey)은 상품의 구매가 종착역이 아니라 타인에게 상품을 추천하는 일에서 막을 내린다. 이를 AISAS로 표현하면, Aware(인지) - Interest(흥미) - Search(검색) - Action(구매행동) - Share(공유)와 유사하다. 공유 속에 추천이 포함된다고 볼 수 있다. 이러한 일련의 과정에서 고객이 보여주는 행동, 체험, 심리를 시계열로 표시한 것이 고객여정 지도이다.

여정의 각 단계는 상세한 고객체험을 긍정과 부정 모두 기술해야 한다. 가령, 시착(try-on) 단계라고 하면 “상의만 입어보는데도 신발을 벗어야만 해서 귀찮았다”, “비어 있는 시착 룸으로 안내 받았는데 손님을 내버려둔 듯한 상태라서 기분이 씁쓸했다”, “다른 사이즈를 입고 싶다고 하니까 여러 치수의 옷을 갖다 주어서 고마웠다”, “입어

본 옷과 어울릴만한 세트 의류를 조언해줘서 기분 좋았다"와 같이 여러 가지 긍정과 부정의 고객체험을 기술하여 개선의 씨앗으로 삼도록 한다. 여정에서 고객이 체험한 내용은 정량화할 수 있어야 한다. 고객이 체험한 점이 아주 희귀한 경우인지 아니면 빈번한 경우인지(후자이어야만 정량화가 가능), 그런 체험에 고객이 낙담하거나 감동한 크기가 어느 정도인지를 보여주는 정보이어야 한다. 또한 그런 고객이 자사에게 어느 정도의 충성도를 갖고 있는지도 파악할 수 있어야 한다(渡部弘き, 2019: 73).

고객경험에 관한 학문적 관심은 Holbrook과 Hirshman에 의해 촉발되었다[3]. 1960년대에 시작한 의사결정모형과 1970년대의 인지 모형에 이은 새로운 시좌(視座)이다. 경험가치에 관심이 쏠린 이유는, 가격 경쟁에서 벗어나기 위함이었다. 고객경험에는 감각적(sense), 정서적(feel), 인지적(think), 행동적(act), 관계적(relate) 경험의 다섯 가지가 있다(Schmitt, 1999; Lemon and Verhoef, 2016). 고객경험은 고객중심주의인데 제품중심주의와의 차이점은, 후자가 제품이 가져다줄 가치를 극대화하여 시장점유율을 획득하는 것을 목표로 삼는데 비하여, 전자는 고객이 원하는 가치를 극대화하여 고객니즈를 획득하는 것을 목표로 삼는다[4].

고객 접점(touch point)에는 4가지 유형이 있다[5]. 기업이 통제할 수 있는 Brand Owned 접점, 기업 간 거래 혹은 제휴에 의해 실현되는 Partner Owned 접점, 기업의 통제권 밖에 있는 Customer Owned 접점, 그리고 Social Owned 접점이 바로 그것이다.

3 Hirschman, Elizabeth C. and Holbrook, Morris B.(1982). Hedonic consumption: Emerging concepts, methods and propositions. Journal of Marketing, 46(3), 92- 101; Holbrook, Morris B. and Hirschman, Elizabeth C.(1982). The experiential aspects of consumption: Consumer fantasies, feelings, and fun. The Journal of Consumer Research, 9(2), 132-140. 이후에도 경험가치에 학문적 논의가 계속 집중되었는데, Schmitt, B.(1999). Experiential Marketing: How to Get Customers to Sense, Feel, Think, Relate. The Free Press 등이 있다. 척도 'EX-Scale'은 簗田(2007). ブランド体験の測定尺度: 開発プロセスと活用事例の紹介. 『日経広告研究所報』, 40(6), 33-38에 나와 있음.

4 Peppers, D. and Rogers, M.(2016). Managing Customer Experience and Relationships. 3rd ed., Wiley.

5 Lemon, K. and Verhoef, P.(2016). Understanding customer experience throughout the customer journey. Journal of Marketing, 80(5), 69-96.

Evernote 4 일본백화점의 중국시장 철수

일본 백화점 중 매출 1위의 다카시마야(高島屋)가 중국 시장(상하이)에서 철수하며(2019년 8월 폐점), 대신 베트남 시장(호찌민, 하노이)에 신규 진출. 이유는, 성장성이 높은 동남아 시장에 경영 자원을 집중한다는 점. 10년 전 상하이 출점 당시에 내세운 향후 성장 여지가 크다는 점과 판박이. 2012년 12월 상하이 홍차오·구베이 지구의 고급 주택가에 다카시마야 상하이점이 개점했을 때, 화려한 전단지 배포나 이벤트, 세일도 없었던 것은 반일운동의 위험을 의식한 방어책. 일본의 센카쿠 국유화에 항의하는 반일 시위가 중국 각지에서 시작되었고, 시위대가 폭도로 바뀌어 대규모 파괴·약탈 행위로 발전. 일본계의 상업 시설뿐이 아니라, 일본 대사관까지 습격의 대상.

정세가 안정세를 찾은 2013년이 되어도 다카시마야의 부실은 개선 기미가 없음. 첫해 매출목표는 130억 엔에서 80억 엔, 50~60억 엔으로 계속 하향 조정되었고, 경영진의 교체나 브랜드 교체, 상품 라인업의 조정 등 가능한 일을 다 했음에도 결과는 실패. 현지 언론의 보도 내용은, 일본백화점은 중국시장에서 지명도가 높지 않고, 고급품은 일본 여행이 수월해진 지금 현지에 가서 구입하면 되므로 상하이 일본백화점의 우위는 별로 없다는 점. 식당가를 제외하면 직원이 손님보다 많은 참상은 현지 일본인 교포사이에서 주지의 사실. 일본 브랜드의 해외 판매를 정보의 발신이라고 한다면, 일본의 우위성이라는 자만심이 깔려있었던 것은 아닐지. 정보 수신자의 사정, 상태를 경시한 자기도취형의 비즈니스 모델에 몰두한 점이 실패를 가져왔다고 봄. 그런데 이후 새로운 보도 내용을 보면, 상하이 매장의 철수계획을 번복하고 다시 시작하겠다는 황당한 의사결정이 이루어졌음.

(자료: Wedge, 2019.7.22.)

04
소비자 만족

미국에서는 ACSI(American Customer Satisfaction Index. www.theacsi.org)가 제조업과 서비스업종의 200여 기업을 대상으로 고객만족을 분기별로 조사하는데, 그 결과가 반드시 고객충성도와 기업수익에 직결되는 것은 아니다. 할인점 K마트는 ACSI의 점수가 크게 높아진 뒤 곧바로 매출의 격감과 그로 인한 경영 파탄을 맞이하였다.

이런 뜻밖의 결과에 대하여 미국의 여론조사업체 갤럽은 제조활동의 식스시그마 운동에서 힌트를 얻어 휴먼시그마(John H. Fleming & Jim Asplund, Human Sigma: Managing the Employee-Customer Encounter, Gallop Press, 2007)를 주창하였다. 여기에서 흥미로운 조사 결과는, ‘대단히 만족’을 표시한 고객의 만족에는 감성적(emotional) 만족과 합리적(rational) 만족이 있는데, 전자는 기업의 수익에 도움이 되지만, 후자는 불만을 느낀 고객과 별반 차이가 없다는 점이다.

합리적 만족은 기능, 가격, 정보와 같은 물리적 가치에 만족하는 것으로서 ‘좋고 나쁨’이 판단기준이 된다. 감성적 만족은 안심, 신뢰, 존중 등과 같이 고객의 마음에 호소하는 경험적 가치로서 ‘좋고 싫음’이 판단기준이다. 어느 글로벌 신용카드회사가 6개월간 고객조사를 한 결과를 보면, 감성적 만족을 한 고객은 월평균 251달러, 월평균 3.1회 이용실적을 보인 반면, 합리적 만족을 한 고객은 각각 136달러, 2.5회 이용의 실적을 나타냈는데, 후자의 실적은 불만을 표출한 고객의 136달러, 2.2회와 별반 차이가 없다(田中達雄, 2018: 73). 게다가 합리적 만족에 그친 고객은 경쟁사가 보다 나은 기능가치 혹은 비용가치를 제시하면 곧바로 구매전환을 한다.

또 다른 조사결과(Scott Magids, Alan Zorfac and Daniel Leemon, The New Science of Customer Emotions. Harvard Business Review, Nov. 2015)를 보면, 만족도는 높지만 감성적 연계가 부족하다고 말한 고객을 기준치로 할 경우, 만족도가 높고 다른 브랜드와의 차

이를 인식하고 있는 고객은 기업에게 13% 높은 가치를 가져다주고, 만족도와 타 브랜드에 대한 차이, 감성적 연계 모두 높은 고객은 자그마치 52% 높은 가치를 기업에게 제공하고 있다. 업종별로는 기준치에 비하여 신용카드 68%(사용액), 온라인소매(구입액) 52%, 호텔(숙박) 41%, 할인점(점포방문) 37%, 소매금융(상품) 35%, 패스트푸드(점포방문) 27% 더 높은 가치를 고객은 기업에게 가져다주고 있다.

1. 현장 사원에 의한 제공

❶ 자포스닷컴

온라인신발판매업체 자포스닷컴(zappos.com: 아마존닷컴이 2009년 7월 인수)의 사례를 보자. 어느 고객이 자포스 사이트에서 신발을 구매하려는데 본인의 발 사이즈 신발이 품절이라고 나왔다. 고객센터에 전화를 걸었으나 역시 품절이라는 답변이었다. 그런데 해당 고객센터 직원은 고객의 위치에 근접한 오프라인 신발점포들의 재고를 조사한 결과, 고객 사이즈의 재고가 있는 어느 점포를 소개해주었다(田中達雄, 2018: 40).

❷ 벤츠 미국법인

메르세데스 벤츠 미국자회사의 사례를 보자. 뉴저지 주에 거주하는 어느 고객이 휴가에 캘리포니아로 가니까 자기 차를 캘리포니아로 보내주면 거기서 타고 다니고 싶다는 전화 신청을 영업사원에게 하였다. 뉴저지 영업사원은 캘리포니아 영업사원에게 부탁 전화를 하였고, 캘리포니아 영업사원은 고객의 차량을 인도받아 캘리포니아 공항에 도착한 고객을 마중 나갔고, 휴가를 마친 고객을 다시 공항까지 배웅하였으며, 고객 차량을 뉴저지까지 돌려보내는 절차까지 마쳐주었다.

❸ 아멕스 일본법인

신용카드회사 아멕스(American Express)의 일본자회사 사례를 살펴보자. 동일본대지진이 발생하였을 때(2011.03.11.), 고객의 안부를 묻는 확인전화를 걸면서 아멕스 직원들은 신용카드의 종류에 상관없이 모든 고객에게 불편한 점이 있는지를 물으면서 화장지와 휴발유, 초등학생용 책가방을 무료로 보내주었다. 책가방(란도세르: 에도 막부시대 말기에 서양식 군대 제도를 도입하면서 병사들의 사물수납용 가방으로 네덜란드의 백팩 ransel을 도입. 이후 '란셀'이 '란도세르'로 호칭 변화)을 보낼 때는 자발적으로 봉제 곰인형(누이구루미)을 함께 보내준 직원들도 있었다.

❹ 애완체인점 '펫스마트'

펫스마트(petsmart.com)는 1986년 설립된 미국 최대의 애완(개, 고양이, 새, 물고기, 파충류, 작은 애완동물)전문체인점인데, 다수의 소매업체들이 아마존닷컴의 영향으로 점포 운영에 고전을 면치 못하는데 비하여 점포를 확대하고 있다(2014년 12월 투자회사 BC Partners가 87억 달러에 인수). 제공하는 서비스에는 애완 식품 및 약품, 애완용품(침대, 가구, 의류, 신발, 식기, 장난감 등), 그루밍, 애완호텔, 애완병원(veterinary care), 애완교실(강아지 데이캠프, 개 훈련), 입양 등이 있다(회사 사이트에서 열람한 내용들).

어느 고객이 늘 구입하던 작은 사이즈의 애완식품을 사려는데 품절이었다. 이에 직원이 큰 사이즈의 제품을 작은 사이즈와 동일한 가격에 구입할 수 있다고 제안하였다. 현장직원의 재량으로 처리할 수 있는 문제이었다. 내점 고객이 기쁜 마음으로 점포를 나가게 한다는 방침 하에, 재구매비율 향상에 기여하는 고객 응대는 회사가 적극 권유하고 있다(田中達雄, 2018: 45).

직원 채용 기준에는 애완동물을 키워본 적이 없는 지원자는 제외된다. 애완동물을 키우는 사람의 심정을 이해하지 못하는 직원은 권한위임을 해줘도 적절한 고객 대응도 할 수 없고 고객과의 정서적 교감도 이룰 수 없다는 생각이다. 생명을 다루는 직업이라는 의식 하에 때로는 고객에게 엄격한 대응을 하기도 하는데, 고객과 애완동물을 위하는 길이라면 고객(회사는 고객을 pet parents라고 호칭)도 이해해줄 것이라고 생각하기 때문이다.

직원의 응대 서비스에 대한 고객만족도 조사와 고객의 지출규모를 비교하면, '만족'이라고 답한 고객에 비하여 '매우 만족'으로 응답한 고객의 지출규모가 5% 더 많은 것으로 나왔다. 직원들의 업무평가는 내점고객의 만족도와 매출기여의 두 가지로 평가

되는데, 이는 권한위임에 의한 재량권 발휘의 성과를 평가하겠다는 것이다. 또한 회사의 정책에 입각한 행동을 취하고 있는지를 확인하기 위하여 상사와 동료, 부하에 의한 360도 평가도 이루어지고 있다.

고객지원센터에는 '감동 레시피'가 직원들 간에 공유되어 있는데, 그 내용 중에는 사이즈나 색상이 다른 신발을 배송하였을 경우, 먼저 센터 직원은 사과를 하고 난 뒤에 무상 교환을 해주겠다고 말하며, 고객이 원한다면 익일 배송 서비스를 제공받는 프리미엄회원에 무상등록해주겠다는 답변을 하라는 것이 있다. 감동 레시피 덕분에 근무경력이 적은 직원들도 어떻게 대응하면 고객을 만족시킬 수 있는지, 재량권은 어디까지 허용되는지를 학습할 수 있다.

그러나 현장 사원의 능력을 제대로 활용하지 못하는 기업들도 있다. 이들은 고객응대 절차를 규정준수(compliance)라는 명목 하에 엄격히 통제하고 있다. 고객응대의 품질을 균질화하기 위해서 '이건 해서는 안 된다. 이건 이렇게 해야 한다'는 식으로 엄격한 규정을 만들어 놓고 있다.

증권회사의 고객을 예로 든다면, 영업사원의 잦은 방문을 원하는 고객이 있는가 하면 달가워하지 않는 고객도 있다. 자신의 보유자산 전부를 감안한 상품제안을 원하는 고객이 있는가 하면 보유자산의 규모를 알리고 싶지 않은 고객도 있다.

이처럼 상이한 욕구를 지닌 고객들을 획일적·균질적으로 응대한다면, 만족하는 고객이 있는가 하면 불만을 지니는 고객도 있을 것이다. 즉 응대 절차의 표준화는 자사가 제공하는 서비스에 대한 고객 평가에 편차를 초래한다. 오히려 응대 절차의 다양성이 드러나면 고객서비스 품질에 편차가 생기기보다는, 권한 위임에 의한 직원들의 재량권 발휘로 고객 평가는 높은 수준에서 균질화의 결과를 가져올 것이다.

프랑스 컨설팅회사 Capgemini(캡제미니)의 보고서('The Disconnected Customer: What Digital Customer Experience Leaders Teach Us about Reconnecting with Customers'. 2017.06.28에 3000 명의 소비자와 600명의 경영자를 대상으로 조사)에 따르면, 조사대상 경영자의 75%는 자사가 고객중심의 경영을 한다고 답하였지만, 조사대상 소비자의 30%만이 그렇다고 응답하였다. 고객 평가를 제대로 관리한다면 이러한 양자 간 격차는 발생하지 않았을 것이다.

2. 현장에 가까운 부서조직에 의한 제공

❶ 할리데이비슨

미국의 모터사이클(오토바이) 제조업체 할리데이비슨은 고객의 전화상담 데이터 분석을 통하여, 한랭지구 거주고객들로부터 배터리가 나갔다는 불만이 많이 제기된 점을 확인하였다. 원인을 알아보니, 모터사이클을 차고가 아니라 바깥에 방치한 고객 중에서 계절이 겨울에서 봄으로 넘어가는 시기에 배터리 방전의 확률이 올라가는 일이 잦다. 고객지원센터(현장에 가까운 부서조직)는 초봄이 되면 한랭지구 거주 고객들에게 봄맞이 배터리 자체 점검의 전화를 걸었더니 배터리 관련 불만 전화가 줄어들면서 고객만족도 향상하였다.

고객만족과 성과지표 간의 관계를 다룬 굿맨[6](John A. Goodman, Customer Experience 3.0: High-Profit Strategies in the Age of Techno Service. AMACOM, 2014)에 따르면, 제품 사용에 문제가 전혀 없는 고객 중 재구입의향을 밝힌 고객은 85%이고, 문제가 발생한 고객 중 이를 신고하지 않은 고객은 75%가 재구입의향을, 신고한 고객 가운데 업체의 대응에 불만을 느낀 고객은 70%, 납득을 한 고객은 80%, 만족한 고객은 90%가 재구매의향을 각각 보였다고 한다.

여기서 유념할 점은, 고객불만의 신청 건수가 줄어드는 점만으로는 긍정적 평가를 내릴 수 없다는 점이다. 문제의 근본이 해결되어야만 의미가 있다. 개중에는 고객의 불만을 되도록 무시하는 방향으로 사태를 무마하려는 기업들도 있다. 불만을 받아들여주면 해결해주리라는 기대를 고객은 갖게 되므로, 현장 직원들도 불만을 제기한 고객들을 그 자리에서 억지로 납득시키는 방향으로 힘을 기울인다(田中達雄, 2018: 51). 불만을 신청해봐야 소용없다고 생각하는 고객들은 조용히 회사와의 거래를 종결하고 떠나버린다. 그 결과로 고객불만의 신청건수가 감소한다면 기업에게 아무런 득이 될 게 없다.

6 굿맨은 마케팅컨설팅회사 TARP(Technical Assistance Research Programs)를 공동설립하여 백악관으로부터 '미국기업의 고객불만처리 실태조사' 프로젝트를 수탁받아서 보고서를 작성하였는데, 거기에서 도출된 것이 3가지 굿맨법칙이다. 제1의 법칙은, 불만을 기업에 신청하여 해결에 만족을 느낀 고객은 불만을 신청하지 않은 고객에 비하여 재구매결정 비율이 높다는 점, 제2의 법칙은 불만처리 결과에 만족하지 못한 고객의 부정적 입소문은 결과에 만족한 고객의 긍정적 입소문보다 2배 강력한 영향을 미친다는 점, 제3의 법칙은 고객에게 적절한 정보를 제공(소비자교육 등을 통하여)하여 소비자의 신뢰도를 높이고 긍정적 입소문이 이루어지면, 재구매의향이 높아지고 시장확대로까지 이어진다는 점이다(田中達雄, 2018: 52).

05 소비자 충성

1. 소비자 충성의 의의

충성도(loyalty)라는 개념의 학문적 등장은 1950년대 브랜드 충성에 관한 연구가 그 발단이 되었다(近藤公彦·中見真也, 2019: 91). 당시 브랜드 충성은 특정 브랜드를 반복 구매하는 행동적 충성으로 다루어졌다. 그러나 특정 브랜드를 선호하여 반복 구매하는 것과, 선호하지 않는데도 외적 요인(가격할인, 점내 배열 등)에 의해 반복 구매하는 것을 식별하기 위하여 태도와 행동의 양 측면에서 충성도를 다루어야 할 필요성이 제기되었다[7]. 여기에서 더 나아가 고객의 인지, 감성(태도), 행동의도, 행동의 4단계로 충성도를 세분화하기도 하였다[8].

고객충성은 마케팅의 중점이 대중 시장 및 세그먼트 시장에서 소비자 개인으로, 신규고객의 창출에서 기존고객의 유지로, 불특정다수의 고객에서 우량고객[9]으로 옮겨가면서 다루어져 왔다(近藤公彦·中見真也, 2019: 91). 기존 고객의 이탈을 방지하고 유지(retention)한다는 것은, 시장점유율에서 고객점유율로 그 초점을 이동한다는 것을 의미한다. 시장점유율 확대는 신규고객을 포섭해야 가능한데, 기존고객의 유지에 열중하여 성장을 이루겠다는 것은 고객의 구매를 늘리도록 유도하는 것이다. 즉, 고객의 장바구니를 늘리는 일이다. 이는 기존구매품의 구매량 혹은 구매회수의 증가, 다른 품목으로

7 Dick, A. and Basu, K.(1994). Customer loyalty: Toward an integrated conceptual framework. Journal of the Academy of Marketing Science, 22(2), 99-113.

8 Oliver, R.(1999). Whence customer loyalty? Journal of Marketing, 63(special issue), 33-44.

9 데이터를 활용하여 우량고객을 판별하기 위한 지표로는 고객생애가치(life time value: LTV)와 RFM(Recency, Frequency, Monetary) 등이 있다. 신규고객에서 기존고객으로 중심점의 이동은 재무측면에 기인한다(Fornell, C. and Wernerfelt, B.(1987). Defensive marketing strategy by customer complaint management: A theoretical analysis. Journal of Marketing Research, 24(4), 337-346).

Evernote 5 ALI의 영감 리더십

본 사례가 주는 마케팅 성공의 요지는 첫째, 참가자들을 경직된 사고의 틀에서 해방시켜서 시야를 넓혀주고 직감을 연마시킨 점, 둘째, 변화를 즐기고 협동적 리더십을 조성한 점, 셋째, 참가자에게 일체감을 심어준 점, 넷째, 독자적인 태국 식사[10]와 증기찜질로 해독(detox)을 시켜 에너지를 충전시킨 점, 다섯째, 참가자 상호 간 교감을 증폭시킬 수 있는 공간과 프로그램을 고안한 점이다(山田理絵, 2019: 160).

Asian Leadership Institute(ALI)는 브라이언 볼(Brian Bauerle)이 창시한 리더십·코칭 연수기관이다. 고객사로는 시티뱅크, 프루덴셜, SC뱅크 등의 금융기관 및 싱가포르 국립대학, WHO, 국제금융공사(IFC) 등의 공공기관, DFS, 나이키 등의 소매업체, LinkedIn 등의 온라인미디어 등이 있다(asianleadership. com/our -clients).

브라이언은 티베트불교의 '죽음의 명상'과 조우하는 기회를 맞이하였다. 이를 통하여 죽음이 슬픈 일이 아니라 영적이며 아름다운 것이라는 점을 깨우쳤다. 이후 싱가포르에서 두 명의 정신과 의사와 공동으로 Center for Effective Living 이라는 클리닉을 창업하였다. 지도자 대상의 명상 클리닉이 효과를 거두면서 브라이언은 태국의 치앙마이에 ALI를 설립했고, 여기서 실시한 프로그램이 영감 리더십(inspirational leadership)이다. 영감 리더십은 리더가 직감을 연마하여 에너지를 부하에게 전파하여 동기부여를 고양하는 리더십이다. 영감 리더십이 효과를 발휘하려면 리더의 역량과 신뢰가 요구되므로 이를 실천할 수 있는 리더는 소수에 불과하다.

브라이언이 강조하는 것은, 경험에서 나오는 논리적, 합리적 사고보다는 직감에 의한 뇌의 활용이 보다 많은 용량의 신경에 접근할 수 있게 해주어서, 발명을 가져올 확률이 더 높다는 것이다. 아인슈타인의 $E=mc^2$의 공식은 직감을 통해 탄생하였고, 논리적 사고는 추후에 검증을 위하여 사용되었을 뿐이다. 따라서 최고 경영자의 리더십은 직감을 연마하는 '의식(意識)의 여로(旅路)'를 떠나야 하며, ALI는 바로 이런 여정의 목적지인 것이다.

ALI의 프로그램은 맞춤식으로 비용은 최저 2만 달러, 5년 계약을 기본으로 한다. 기업용과 가정용이 있는데, 후자의 경우에는 가족들까지 코칭을 해준다.

리더십, 코칭이라고 하는 비즈니스 관련 사업 이외에 럭셔리 여정의 목적지 사업을 운영하고 있는 업체로는 Nihiwatu Pulau Sumba Indonesia, Dhara Dhevi Hotel Chiangmai Thailand, ME London/The Upper House 등이 있다.

구매 확대, 동일 카테고리 내의 고가품으로 구매 업그레이드 등이 이루어지도록 해야 가능하다. 그런데 고객충성의 최종 종착역을 반복구매가 아니라 다른 고객에게 특정 기업·제품을 추천하는 것이라고 코틀러는 그의 마케팅4.0에서 새로 제안하였다[11].

10 고객 중 한 명이 제공되는 요리에 감명을 받아 수제 소스와 조미료를 MEKHALA라는 브랜드로 출시, 판매하고 있다.

11 Kotler, P., Kartajaya, H. and Setiawan, I.(2017). Marketing 4.0. Wiley

2. 소비자 충성도의 관여

오늘날 소비자들은 유통망, 사용기기, 사이트를 이리저리 휘저으면서 쇼핑을 한다는 점에서 마치 서핑을 하는 사람과도 같다. 반면 기업의 고객충성을 이끌기 위한 프로그램은 낡은 방식의 보상에 의존하는 관행에서 벗어나지 못하고 있다. 이런 와중에 일부 기업들은 고객 가치의 명제를 하나로 통합하는 방향으로 공동의 충성도 프로그램을 개발하는 협업을 전개하고 있다. 고객체험과 고객관여의 증진을 목적으로 파이낸셜타임즈의 상위25개 브랜드(2019년 선정) 중 40%가 하나 이상의 다른 소비재 부문의 브랜드와 제휴를 맺었다.

맥킨지의 조사(McKinsey & Co., March 2020)에 따르면, 최고의 브랜드들이 전개하는 충성도 프로그램 중 50개를 선정하여 분석한 결과, 50%가 여전히 보상·포인트 중심이고, 18%만이 고객체험 중심이며, 6%만이 다른 브랜드와 연계된 프로그램을 제공하며, 에코시스템을 구축하고 있는 것은 2%에 그치고 있다(조사대상은 파이낸셜타임즈의 2019년 100대 브랜드이며, 이들 중 의류, 여행, 소매, 패스트푸드, 엔터테인먼트, 금융서비스, 식료(grocery)의 7개 제품카테고리 영역에서 선정). 아예 고객충성도 프로그램을 실시하고 있지 않은 브랜드도 24%에 달한다.

위의 고객충성은 그 결과물로서 고객의 생애가치(life time value: LTV)라고 하는 금전적 가치를 기업에게 가져다준다. 이에 비하여 고객관여(customer engagement)는 금전으로 환산하기 어려운 고객소개 등의 가치를 기업에게 제공한다[12]. 고객관여의 개념은 고객이 자발적, 능동적으로 기업과 관계를 맺는 행위로 정의된다. 행동적 고객관여는 구매와 관련된 것이고, 심리적 고객관여는 기업이 제공하는 것이나 일에 참가하는 것을 말한다[13]. 가령, 기업의 SNS 계정에 담긴 특정 내용을 읽고 '좋아요'를 누르는 행위가 될 수 있다. SNS를 통한 보다 적극적인 고객관여의 예로는 사진이나 동영상 투고, 설문지 회답, 댓글달기 등이 있다. 오프라인에서 고객관여의 예로는 기업주최 이벤트·캠페인 등에 참가하기, 지인 등에게 기업 혹은 제품 추천하기 등이 있다.

---

12 Kumar, V., Aksoy, L., Donkers, B., Venkatesan, R., Wiesel, T. and Tillmanns, S.(2010). Undervalued or overvalued customers: Capturing total customer engagement value. Journal of Service Research, 13(3), 297-310.

13 Vivek, S., Beatty, S. and Morgan, R.(2012). Customer engagement: Exploring customer relationships beyond purchase. Journal of Marketing Theory and Practice, 20(2), 122-146.

❶ 웰즈파고

웰즈파고(Wells Fargo. 시가총액 기준 세계4위의 은행, 총자산 기준 미국4위의 은행, 총수입 기준 포춘지의 2018년 미국500대 기업 중 26위: wikipedia)는 2018년에 신용카드 재발행 서비스의 혁신을 이루었다. 카드를 분실·도난당한 경우, 고객은 전화 혹은 웹사이트를 이용하여 카드이용 정지와 재발행을 신청하면 며칠 뒤에 재발행 카드를 수취한다. 고객만족을 측정할 때는 재발행 관련 불만이나 요망(전화 연결이 잘 안됨, 웹사이트의 화면에서 입력하기 불편, 재발행 카드 수취까지 긴 소요시간 등)을 조사하여 개선을 하는데, 이는 다른 경쟁사들도 똑같이 한다.

웰즈파고는 고객만족이 아니라 고객경험의 관점에서 '고객여정(customer journey)'이라는 개념을 적용하였다. 고객이 카드의 재발급을 신청하는 목적은 상품·서비스의 구매를 위한 결제에 있다. 즉 카드 재발급의 여정은 재발급카드의 수령에서 끝나는 것이 아니라, 가령 전자상거래 사이트에 들어가서 로그인, 카드번호 갱신의 절차까지 가서야 마무리된다는 점이다. 이에 웰즈파고는 고객이 재발행 신청을 하면 곧바로 신규카드번호를 제공하고, 고객이 이용하는 여러 온라인·오프라인 점포에 등록된 카드번호를 자동으로 갱신해주는 서비스를 개발하였다.

❷ 맥도날드와 버거킹

고객여정의 개념을 이용하여 고객경험이 고객충성을 가져오는 사례로서 맥도날드와 버거킹의 비교 사례가 있다(田中達雄, 2018: 101). 조사원들을 실제 양 점포에 투입하여 점포에 들어가서부터 나올 때까지의 고객여정의 각 접점(customer touch point)에서 각자가 느낀 감성적 가치의 만족도를 표기하도록 하였다. 맥도날드는 점포위치와 외관, 주문 처리의 효율성, 청결의 세 접점에서 버거킹보다 우위에 섰고, 반대로 버거킹은 내장(인테리어), 메뉴의 맞춤형, 포장디자인의 세 접점에서 우위를 차지하였다.

이 결과에 입각하여 맥도날드가 취해야 할 조치는 '다소 불만'의 접점을 '다소 만족'으로 끌어올리기 보다는 '다소 만족'의 접점을 '추천'으로 개선하여 고객충성도를 높이는 일이다. 제한된 자원을 보유한 기업 입장에서 모든 접점을 향상시키는 일은 무리일

Evernote 6 이동혁명 MaaS

- 자동차와 철도, 버스, 택시 등 다양한 교통수단을 연계하여 이동의 편리성을 높이는 서비스인 마스(Mobility as a Service)가 소유에서 이용으로 사회적 관념이 변하기 시작하면서 주목을 받고 있음. 미국에서는 우버택시의 이용이 초래하는 교통정체인 '우버정체'가 사회문제로 대두. 아일랜드의 시장조사업체 Research and Markets는 마스의 시장규모가 387억 달러(2017년)에서 3580억 달러(2025년)로 증폭할 것으로 전망.
- MaaS의 선두기업으로 꼽히는 핀란드의 MaaS Global(벨기에, 독일, 네덜란드, 일본 등에 진출)은 자사의 앱 '윔(whim)'을 열면, 스마트폰에 등록된 일정표에서 행선지를 찾아내어 화면에 표시(레벨 1). 여러 이동 경로 중에서 본인이 선호하는 걸 선택하면 예약에서부터 결제까지 완료(레벨 2). 전자티켓을 운전자에게 탑승 시 제시하면 됨. 서비스 이용은 월정액제로 헬싱키 시에서는 499 유로로 무제한 이용 가능(단, 택시는 1회당 5㎞ 이내). 레벨 3은 마스사업자가 이동수단을 일원화하여 서비스를 제공(여행대리점이 항공권, 호텔예약 등을 하나의 상품으로 판매하는 것과 유사), 레벨 4는 도시계획과 인프라 정비 등의 정책과 일체가 되는 것(LA Metro가 현재 추진 중. 40년 간 총 1200억 달러 투입. 신생벤처기업에 투자 및 인프라 정비).
- 중국에서는 이미 마스의 효과가 나오고 있는데, 절강성 항주시의 교통정체 지수가 2016년 60개 도시 중 8위이었으나, 2018년에는 100개 도시 중 57위로 크게 개선. 알리바바가 항주시 교통국으로부터 교통신호, 도로망 데이터, 버스와 택시의 위치정보, 차량통행량 등에 관한 정보를 취득하여 이를 AI에 의한 이동 상황 예측에 활용. 교통신호등의 점멸 시간 조정으로 정체를 미연에 방지. 중국의 배차 앱 최대 서비스업체인 디디추신(滴滴出行)도 2017년부터 20군데의 지자체와 협력하여 마스 사업을 추진 중.
- 한편 보스턴컨설팅그룹(BCG)은 보스턴 시의 교통량 시뮬레이션 결과를 발표하면서, 교외지역의 이동시간은 12.1% 단축되는 반면, 시가지의 이동시간은 5.5% 늘어난다고 함. 이동수단이 차지하는 비중은, 시가지의 경우 대중교통기관 46%→30%, 자가용(자동주행차량 포함) 34%→25%로 줄어드는 대신 Mobility On Demand는 20%→45%로 폭증(유럽의 MaaS가 이동수단 간 통합, 스마트폰, 앱 기반의 월정제의 특징을 지니는 반면, MOD는 개인 이동과 상품 배달의 양자를 강조. <인용> medium.com, Mobility as a Service and Mobility on Demand via Blockchain). 그러나 교외지역의 경우, 대중교통기관의 비중은 42%→41%로 별 차이를 보이지 않지만, 자가용(자동주행차량 포함) 42%→18%로 절반 이상 줄어들고 Mobility On Demand는 16%→41%로 폭증함. 시가지와 교외지역 모두 MasS가 지배적 교통수단이 된다는 점은 동일함.
- 이런 추세에 입각해볼 때, 세계자동차산업의 이익 원천도 크게 바뀔 것으로 컨설팅업체 PwC는 예측. 2017년(3770억 달러)과 2030년(6370억 달러)을 비교하면, 신차판매가 41%→26%, A/S가 16%→10%, 납품업체 14%→5%, 보험 13%→8%, 금융 11%→9%로 각각 감소하는 반면, MaaS는 0%→30%로 선두를 차지함. 이밖에 기술계 공급업자 4%→9%, Connected 서비스 1%→4%로 늘어날 전망. 신차판매 비중의 대폭 감소는 2025년 이후 미국과 유럽 지역의 자동차 보유대수가 줄어드는 점에 기인(자동차 보급률이 낮은 개도국은 증가. 중국은 2030년에 3억 대의 차량보유로 2018년의 1.6배가 될 전망. 일본의 경우, 자동차 미보유 가구 비율이 2015년 17%→2017년 22%. 수도권에 국한할 경우에는 28%→34%로 증가. 미보유 이유로는 29%의 가구가 주유비용과 주차비용을 지목. 보험료와 주유비 등의 차량유지비는 월평균 12,400엔, 도심지역 주차비용 3만 엔).

(NIKKEI BUSINESS, 移動革命MaaS世界が狙う新市場, 2019.04.29.-05.06)

뿐더러, 고객은 모든 접점에서의 체험을 일일이 저장·기억하지도 않는다. 따라서 끔찍하게 저평가 받은 접점을 그대로 남겨둔 채 다른 접점을 개선시키게 되면 그 효과가 희석될 수 있으므로 무난한 정도의 평가에 그치게 하고 다른 접점을 강력하게 향상시켜야 할 것이다.

3. 소비자 충성도의 지표

감성적 만족을 고객충성의 평가 지표로 삼는 것 중에 미국의 베인 컨설팅(Bain and Company: 보스턴컨설팅그룹 부회장 베인과 동료들이 1973년 설립)이 고안한 순추천점수(Net Promoter Score: NPS)가 있다. 이는 베인의 Frederick Reichheld가 "The one number you need to grow"(HBR, Dec. 2003)라는 글에서 발표하였는데, 미국 포춘지의 1000대 기업의 2/3가 채택하고 있다(wikipedia).

구체적으로는, 첫째, 고객충성도를 측정하는 지표로서 계속구매보다는 상품추천이 적합하다는 점, 둘째, 미래지향의 목표 수치로서 단순하고 이해하기 쉽다는 점, 셋째, 미래 수익성과의 상관성이 조사를 통하여 입증되었다는 점, 넷째, 전 세계 다수의 기업이 채택하고 있어서 비교 대상의 벤치마크(기준) 정보가 풍부하다는 점 등이 인기 요인이다(渡部弘き, 2019: 94).

특정 기업 혹은 그 기업의 제품·서비스를 친구나 동료에게 추천할 의향이 0-10점의 선택지에서 9점, 10점을 부여한 응답자를 장려자(promoter), 7점, 8점을 부여하면 소심자(passive), 그 이하의 점수를 부여하면 폄하자(detractor)로 분류한다. NPS는 장려자 비율에서 폄하자 비율을 뺀 값이다.

일본의 노무라종합연구소가 조사한 내용(2018년 3월, 인터넷설문조사, 유효회수 5000명, 20-60대)을 보면, NPS 순위와 점수 간 상관관계에서 5점이 순위와 −0.95로 가장 높은 상관성을 보였다. 반면, 6점과 7점은 가장 낮은 상관성을 나타냈다. 업종별로는 테마파크에서 높은 감성적 만족의 서비스를 제공한 업체의 NPS는 52.0이고 평균치는 19.1이었으며, 은행에서는 각각 −24.4와 −46.3, 생명보험에서는 15.6과 −40.5로서 양자 간에 가장 큰 편차를 드러냈다(田中達雄, 2018: 84).

단지, 업종에 따라서는 NPS의 적용에 주의가 필요한 경우도 있다. '은행의 상품은 타인에게 추천할만한 것이 아니다'라는 질문에 '그렇다' 18.8%와 '다소 그렇다' 45.1%를 합친 63.9%의 응답자를 제외하고 NPS를 산정한 결과, 평균값이 -39.6으로 나와서 위에서 언급한 −46.3과 비교할 때 6.7p 상승하였다. 마이너스 값은 조직 구성원에게 충격을 주어 사기 저하의 문제점을 가져올 수 있다.게다가 추천할 만한 성격이 아니라는 소비자가 63.9%에 달한다는 점은, NPS 이외의 지표를 고객충성도 평가로 삼아야 한다는 점까지 시사한다.

이처럼 타인에게 추천하지 않는 이유는, 자신만이 사용하고 싶다는 심리(패션상품), 상품의 성격 상 추천할 만한 것이 못 된다는 점(란제리, 기이한 수집품), 허세가 중요한 상품(입식 국수전문점 단골이지만 추천은 고급메밀국수집을 하겠다), 친한 애들은 다 알고 있어서 추천할 필요가 없음(브랜드 상품), 사람마다 취향이 제각각이라서 추천하지 않는다는 사고방식, 인간관계가 빈약해서 추천해줄 상대방이 없다는 점 등이다(渡部弘き, 2019: 96).

고객이 감성적 가치에 만족을 하여 고객충성도가 높아지면, 재구매(repurchase)와 상향구매(up-selling), 횡단구매(cross-selling)가 이루어져서 사업의 수익성이 증가한다는 분석 결과가 나왔다(노무라종합연구소, 2018년 3월, 인터넷설문조사, 유효회수 5000명, 20-60대). 은행 고객의 충성도(타인에게 추천의향 있는 정도)와 평균예금액 간의 상관관계가 0.76, 증권 고객의 경우에는 0.80으로 나왔다. 평균예금액을 장려자(promoter), 소심자(passive), 폄하자(detractor) 간 비교하면, 은행 고객은 각각 736만 엔-479만 엔-326만 엔이고, 증권 고객은 844만 엔-599만 엔-401만 엔으로 나왔다.

독일의 금융그룹 알리안츠(Allianz)가 자사 고객을 장려자-소심자-폄하자로 분류하여보니 각각 25.8%-42.3%-31.9%로서 업계 최고의 기업(34.7%- 43.0%-22.3%)보다 저조하였다(Allianz Capital Markets Day Creating Customer Loyalty: Promoters are significantly more valuable than detractors. July 13, 2006). 자사의 NPS와 수익성(연간해약

Evernote 7 일본의 타피오카 점포의 수익성

동경도내(동경은 행정구역이 市가 아니라 都)의 역 앞에 5평의 버블티(타피오카) 점포를 개설할 경우의 예상 이익은 다음과 같음(Urban Life Metro, 2019.8.23.)

* 초기투자비용: 300만 엔
 내역: 임대 보증금, 인테리어, 회사 설립, 임시직 모집
* 고정비: 월 75만 엔
 내역: 점포 임차료 15만 엔, 조리 설비, 기기, 카운터 계산대 등의 대여료 6만 엔, 아르바이트(상시 4명)의 인건비 40만 엔, 수도·광열비 8만 엔, 소모품 등 6만 엔
* 변동비(제조원가): 1잔 당 40엔.
 내역: 밀크 25 엔, 타피오카 7 엔, 용기 4 엔
* 판매가: 1잔 당 400 엔(브랜드체인점 500~600 엔)
* 영업: 휴일 없이 매일 12시부터 20시까지.
* 매출예상(인근의 타피오카 점포를 관찰): 하루 110잔.
 내역: 12시-16시 8분마다 1잔. 16시-20시 3분마다 1잔.
* 월 이익: 43만 8천 엔
 내역: (400엔-40엔) ×110잔× 30일-75만 엔 =43.8만 엔

(자료: Urban Life Metro, 2019.8.23.)

률, 상향구매와 횡단구매, 상품추천)을 비교한 결과, 연간해약률은 폄하자 고객이 장려자 고객의 2.7배(-271 vs −100)이고, 상향구매와 횡단구매는 장려자 고객이 폄하자 고객보다 17%p 높으며(100 vs 83), 상품추천은 폄하자의 부정소개가 장려자의 긍정소개보다 2배 많은 것으로(100 vs −200) 밝혀졌다. 또한 독일보험회사의 NPS와 평균주가상승률 간에는 0.62의 상관관계(2002-04년), 미국의 생명보험회사의 경우에는 0.77의 상관관계(1999-2003)가 있다(Bain & Company, German Insurance NPS Study 2005). 알리안츠 금융그룹 산하의 사업체 간 비교에서는, NPS가 업계 최고인 사업체는 평균주가상승률(2002-05)이 9.30%이었지만, 평균을 웃돈 사업체는 4.50%, 평균을 밑돈 사업체는 0.03%에 그치고 말았다.

영국의 금융그룹 HSBC가 2000년대 초반에 24개국 27,000명의 고객을 대상으로

행한 고객경험조사(NPS)를 실시한 결과는 다음과 같다(田中達雄, 2018: 119). 고객지원센터에 6회 이상 전화를 건 고객은 폄하자가 장려자의 2배(14% vs 7%), 서비스 품질은 고객계좌의 휴면, 해약의 주된 원인, 고객만족도보다 NPS가 강력한 지수(단지 만족한 상태=satisfied의 고객은 폄하자가 될 가능성이 높은 반면, 기뻐하는 상태=delighted로까지 되어야만 장려자가 될 수 있음)라는 점이다. 고객만족을 충족시키는 노력은 단지 폄하자를 최소화할 수 있을 뿐, 장려자 창출에는 기여하지 못한다. NPS의 개선만이 수익향상과 비용절감(고객센터 비용)을 모두 가져온다.

NPS와 수익성 간의 관계에서 문제점으로 지목되는 것은, 기업 전체의 수익성과는 관련 있다는 사실이 여러 사례에서 드러났지만, 개별 프로젝트 단위에서는 입증 작업이 아직 시도되고 있지 않다는 점이다. 아울러 NPS의 개선으로 신규고객을 어느 규모로 확보할 수 있으며, 불확실성이 높아서 이들의 고객단가가 어느 정도인지를 산출하더라도 그 신빙성이 낮다는 점이다(渡部弘き, 2019: 98).

4. 고객충성 프로그램

❶ 캠핌용품 업체 '스노피크'

일본에서는 1980년대 말부터 오토캠핑 붐이 일다가 90년대 후반에 갑자기 열기가 식었다. 이에 스노피크(www.snowpeak.co.jp)는 원점으로 돌아가서 고객의 목소리를 청취하기로 하였다. 1998년에 기획한 캠프 이벤트가 '스노웨이'이었다. 전 부문의 직원들과 임원들이 참가하여 고객의 생생한 의견을 들어보니, "점포의 상품구색이 형편없다, 제품의 적시 구입이 여의치 않다, 가격이 비싸다"는 것이었다. 경쟁사인 미국의 콜만(coleman)이나 일본의 몽벨(mont-bell. 1975년 오사카에서 창업)보다 가격이 2-3배 비싼 이유는, 뛰어난 금속가공기술을 보유한 협력공장에서 제조하기 때문에 내구성과 경량성에서 압권이기 때문이다.

고객의 목소리를 경영에 반영하여 취한 조치로는 점포수를 2000개에서 200개로

90% 감축하였다. 도매상을 경유한 유통망을 정규특약점과의 직거래로 변경하여 상품 구색을 충실히 하였다. 아울러 특약점에 자사 직원을 상주시켜서 제품 지식을 제대로 고객에게 전달토록 하였다.

포인트 카드에 의한 회원제 관리는 이용 실적에 따라 고객을 레귤러, 실버, 골드, 플래티늄, 블랙, 사파이어의 6개 등급으로 나누었다. 플래티늄 회원(연간 30만 엔 이상 구매실적) 중에는, “딱히 사고 싶은 상품이 없어도 자택 근처의 단골 점포 직원을 만나러 들른다.”는 반응도 있었다. 스노피크는 골드회원(연간 20만 엔 이상 구매실적) 이상을 충성형 고객이라 부르는데, 이들을 초대 대상으로 한정시킨 전시회를 앞서 개최한다. 35만 명을 넘는 회원 가운데 충성형 고객은 6%를 웃도는데, 포인트 카드 보유 회원들의 구매 총액 중에서 충성형 고객이 차지하는 비율은 40-50%이다.

1999년에 개최한 제2회 이벤트에서는 캠프파이어 대화 속에서 신상품이 탄생하기도 하였다. 여름철뿐 아니라 가을이나 겨울의 악천후에서도 비바람에 견딜 수 있는 방수포(tarp)가 있었으면 좋겠다는 의견을 반영한 ‘Living Shell’ 이라는 상품은 2000년 발매 이후 지금까지 스테디셀러로 자리 잡았다. 매년 5000명 정도가 참가하는 이벤트를 통하여 스노피크는 고객 의견을 경청하는 기업이라는 이미지가 굳어졌다.

2017년에는 블랙회원 이상을 대상으로 한 ‘스노피크웨이 프리미엄’을 개최하였는데, 2박3일의 행사기간 중에 직원들이 고객 텐트를 방문하여 이야기를 듣는다. 1일차에는 고객의 의견, 요망 등을 접수·정리하고, 2일차에는 경영진이 단상에서 이를 검증·공개토론을 한다. 신규 포인트카드 회원의 확보를 위하여, 초심자용 텐트를 전략적 가격 책정으로 저가에 판매하는데, 이들 신규 고객의 포섭은 점포에서 대면 판매를 통하여 이루어질 뿐, 광고는 하지 않는다(週刊東洋経済. 産業リポート:ファンをつくって急成長. 2019.03.09.).

❷ 수제맥주업체 ‘야호브루잉’

고객을 열광적 팬으로 승화시켜서 기업의 존속을 이루는 두 번째 사례인 야호브루잉(yohobrewing.com)은, 시장규모가 줄어들고 있는 대형 맥주제조회사들과는 대조적으로 성장세를 구가하고 있는 수제맥주(craft beer) 제조회사이다. 전체 맥주 시장의 1%에 불과한 수제 맥주 분야에서 점유율 50%를 차지하는 야호브루잉은 매출 증가율이 연간 30-40%를 자랑하는데, 그 원동력이 바로 열광적인 팬덤(fandom)을 구축하였기 때문이다.

1997년 카루이자와(軽井沢)에서 창업하여 수제 맥주 붐에 편승, 무난하게 성장궤도에 오를 수 있었다. 그러다가 수제 맥주 붐이 식으면서 각지에서 창업한 업체들이 시장에서 철수하고, 도·소매점도 거래 상대를 해주지 않게 되었다. 이에 2005년부터 라쿠텐(楽天)시장에서 온라인 판매를 개시하였다. 포인트 업 이벤트, 추석 이벤트 등의 일반적인 촉진은 소비자의 커다란 반응을 얻지 못한 반면, 맥주에 관한 깊은 지식이라든가 사장의 개인사 등을 공개하는 촉진은 반응이 좋아서 마케팅 효과를 보기도 하였다.

2008년에는 오토바이 제조업체인 미국의 할리데이비슨을 벤치마킹하여 팬 이벤트를 개최하였다. 할리데이비슨의 제품이 가격이나 성능 면에서 탁월하지 않음에도 팬덤이 형성될 수 있는 것은 고객에게 라이프스타일을 제안할 수 있기 때문이다. 그렇다면 소비자가 야호브루잉에게 요구하는 것은 맥주의 맛이나 가격의 우위가 아니라, 맥주를 마시면서 느끼는 치유의 기분, 맥주에 관한 지식이 깊어지는데서 오는 즐거움일 것이다. 이벤트에 참가한 팬들끼리 그러한 지식을 공유함으로써, 팬심은 한층 깊어간다. 그래서 이벤트에서는 치유의 생음악 연주와 맥주 강좌 등을 실시하였다. 이벤트 운영은 직원들이 직접 하고 인원이 부족한 경우에는 고객들로부터 자원봉사자를 구한다. 2018년에는 팬들이 이벤트를 주최하고 직원들을 초대하는 정반대의 행사가 이루어지는 모습도 보였다.

❸ 여성잡지사 '하루메쿠'

일본의 잡지 시장이 축소(2018년 5930억 엔으로 10년 간 반토막)를 보이는 중에 역으로 성장세를 구가하고 있는 하루메쿠(halmek.co. jp)는 시니어 여성고객층(50-80대)을 표적으로 삼고 있다. 20만 부의 판매실적은 서점을 유통망으로 하지 않고 연간 정기구독(12권, 6780엔)만으로 거두고 있다. 이것이 가능한 것은 바로 열혈 팬덤을 확보하였기 때문이다.

독자들이 알고 싶은 내용을 잡지사가 알아낸다고 하는 상품 개발의 노선에서 하루메쿠의 독특성을 엿볼 수 있다. 20-50대 12명의 편집부 인원들은 엽서로 발송된 독자들의 일상사에서 기획 아이디어를 구한다. 조사 아이디어가 선정되면 2천명을 웃도는 독자모니터(하루도모:'봄 친구'라는 의미)에게 질문을 보내어 작업을 행한다. 발매 후에는 매번 독자만족도 설문지 1천통을 편지로 보낸다.

특집 기사 중에 독자 반응이 좋았던 예로 '스마트폰 사용법'을 들 수 있다. 독자 조사에서 나온 불편 사항으로, "화면이 제멋대로 움직인다, 사용 중 화면이 갑자기 어두워진다, 위치정보에 접근허용을 해도 좋은가"와 같은 것이 나왔다. 사용법 설명을 하면서 가령 '아이콘' 대신 시니어 계층에 낯익은 '마크'라는 표현을 사용하기도 했다. 잡지사가 개최한 이벤트 중에는 자연이나 건물 순례, 집필자 강연, 체조교실 등이 있다.

2018년3월 결산기 102억 엔의 매출액 대부분은 통신판매에서 거두었다. 2014년 이후 줄곧 매출은 100억 엔을 웃돌고 있으며, 영입이익도 2014년 이후 줄곧 흑자 기조를 유지하고 있다. 정기구독자에게는 잡지와 통신판매카탈로그가 동봉된다. 잡지를 통하여 고객의 마음을 사로잡고, 여기서 구축된 신뢰감, 안심감에 의해 통신판매로까지 연결시키려 한다. 잡지는 신규고객의 획득과 신뢰 구축을, 통신판매는 잡지에 대한 경제적 지원의 역할을 각각 맡고 있다(물론 잡지판매만으로도 흑자). 광고에 수입을 의존하지 않기 때문에 광고주를 신경 쓰지 않고 오로지 고객의 이익을 최우선하는 기사 작성이 가능하다.

이상의 사례에서 알 수 있듯이 현재 일본에서 열성적인 팬덤 구축이 사업 성공의 핵심요소로 자리 잡게 된 것은, 인구감소와 고령화라고 하는 사회 환경의 변화가 작용하고 있기 때문이다. 일본의 인구는 매년 100만 명씩 감소하고 있고, '인생100년 시대'라는 말까지 나오게 되었다. 시니어 계층은 앞으로도 30년은 더 살아야 한다는 생각에 지갑을 열지 않고 있고, 기업은 어떤 상품을 시장에 내놓아도 금방 모방품이 나와서 진부화의 기간이 엄청 단축되고 있다.

그렇기에 소비자의 감정, 마음, 기분을 사로잡지 못한다면 기업의 발전은 영속할 수 없다. 따라서 우리가 말하는 소비자가치(customer- perceived value) 중에서 분모의 비용 가치와 분자의 기능 가치보다도 또 다른 분자인 경험 가치와 상징 가치가 주는 소비자 감정의 극대화가 기업이 풀어야 할 지상과제인 셈이다. 그래야만 열성 팬의 확보가 가능해진다.

정보의 홍수 시대에 웬만해서는 기업의 제안에 반응을 보이지 않는 소비자들로부터 신규고객을 획득하는 일은 지극히 힘들다. 그렇다고 신규고객 창출을 소홀히 하라는 말은 아니고, 기존 고객을 열성 팬으로 승화시키는 일에 보다 자원배분을 많이 할 필요성이 강조된다. 그래야만 열성 고객들이 타인에게 상품을 소개하여 신규 고객을 창출할 수 있다. 20:80의 파레토법칙이 말해주듯이, 실제로 일본의 식품업체 카고메(kagome.co.jp)의 토마토쥬스는 상위 2.5%의 핵심고객층이 매출의 30-40%를 차지하고 있다.

이러한 열성 팬덤의 구축은 모든 상품·서비스에서 요구되는 것은 아니다. 복사용지처럼 낮은 가격수준에 구매빈도가 높은 제품, 주택처럼 엄청 높은 가격수준에 구매빈도가 지극히 낮은 제품은 곤란하다. 중간 가격 내지 고가격의 제품으로서 나름대로의 구매빈도를 지닌 제품이 열성 팬덤 확보를 전략적으로 추구해야 할 대상으로 여겨진다. 이 때 열성 팬덤의 확보는 소비자를 맨투맨으로 공략하여 이룰 일은 아니다. 그러기에는 너무 비효율적이고, 고객 간 만남의 자리를 주선하는 것이 효과적이다. 기업은 그런 자리에 모인 고객들을 환대하는 것이 아니라, 그저 인내심을 갖고 경청하면 된다. 남은 과제는 고객의 공감과 애착이 형성될 수 있는 전략적 계획과 전술적 행동을 전개하는 것이다.

기업이 차세대 고객충성 프로그램의 실행을 할 때 거칠 3단계는 다음과 같다. 1단계는 보상(reward)에서 체험과 콘텐츠로 이동한다. 할인제공 프로그램만으로는 충분치 않다. 금전적 보상을 체험 제공(전용 이벤트, 우선 신청권, 독특한 어드벤처 등)과 균형 있게 제시하는 것이 필요하다.

2단계는 단절된(siloed) 프로그램에서 연계된(connected) 프로그램으로 이동한다. 에코시스템 조성을 위하여 자사 브랜드와 보완관계에 있는 제품·서비스에 접근하는 기업들이 등장하고 있다. 그 예로 아마존의 프라임 서비스를 꼽을 수 있다. 아마존닷컴, 프라임비디오, 프라임나우, 호울푸즈 등의 자사 하위브랜드들을 아우르는 온디맨드의 편의성을 제공하는 에코시스템으로 작동하고 있다.

3단계는 기업 중심에서 에코시스템 중심으로 이동한다. 아마존 프라임과 같은 에코시스템이 지닌 규모를 하나의 기업이 모방하기는 무척 힘들다. 장차 경쟁관계가 될 수 있는 다른 기업과 제품카테고리를 넘나드는 제휴를 맺는 일은 창의적, 전략적 사고를 요한다. 별개의 카테고리에 속하는 브랜드들이 결합하여 소비자가 자신과 관련성을 지닌다고 느낄 만한 편익들을 일관성 있게 고안해내는 작업, 비유해서 말하자면 자신의 몸매에 딱 맞는(fitting) 플랫폼을 제공할 수 있는가가 관건이다. 이를 제대로 이행할 수 있다면, 참가 기업들은 보다 광범한 소비자 데이터에 접근, 고객획득과 관여를 위한 크로스 마케팅의 기회, IT 인프라의 공유에 따른 규모경제 등의 혜택을 누릴 수 있다. 물론 에코시스템의 충성도 프로그램은 이전에 간접적으로 경쟁관계에 있던 다른 기업과 제휴를 하는 소위 적과의 동침(frenemy= friend+enemy)을 지역과 유통망을 가로질러 해야 하는 불편을 초래할 수 있다.

향후 이러한 에코시스템의 충성도 프로그램이 작동하면, 기존의 단독 프로그램은 이와 병행해서 작동하다가 에코 시스템의 혜택이 가시화하고 기반을 굳히게 되면 그 안에 병합될 것이다. 에코 시스템의 성공적 작동을 위하여 명심해야 할 시스템 설계 원칙은 다음과 같다.

첫째, 시스템이 개개 소비자에게 고도의 개별맞춤형 서비스를 제공하려면 브랜드 간에 데이터 공유가 완전한 형태로 이루어져야 한다. 둘째, 참여 브랜드 각자가 제품을 통하여 시스템에 가치를 제공하는 역할, 곧 브랜드 자산(brand equity)을 격상시키게끔 시스템이 구조를 갖추어야 한다. 셋째, 참여 브랜드들은 공통의 특성과 편익을 개발하여 시스템이 소비자들에게 가치를 제공할 수 있도록 해야 한다. 넷째, 서명하는 일부터 이용, 보상제공에 이르기까지 매끄럽게(seamless) 이루어질 수 있도록 시스템은 소비자에게 간결해야 한다.

Evernote 8 일본 소비자의 햄버거체인점 선호도

1위: 모스버거(32.7%)
2위: 맥도날드(21.7%)
3위: 버거킹(19.7%)
4위: 후레쉬네스(11.6%)
5위: 돔돔햄버거(5.7%)
6위: 롯데리아(3.7%)
7위: 웬디스(3.2%)
8위: 퍼스트키친(1.7%)

자료: J타운네트, 2019.8.23.(934명 설문조사)
주: 돔돔햄버거는 일본최초의 햄버거 체인점.

5. 입소문

소비자끼리의 소박한 대화에서 나오는 입소문이 판매자가 발신하는 광고보다도 소비자 행동에 커다란 영향을 미친다고 한다[14]. 이러한 입소문은 인터넷의 급속한 보급과 이후 등장한 소셜미디어 덕분에 일면식도 없는 소비자 간의 정보교환을 가져왔다. 이를 두고 'e입소문'이라고도 칭한다. 입소문의 정의는[15] "발신자와 수신자 간 구두에 의한 1대1 커뮤니케이션으로서, 수신자가 상업적 목적을 지니지 않다고 여기는 브랜드·제품·서비스에 관한 내용"이다[16].

따라서 입소문은 3가지 요소를 필요로 한다. 하나는, 대인 커뮤니케이션이어야 한다. 따라서 광고와 같은 매스 커뮤니케이션, 제3자를 정보원으로 하는 일방적 커뮤니케이션과는 구분된다. 둘은, 언급되는 내용은 제품 카테고리·제품·브랜드·회사 등 상업적인 것이어야 한다. 셋은, 수신자가 볼 때, 발신자가 상업적 동기를 갖고 있지 않다고 생각해야 한다. 발신자가 기업의 종업원도 아니고, 기업 측으로부터 금전적 보상을 받고 하는 것도 아니고, 일체 기업과 연계되지 않은 상태에서 자유의사로 하는 것이라고 인식되어야 한다.

입소문(word of mouth)이 다른 구매자에게 전하는 제품 정보에 관한 연구는 광고 연구만큼이나 오랜 역사를 갖고 있다. 사회심리학에서 초기의 입소문 연구는 개인의 영향, 오피니언 리더 등에 관한 것이었고[17], 사회학에서는 혁신의 보급에 관한 것이었다[18]. 가령, Lazarsfeld et al.(1944)는 1940년 미국 대통령 선거(민주당 루즈벨트 vs 공화당 윌키)의 분석을 통하여, 입소문과 같은 개인적 커뮤니케이션이 라디오, 신문, TV 등의 매스 커뮤니케이션보다 유권자(소비자)의 사전적 태도를 바꾸는데 커다란 영향을 발휘했다고 한다.

14 가령, Engel, James. F., Kegerreis, Robert J. and Blackwell, Roger D.(1969). Word of mouth communication by the innovator. Journal of Marketing, 33(3), 15-19.

15 Nyilasy, G.(2006). Word of mouth: What we really know and what we don't. in Justin Kirby and Paul Marsden eds., Connected Marketing, London: Butterworth-Heinemann, 161-185

16 Arndt, J.(1967). Word of Mouth Advertising. New York: Advertising Research Foundation.

17 Lazarsfeld, Paul F., Berelson, B. and Gaudet, H.(1944). The People's Choice: How the Voter Makes Up His Mind in a Presidential Campaign. New York: Columbia University Press; Katz, E. and Lazarsfeld Paul F.(1955). Personal Influence. Piscataway, NJ: Transaction Publishers.

18 Rogers, Everett M.(1962). Diffusion of Innovaions. New York: The Free Press.

이러한 개인적 커뮤니케이션이 정보 수신자의 심리와 태도에 미치는 영향을 개인적 영향(personal influence)이라고 한다. 이러한 영향은 2 단계의 정보흐름(two-step flow of information)을 통하여 이루어진다. 먼저 매스 커뮤니케이션을 통하여 오피니언 리더에게 전달되고, 그 다음에는 오피니언 리더를 통하여 집단 내의 다른 구성원(정보 취득에 소극적)에게 입소문을 통하여 전달된다. Katz and Lazarsfeld(1955)는 오피니언 리더가 각 분야별로 상이하며, 집단 구성원의 3%를 차지하고 있고, 집단 내 다른 구성원들보다 특정한 관심 영역에 관한 잡지를 빈번히 읽는다고 하였다.

Rogers(1962)는 매스 커뮤니케이션이 소비자의 정보취득행동에 영향을 미치는 반면, 개인적 커뮤니케이션은 의사결정에 영향을 미친다는 명제를 제시하였다. 그는 소비자를 혁신자(innovator), 조기채택자(early adopter), 전기다수자(early majority), 후기다수자(late majority), 지체자(laggard)의 다섯 세그먼트로 구분하였는데, 조기채택자에 해당하는 오피니언 리더가 발신하는 개인적 커뮤니케이션(입소문)이 혁신의 확산에 커다란 영향을 미친다고 하였다.

Rogers(1962)가 높은 리스크를 지닌 혁신적 신제품을 대상으로 하였다면, Sheth(1971)[19]는 낮은 리스크의 혁신, 즉 개량된 기존제품을 대상으로 조사를 하였다. 스테인레스 소재의 면도날(철제 면도날을 개선한 제품) 이용 남성들을 대상으로 한 조사에서, 입소문을 통하여 신제품을 알게 된 소비자들이 광고를 통하여 신제품을 알게 된 소비자들보다 신제품의 채택은 물론 다른 소비자들에게 입소문을 전하는 경향이 높다는 점이 밝혀졌다. 그런 점에서 2단계 정보흐름의 주장에 반하는 조사결과이다.

Day(1971)[20]는 광고와 입소문이 소비자의 태도 변화에 미치는 영향을 비교 분석하였다. 주부를 대상으로 전화 인터뷰에서 인스턴트 식품의 신규 브랜드와 기존 브랜드에 대한 태도 변화를 살펴보았는데, 입소문에 노출된 소비자 중에서 브랜드에 대한 긍정적 태도 변화를 보인 비율이 광고에 노출된 소비자 중에서 나타난 변화 비율보다 높았다. 반면에 브랜드에 대한 부정적 태도 변화는 광고 노출 소비자에서의 비율이 입소문에서

19 Sheth, Jagdish N.(1971). Word-of-mouth in low-risk innovations. Journal of Advertising Research, 11(3), 15-18.

20 Day, George S.(1971). Attitude change, media and word-of-mouth. Journal of Advertising Research, 11(6), 31-40.

의 비율보다도 높았다. 또한 기존제품 브랜드보다는 신제품 브랜드에서 입소문에 의한 소비자의 태도 변화 비율이 높게 나왔다. 이런 결과에 입각하여 Day는, 광고가 신제품에 대한 소비자 인지를 촉진시키는 반면, 입소문은 신제품에 대한 소비자의 태도 형성과 변화, 구매의사결정에 중요한 역할을 한다고 해석하였다.

입소문의 동기는 정보를 발신하는 입장과 정보를 취득, 처리하는 입장 간에 차이를 보인다. 발신자의 동기에는 제품관여, 자기관여, 타인관여, 메시지관여가 있다[21]. 제품관여는 제품사용에서 얻는 만족과 흥분에 의한 동기부여, 자기관여는 사용경험을 확인하여 자신을 안심시키려는 동기, 타인관여는 타인과의 경험 공유와 타인 지원의 동기, 메시지관여는 판촉 목적의 광고 메시지에 대한 의구심에 기초한 동기를 각각 말한다.

구매·사용 경험에는 4가지가 있다. 제품성능의 경험에는, 뛰어난 성능·특유의 편익(+의 경험), 고장(-의 경험) 등이 있고, 문제대응의 경험에는 제품교환 및 환불, 신속한 수리(+의 경험), 교환이나 환불의 거부, 더딘 수리(-의 경험), 가격 지각의 경험에는 적정한 가성비(+의 경험), 부적정한 가성비(-의 경험), 종업원 행동의 경험에는 성실하고 예의바른 응대(+의 경험), 불성실하고 무례한 응대(-의 경험) 등이 있다[22].

이러한 구매·사용 경험을 입소문으로 전달하려는 동기는 긍정적 입소문과 부정적 입소문 별로 각각 네 가지를 보인다. 긍정적 입소문의 동기에는 수신자가 보다 나은 의사결정을 내리는데 도움을 주려는 이타주의, 제품에 관한 흥미, 만족 등을 알리려는 제품관여, 자신을 현명한 소비자로 평가받으려는 자기 고양(高揚), 특정기업을 지원하려는 기업원조가 있다. 부정적 입소문의 동기에는 자신의 실패 경험을 타인이 겪게 하지 않으려는 이타주의, 분노·불안 등의 부정적 감정을 발산하려는 불안 경감, 고객불만을 제대로 처리해주지 않는 기업에 대한 복수심, 문제 해결을 위하여 타인에게 조언을 구하는 조언탐구가 있다.

21 Dichter, E.(1966). How word-of-mouth advertising works. Harvard Business Review, 44(6), 147-166은 미국 내 24개 장소에서 인터뷰를 실시하여, 입소문을 통한 제품추천 352건을 분석하였다.

22 Sundaram, D., Mitra, K. and Webster, C.(1998). Word-of-mouth communications: A motivational analysis. Advances in Consumer Research, 25, 527-531은 최근 2개월 간 정(+) 또는 부(-)의 입소문을 발신한 경험이 있는 50명의 소비자를 대상으로 인터뷰 조사를 하였다.

Evernote 9 에어비앤비의 대체자 Sonder

- 2019년 7월 11일 미국의 숙박 서비스 기업 Sonder가 2.1억 달러의 자금을 조달, 기업 가치가 10억 달러를 돌파함으로써, 미상장의 스타트업 기업 중 평가액 10억 달러를 초과한 신생기업에게 부여하는 유니콘을 획득.
- 호텔이 아니기 때문에 프론트나 콘시르주가 상주하지 않는 숙소도 있는데, 그 경우, 체크인·체크아웃은 무인 시스템. 지불은 예약 시에 신용카드 결제. 비밀번호는 숙박 며칠 전에 메일로 통지. 민박이라면 키 전달에 시간이 걸린다든가, 사진과 실제 방이 전혀 다르기도 하는 등의 문제가 발생.
- 2012년부터 시작된 이 사업은 몬트리올의 대학생 프랜시스 데이빗 도손이 여름휴가 때 몬트리올에서 친구들과 민박을 시작한 것이 계기. 이후 창업자가 샌프란시스코를 여행할 때 아파트를 예약했지만 소유자와 연락이 닿지 않은 데다 막상 방에 들어가 보니 음식물 쓰레기와 개털이 어지럽게 흩어져 다른 곳으로 옮겨야 했던 경험이 사업의 본격화로 이어짐.
- Sonder는 "호텔과 같은 신뢰성이 있으면서 동시에 따뜻함과 개성이 있는 숙소"를 지향하여, 인테리어에 대한 집착도 강함. 방은 럭셔리, 모던, 내츄럴 등의 여러 유형. 건물 자체에 수영장이나 헬스클럽이 병설되어 있는 경우도 있음.
- 방의 중심에는 부엌과 거실이 있어 집처럼 편안히 쉴 수 있고, 테이블에서 아침 식사를 하거나 소파에서 술을 마시며 휴식을 취할 수 있음. 식칼, 프라이팬 등 주방도구와 접시, 잔 등은 고루 갖춰져 있고, 냉장고, 세탁기, 건조기, 전자레인지나 전기포트 등의 가전제품, 소금, 설탕, 올리브오일과 같은 기본적인 조미료도 구비. 연락하면 수건을 교체하고 청소도 해 주며, 욕실에는 샴푸, 트리트먼트, 비누, 바디로션 등도 갖추어져 있음.
- 2인용, 4인용, 6인용, 8인용 등 숙박 인원에 맞게 대응하고 있음. 2019년 8월 현재 Sonder는 뉴욕, 샌프란시스코, 시카고, 마이애미, 보스턴과 같은 미국 도시뿐만 아니라 캐나다의 토론토와 몬트리올, 그리고 유럽의 런던과 로마에도 진출.
- 호텔과 민박이 아닌 제3의 숙박 서비스로서 자유로운 맞춤형 여행 스타일에 비추어 성장 잠재력은 충분할 듯.

(HARBOR BUSINESS Online, 2019.8.17.).

06 소비자행동 조사

1. 인터뷰 조사

대규모로 진행하는 방문면접조사가 갈수록 실행의 어려움을 겪게 되면서 그 대안으로 초점집단면접(Focus Group Interview: FGI)이 주목을 받고 있다. 조사 예산이 줄어드는 상황에서, FGI는 조사 일정이 보다 짧고 소비자 심리에 관한 깊은 이해를 가져올 수 있다는 장점이 있다. 이런 깊은 이해는 FGI에 참여한 소비자 간의 논의가 집단역동성(group dynamics)을 가져오기 때문에 가능하다(石井栄造, 2019: 37).

참여관찰(ethnographic interview)은 말리노프스키(Bronisław Malinowski, 1884-1942)가 인류학에서 원주민들과 더불어 지내면서 그들의 생활양식, 문화양식 등을 조사하기 위하여 개발한 민족학적 기술인류학(ethnography: Ethno(민족) + Graphy(기술. 記述)의 합성어로서 19세기에 등장)에서 유래하였다(石井栄造, 2019: 40). 과학적 관찰은 관찰자와 대상자가 완전히 분리되어 객관적으로 관찰·기술하지만, 이것으로는 이(異)문화에 관한 심도 있는 이해가 이루어지지 않는다고 판단되어 나온 것이 참여관찰이다. 이 방법의 용도는, 당사자가 언어화하기 힘든 데이터 수집을 통하여 잠재적 니즈 내지 가치관을 파악하려는데 있다. 절차를 보면, 조사계획 세우기→조사대상 선정하여 당사자의 허가 구하기→조사대상을 참여·관찰하기→조사대상의 당사자에게 청취하기→조사대상을 만들어낸 인공물(artifacts) 수집하기→수집한 자료 분석하기→분석을 통하여 가설 검증하기→조사, 분석 결과를 문장으로 정리하기의 순이다.

좀 더 부연 설명하면, 외부에서는 알 수 없는 사실을 조사하기 위하여 해당 집단의 유력인사로부터 사전에 참여 조사의 허가를 얻어야 한다. 참여관찰을 하면서 해당 집단의 구성원과 친밀한 관계가 형성되면, 이전에 알 수 없었던 의미 내지 잘못 알고 있던 부분

Evernote 10 미국기업의 공채출신과 경력직출신 간 알력

- 미국인 비즈니스 엘리트의 업무 스타일하면 논리적이고 스마트하고 최첨단일 것이라는 고정관념이 있지만, 이는 어디까지나 단면일 뿐. 미국의 직장도 실은 일본 못지않게 진흙탕 투성이. 미국에서 3년간 현지인 비즈니스 엘리트와 함께 일했고 현재는 "GAFA"의 모 기업에서 근무하는 일본인 마케터 Rio씨가 잘 알려지지 않은 미국인 업무 방식의 실태를 소개.
- Gossiping(소문내기)을 하는 사람이 많다는 점. 긍정적인 말도 있지만, 남을 욕하는 뒷담화가 많다는 점. 특히 공채출신과 중도채용출신 간 대립이 두드러짐. 공채출신은, "타사에서 경력직으로 들어온 놈은 우리집(회사)을 몰라", 이직자 출신은 "왜 이렇게 시대착오적인 일을 하고 있는 거야" 라는 식으로 서로 불만을 갖고 있음.
- Rio씨가 미국에서 일하면서 놀란 점은 인재의 유동성. 일본과 미국 간 18~24세 청년의 이직 횟수를 비교하면, "한 번도 이직하지 않았다"고 답한 비율이 일본 45%, 미국 22%. 공채출신은 사내 네트워크가 확립되어 있어서 이면 루트를 통하여 의사결정자나 제3자에게 사전 정지작업을 할 수 있지만, 그렇지 못한 경력직 출신은 눈앞에 있는 사람을 설득하여 본인이 하고 싶은 일을 실현시켜야 한다는 점.
- 지금 Rio씨가 일하고 있는 회사에서는, 자신에게 주어진 업무만을 추진하여 결과를 낸들 보통의 평가밖에 받지 못함. 특정 부서에 속하지 않는 안건이나, 다른 사람이 손을 댈 수 없어서 방치되어 있는 안건을 주워서 성과를 낼 때 비로소 다른 사람보다 좋은 평가를 받을 수 있으며, 이런 평가가 누적되면 승진도 빨라짐.

(자료: JB press, 2019.8.12.)

에 대한 오해가 해소되는 귀중한 정보를 얻을 수 있으며, 특히 집단의 구성원 자신도 미처 알아채지 못하고 있던 측면을 파낼 수 있는 매력이 민족학적 연구 방법의 장점이다.

인류학이 학문으로 성립하기 이전부터 유럽에서는 여행객, 선교사, 행정관 등의 외부인사가 현지인들의 삶과 사회, 문물 등을 견문하고 기록, 보고한 민족지(民族誌)가 남아 있다. 오늘날 ethnography는 이러한 기록물뿐 아니라 기록을 가능케 한 관찰 등의 조사방법까지 아우른다. 마케팅 분야에서 민족학적 연구조사 방법은 종래의 시장조사 방법에서 빠진 부분을 보완해주는 가설 제기형의 방법으로 활용되고 있는데, 그 배경에는 설문조사, 인터뷰와 같은 전통적인 방법으로는 한계가 있다는 인식이 깔려 있다.

즉, 평상시 자신의 욕구를 인식하고 있지 않은 소비자가 질문을 받아도 딱히 제대로 된 답을 줄 수가 없다. 또한 출현하지 않은 물건에 대한 욕구를 표명한다는 일도 여의치 않다. 그래서 헨리 포드(1863-1947. 16세에 기계공이 되었고, 28세에 에디슨조명회사의 기술자, 30세에 선임엔지니어로 승진한 뒤 사직, 36세에 디트로이트에 자동차회사를 설립하여 설계에 전념. 40세인 1903년에 포드자동차를 설립, 조립벨트라인 방식에 의한 대량생산으로 고객에게 저렴한 가격의 차량 제공, 종업원에게는 고임금 지급, 회사에는 이익 창출에 의한 사내유보 이익으로 투자의 지속, 사회에 공헌 등의 Fordism을 실현)는 "설령 고객에게 바라는 바를 물어봐야 더 빠른 마차를 원한다고 답했을 것이다."라고 말하였다. 자동차에 대한 욕구는 미처 생각지도 못했을 일이라는 것이다.

그런데 전기(傳記)와 대비되는 자서전(自敍傳)처럼, 민족학적 조사와 대비되는 Auto-ethnography도 있다. 이는 자신 혹은 소속집단이 직면한 문제를 마치 외부자가 관찰하는 것처럼 직시하는 조사로서, 조사 비용도 미미하고, 외부로 나갈 필요도 없고, 농밀한 정보 입수를 위하여 인간관계를 구축해야 할 필요도 없다는 장점이 있다. 어려운 점이 있다면 조사자 자신이 이미 익숙해져 있는 현상을 외부자의 눈으로 관찰, 분석해야 한다는 점이다.

❶ 파나소닉의 인도시장용 에어컨 Cube

인도법인의 120명의 현지사원들이 가정을 방문하여 실제 사용 상황을 관찰한 결과, i) 다수의 가정 천정에는 선풍기가 달려 있다는 점, ii) 에어컨을 설치해도 천정형 선풍기를 같이 사용한다는 점, iii) 천정형 선풍기와 에어컨을 하루 종일 사용한다는 점, iv) 에어컨은 침실에 설치한 경우가 많다는 점, v) 창문에 설치하는 에어컨이 많다는 점 등을 발견하였다.

소리가 크게 나는 창문형 에어컨이 침실에 설치되어 있는 점에 주목하여, 파나소닉은 실내기와 실외기가 분리된 에어컨에 대한 잠재적 수요가 있을 것으로 분석하였다. 또한 하루 종일 사용하기 때문에 리모컨, 조절기능 등이 불필요하여 비용을 절감함으로써 기존의 창문형 에어컨과 동일 수준의 가격에 판매 가능하게 되었고, 그 결과 인도시장에서 히트 상품이 되었다.

Panasonic Cube ZC20NKY-H Split AC (1.5 Ton 2 Star Rating White) Visit the Panasonic Store
출처: www.amazon.in/Panasonic-ZC20NKY-H-Split-Rating-White/dp/B00LSJI2L6

❷ P&G의 정전기 부직 청소포 Swiffer

P&G사는 가정청소대행서비스에 관한 민족학적 연구조사 방법으로 가정 방문을 하던 중 한 가지 사실에 주의가 끌렸다. 방문 가정들은 청소하기 힘든 구석, 심하게 더렵혀진 구석을 보여주었으나, 누구도 말해주지 않은 부분이 있음을 발견하였는데, 바로 거실바닥이었다. 조사팀이 방문하는데 마루가 더러워서는 손님을 안으로 들일 수가 없다고 생각한 가정에서는 한결같이 마루를 깨끗이 닦은 것이다. 비록 가정청소대행서비스와는 관계없지만, 인터뷰 조사에서 발견하지 못한 사실이다.

이에 조사팀은 조사대상을 변경하여 바닥 청소의 실상을 관찰하기로 하였다. 양동이에 물과 세제를 넣고 대걸레에 묻힌 뒤 닦는 재래 방식은 양동이를 들고 오기, 대걸레에 묻히기, 흥건하게 적셔진 물바닥을 닦는 번거로움뿐 아니라, 대걸레로 닦을 수 없는 먼지와 쓰레기를 물청소 전에 먼저 제거하는 작업까지 해야 했다.

조사팀과 제품개발팀이 공동 작업한 내용은, 물도 양동이도 필요 없고, 사전 청소와 걸레청소를 단 번에 할 수 있는 방법을 고안하는 것이었다. 정전기로 쓰레기, 먼지 등을 흡착하는 1회용 청소포를 대걸레에 장착하는 방법이 바로 그것이다. 청소대행서비스라는 원래 목적에는 빗나간 조사 결과이었지만, 가정에서는 청소대행보다 비용이 훨씬 적게 든다는 장점 및 기존의 대걸레 청소보다 훨씬 간편하다는 장점으로 미국시장에 급속히 보급되는 예상치 못한 결과를 가져왔다.

❸ 노키아의 인도시장용 핸드폰

노키아는 현지 관찰을 통하여 인도 고객들이 자사의 핸드폰을 랩에 싸서 사용하고 있는 것을 발견하였다. 이런 사용법으로 핸드폰이 손상을 받더라도 제조사의 보증사항에 포함되어 있지 않으므로 사용자의 책임이었다. 따라서 소비자 클레임이나 설문조사에서는 드러나지 않은 정보이다. 노키아는 이런 관찰 결과를 토대로 자사 휴대폰의 방진 기능을 강화하는 대책을 내놓을 수 있었다.

④ 제록스의 사무용 복사기

제록스사는 참여관찰 방식을 통하여 자사의 사무용 복사기를 사용하고 있는 사무실의 종업원들이 나누는 푸념과 잡담으로부터 다수의 정보를 입수하여, 복사기의 고장·에러 발생 시 대처 매뉴얼을 알기 쉽게 개정할 수 있었다.

⑤ 카오(花王)의 안티 에이징 제품 개발

카오의 '생활자 연구센터'는 안티 에이징에 관한 소비자의 생각과 행동을 이해하기 위하여 민족학적 연구조사를 2008년 실시하였다. 조사대상을 평균적인 생각, 기호, 성격을 지닌 사람들이 아니라, "당뇨병에 걸려 식사제한을 할 수밖에 없는 젊은 남성회사원, 어느 순간부터 백발 염색을 중단하고 안티 에이징에 소극적으로 변한 40대 여성, 20대부터 노파 역을 연기한 여배우" 등과 같이 안티 에이징에 민감한 감정을 지닐 법한 소비자 계층을 표적으로 삼았다.

조사 결과, 에이징(피부노화)은 시간이 지나면서 나이를 먹어 가는 것으로 보지 않고, 정체성의 변화에 대한 반응이며, 질병이나 환경의 변화와 같은 것이 계기가 되어 소중한 가치관이 붕괴하면서 새삼 자신의 정체성을 갱신해가는 과정이라는 가설을 제기할 수 있었다. 종래에는 '실제 나이보다 다섯 살 젊게 보이는 상품'이라는 개발 콘셉트를 강조했지만, 이와는 상이한 가설을 제기, 이후로 폭넓은 대상자에게 조사를 실시하여 가설이 입증되었다(読書猿, 2017: 353-365).

위에서 언급한 FGI는 특정 장소에 참가자들을 모아놓고 대화를 진행시키므로 상황에 대한 실감이 떨어진다. 참여관찰은 이와는 달리, 가령 대상자의 승용차에 관찰자가 동승하여 인터뷰를 실시하여 실감을 높인다. 기본적으로는 1대1 면접의 성격을 띠고, 대상자와의 공감능력이 높아야 허심탄회한 대화가 가능하다. 참여관찰보다 수고가 덜 드는 관찰조사로는 행동관찰이 있는데, 이는 질문 없이 단지 대상자의 행동을 관찰만 할 뿐이다. 물론 행동에 대한 해석이 불분명하다고 판단되면, 관찰 종료 후에 질문이 이루어지기도 한다(石井栄造, 2019: 42). 덧붙여 관찰조사에는 복수의 인물을 관찰자로 참가시켜서 다각적인 관점에서 해석이 이루어지도록 한다.

인터뷰 조사의 구체적 기법에는 다음과 같은 것들이 있다. 상호작용 면접법(liaison interview)은 특정 제품·서비스의 이용 빈도가 높은 소비자(heavy user) 2인을 초대하여 관찰자의 질의에 대한 응답이 아니라 두 사람만의 자유로운 대화를 하도록 함으로써 잠재적 욕구를 파악하려는 방법이다(石井栄造, 2019: 59). 요령은, 2인의 소비자를 초대할 때 대화의 소재는 알려주지 않고 두 사람만의 대화라는 점을 상기시키며 자기소개는 하지 않도록 한다. 아울러 두 사람 간의 대화가 무르익도록 관찰자는 분위기 조성 역할에만 주력한다.

연속 면접법(day-by-day interview)은 대화가 종료되고 나서 나중에 돌이켜 볼 때, 대화 당시의 발언을 달리 하였더라면 더 좋았을 것이라는 아쉬움(인지의 변용)을 반영하여, 동일 대상자와 동일 관찰자가 동일한 소재를 갖고 다른 날에 재차 반추하면서 행하는 면접 방법이다. 사전에 연속 면접이라는 점을 참가자에게 알리고, 두 번째 인터뷰에서는 처음의 가설을 가다듬어 질문을 보다 예리하게 한다(石井栄造, 2019: 61).

워크숍은 참가자들이 중지를 모아서 과제를 수행토록 함으로써, 과제에 대한 이해를 높이고 공통의 인식을 가질 수 있도록 할 목적으로 이루어지는 면접 방법이다. FGI가 보고서 작성을 최종 산출물로 여기는 반면, 워크숍은 참가자들의 체험이 우선이며, 보고서는 부산물로 여긴다. FGI에서 날카롭고 신선한 통찰의 아이디어가 나오지 않는다면, 이는 질의·응답 형식에 치우치고, 주제에서 일탈하는 듯한 발언이 나오면 곧바로 차단하여 궤도 이탈을 방지하기 때문이다(石井栄造, 2019: 63). 참가자들이 질문에 수동적인 답변을 하는 것이 아니라 적극적인 의견 개진을 하도록 하는데 워크숍의 요령이 달려 있다.

인터뷰 조사의 공통적인 유의점으로는, 참가자들이 몇 시간씩 같은 자리에 착석하는 것이 육체적으로 버거울 수 있으므로, 공간 이동을 도모하는 일이 있다. 단순히 그 자리에서 스트레칭을 하도록 하는데 그치지 말고 자리에서 일어서야만 할 수 있는 동작이나 일의 제시라든가, 아예 다른 좌석으로 이동시킨다든가, 인터뷰 장소를 벗어나서 외부로 잠시 나갔다가 들어온다든가 등의 제안이 있다.

인터뷰 내용을 분석하는 절차는 가설의 설정·수정·재설계(scrap & build) - 디브리핑에 의한 분석 방향 잡기 – 휴지기 설정 – 문장 작성의 순이다(石井栄造, 2019: 102).

1단계의 가설의 설정·수정·재설계는 인터뷰 전에 관찰자가 설정한 가설을 인터뷰 도중에 참가자들에게 제시(가령, 특정한 건강 콘셉트가 소비자에게 수용될 것이라는 가설)하고, 참가자들이 이 가설을 기각할 경우에는 그 이유를 묻고 의뢰자와 상의하여 가설을 수정·재설계하여 재차 참가자들에게 제시한다.

2단계의 디브리핑은 인터뷰가 종료하면 인터뷰의 성과를 확인할 목적으로 관찰자 및 의뢰자 전원이 의견을 진술하고, 견해 차이를 확인하며, 최종 결론을 하나의 방향으로 수렴해가는 일이다(石井栄造, 2019: 96). 끝까지 남는 견해 차이는 참고의견으로 보고서에 남겨둔다.

3단계의 휴지기 설정은 인터뷰 과정에서 흥분한 뇌 상태를 진정시키는 기간으로서, 이 기간이 경과하고 나서도 탈락, 삭제되지 않은 의견은 최종 결과로 보고서에 작성된다.

마지막 4단계의 보고서 작성은 발언 기록을 재검토하여 누락한 부분은 없는지, 원래의 육성과 다른 표현으로 기록된 것은 없는지를 확인하여 보고서 내용의 정밀도를 높이는 작업이다. 인터뷰 당시의 음성 데이터를 문서로 자동 변환하여 기록으로 남기는 데이터 마이닝(data mining)의 소프트웨어를 활용할 수도 있다. 동시에 등장한 단어들의 빈도를 계산하여 빈도가 높은 단어끼리 근거리에 배치하고, 빈도에 따라서 선의 굵기를 달리하여 표시가 이루어진다.

인터뷰 조사에서 조절 역할을 담당하는 Moderator는 조사과정 전체를 관장하고 결과물 작성을 맡는다(石井栄造, 2019: 121). 인터뷰 준비 단계에서는 조사 대상자와 조사 의뢰기업, 조사 인력 모두가 조사 목적에 집중할 수 있도록 배려하는 자세가 요구된다. 인터뷰 진행 단계에서는 참가자(대상자) 간 대화에서 최대한 많은 정보를 끄집어내려는데 집중해야 한다. 그러기 위해서는 공감과 냉정(차분)의 자세 간에 균형이 요구된다. 그러나 양자 간에 과도한 친밀감이 형성되면 서로가 상대방에게 비판적 질문을 삼가게 되는 폐단이 발생할 수 있다. 공감의 예로는 참가자가 엉뚱한 발언을 하더라도 이를 부정하지 않고 '그렇군요'라는 반응을 보인 뒤에 '이렇게 하면 어떨까요?'라는 식으로 보충 의견을 첨가하는 것이 좋다.

Evernote 11 직장인 복장의 캐주얼화와 남성복업체

- 2019년 2/4분기 아오야마상사, AOKI홀딩스, 하루야마홀딩스는 모두 순이익이 적자로 전환. 코나카만이 적자를 면했으나 순이익은 반감(6.8억 엔). 화이트칼라의 남성 캐주얼화가 가속하면서 기존 정장과 와이셔츠의 판매가 둔화된 점이 원인.
- 업계 1위 아오야마상사는 매출 558억 엔(전년 동기 대비 4.6% 감소), 영업 이익 12억 엔(59.8% 감소), 순이익 41억 엔 적자(전년 동기 17억 엔 흑자). 'AMERICAN EAGLE OUTFITTERS' 사업 철수에 따른 특별 손실 56억 엔 계상이 큰 요인. 주력 브랜드인 '양복의 아오야마', 'THE SUIT COMPANY'의 매출액 389억 엔(6.6% 감소), 영업 이익 8.6억 엔(66.5% 감소). AOKI홀딩스 매출액 433억 엔(3.9% 감소), 영업 이익 2.3억 엔(66.1% 감소), 순이익 2.9억 엔 적자(전년 동기 3억 적자). AOKI, ORIHICA 등 패션 사업 매출액 241억 엔(6.5% 감소), 영업 이익 4억 엔 적자(전년 동기 2억 엔 적자). 채산성이 떨어지는 39개 점포 폐쇄.
- 일본 내수 규모는 1992년 8000억 엔에서 2017년 2000억 엔으로 축소. 십수년에 걸쳐 백화점이나 양판점이 매장을 축소하는 가운데, 살아남은 신사복 전문점이 잔존자 이익을 서로 나눠가지는 구도. 제조공정이 복잡한 남성복은 대기업이 아니면 가격경쟁력으로 신사복 전문점에 대항할 수 없어 진입장벽이 높은 업계. 하지만 최근 몇 년 새 캐주얼화·맞춤형 등으로 진입장벽이 낮아짐. 캐주얼한 비즈니스 스타일을 추구하는 젊은 남성은 편집숍(셀렉트숍) 등으로 향하고, 맞춤형 분야에는 FABRIC TOKYO 등의 스타트업이 진입하고, 온워드홀딩스와 같은 노포 기업도 반격을 도모하고 있는 상황에서, 신사복 전문점은 중대 고비.

(자료: WWD.2019.8.9.)

의도했던 발견이 인터뷰 진행에서 이루어지지 않으면, 조정 역할의 인물은 대화 흐름을 뒤집는 발언(질문이나 과제 제시 등)을 하여 참가자에게 새로운 생각을 마련할 계기를 제공할 수도 있다. 또한 참가자의 발언에 대하여 조정자가 소견을 말하기보다는 다른 참가자에게 해당 발언에 대한 의견을 구하는 것도 괜찮다. 요컨대, 참가자 간의 집단 대화가 활발하게 전개됨에도 불구하고 연구 주제와 상관없거나 분석 자료로 활용할 수 없다면 궤도수정이 이루어져야 한다. 그렇다면 참가자의 발언 내용의 관련성, 중요성은 어떻게 판별하는가? 조사의뢰 기업과의 사전 논의와 인터뷰 현장에서 조정자의 판단에 의한다(石井栄造, 2019: 127).

2. 신상품개발을 위한 정성적 조사

신상품 개발의 원천에는 시즈와 니즈가 있다. 이 중 니즈를 원천으로 하는 신상품 개발은 정성적 조사를 요한다. 정성적 조사에서는 불완전한 상태, 즉 확정적이 아니라 조사 중에 얼마든지 자유롭게 수정 가능한 콘셉트를 여러 개 준비하여 각각에 대한 조사대상자의 반응을 살펴서 니즈를 탐색한다(石井栄造, 2019: 139).

즉 어떤 콘셉트의 신상품을 원하는지를 질문해봐야 아무 소용이 없고, 소비자에게 편익을 가져다줄 수 있는 콘셉트를 제시하여 참가자가 이를 평가함으로써 그 정밀도를 높여간다. 참가자가 해당 콘셉트를 긍정적으로 평가하는 데는 폭과 강도가 있다. '좋다'와 '매우 좋다'를 합쳐서 긍정적 평가의 크기를 측정한다면 이는 폭을 의미한다. 반면 '매우 좋다'만의 크기를 채택한다면 이는 강도를 가리킨다. 마찬가지로 구매의향을 물을 때도 '구매하겠다, 하지 않겠다'에 머물지 말고 '사용 중인 상품을 신상품으로 교체하겠다'는 의사에 대해서도 측정을 해야 한다.

결국, 콘셉트를 참가자들이 수용할지는 콘셉트에 대한 이해와 공감(신상품이 본인에게 중요한 건지, 호감을 가지는지 등), 구매의욕이라고 하는 세 단계별 확인으로 결정된다(石井栄造, 2019: 142). 이해와 공감을 샀는데도 구매의욕이 낮다면, 기존의 경쟁브랜드와의 차별화된 콘셉트가 아니거나 혹은 해당 제품 카테고리에 대해 참가자가 갖는 가격수준과 현격한 차이를 보이기 때문일 것이다.

3. STP 분석을 위한 조사

자리매김(positioning)은 컨설팅회사를 각각 운영하는 Trout(1935-2017)와 Ries (1926--2020 현재 생존. 만94세))가 고안한 개념이다(Positioning is a game people play in today's me-too market place. Industrial Marketing, 54(6), 1969). 포지셔닝은 일반적으로 가로축과 세로축의 틀로 만드는데, 두 축의 명칭(요소)은 마케팅 차원에서 중요성을 지녀야 하

Evernote 12 세계 리더를 배출하는 인도공과대학 IIT

- 실리콘밸리에서 인도인의 존재감은 구글의 CEO 선다 피차이(Sundar Pichai. 1972년생)를 비롯해 Sun Microsystems의 공동 설립자 비노드 코슬라(Vinod Khosla. 1955년생. 1982년 공동창업. 2010년 오라클이 인수. 본인은 2004년 코슬라 벤처투자회사 설립), SlideShare를 설립한 라슈미 신하(Rashmi Sinha. 여성 창업가. IIT가 아닌 Allahabad대학 출신)등으로 주목.
- IIT는 인도 전역에 23개 캠퍼스가 있고, 100만 명이 응시하고, 1만 명 정도가 합격. 합격자는 성적 상위자부터 차례로 원하는 캠퍼스를 선택. IIT Bombay는 인기가 높고 특히 컴퓨터공학부는 50위 이내에 들어야 입학 가능. 입시는 수학·물리·화학의 3과목에 선택식. 제한 시간이 짧은 스피드 승부이고, 오답 문제는 감점. 학생들은 자부심이 매우 강해 스스로를 IITian이라고 칭함. 대학 성적이 졸업 후 진로에 큰 영향을 미침. 이중학위제도(dual degree)로 5년간 학사와 석사를 동시에 취득 가능. 이중학위 취득자는 GAFA나 MS, IBM등 IT 대기업은 물론, 골드만삭스등의 금융업계에서도 다수 채용.
- IIT의 특징 세 가지, 하나는 경쟁적인 환경. 상대평가로 죽기살기로 공부하다보니, 성적 부진으로 자살하는 사람도 적지 않음. 둘은 전원 기숙사제도. IIT Bombay의 경우, 14개의 기숙사가 있고 논쟁을 좋아하는 인도 학생들은 밤새워 토론. 기숙사 운영은 학생 자치, 자존심이 강한 엘리트들을 추스르기 위해 기숙사감은 강력한 리더십을 발휘해야 함. 셋은 괄목할 만한 실력. 항상 학생이 교수에게 질문하고 논의를 하면서 학생의 지식은 한층 더 공고해짐.

(자료: Forbes Japan, 2019.8.5.)

며, 표적 고객들이 이해하기 용이해야 한다. 또한 두 축은 직교(直交)해야 한다. 즉 두 요소 간에는 상관관계가 존재하지 않아야 한다(石井栄造, 2019: 147).

STP 분석은 요인분석, 군집분석과 같은 정량적 조사를 통하여 시장세분화를 행하고, 각 세그먼트의 프로파일링(세그먼트 소속 소비자들의 인물상)을 설정하기 위하여 조사팀 내의 논의 혹은 정성적·정량적 조사를 한다(石井栄造, 2019: 145, 163).

프로파일링은 표적의 전형적인 인물을 묘사해야 한다. 가령, 서울 강북의 역세권 아파트를 소유한 40대 남성, 금융업에 종사하는 과장 직급의 연봉 1억, 배우자는 전업주부에 어린이집을 다니는 자녀 1명 등과 같은 특징을 지닌 자가 페르소나(persona)이다. 페르소나가 캐릭터, 마스코트와 다른 점은, 후자가 대외용으로서 개성을 지니면서 여러 가지 활동이나 행동을 함으로써 그 자체가 하나의 브랜드로 자리 잡는 경우가 많다. 반면에 전자는 대내용으로서 제품개발에 그 효용을 발휘한다.

가령, 회계시스템의 개발에서 시스템 이용 빈도를 누구의 이용횟수로 할 것인지, 누구의 이용 요구를 반영할 것인지를 고민할 때 페르소나는 회계시스템에 접속하는 빈도가 높은 직원(회계부서장이 아니라)으로 하게 되면, 개발 과정에서 팀원 간 이견이 발생할 때도 페르소나라면 어떤 대안을 선택할 것인지를 물어봄으로써 납득할 만한 해결책의 제안이 가능할 것이다(石井栄造, 2019: 163). 그 결과, 개발 팀원 간의 신뢰관계도 회복되고 개발 작업도 매끄럽게 진행될 수 있다.

페르소나의 사용 목적과 기간, 방법도 결정해야 한다. 이듬해의 신제품 개발이 목적인지 아니면 차기 캠페인의 제작물을 위한 것인지, 기간은 신제품 개발기간에 한정할 것인지 아니면 발매 후에도 계속 사용할 것인지, 사용 방법으로는 디자이너나 광고회사에 브리핑할 것인지 아니면 개발 팀의 자체 지침으로 사용할 것인지를 결정한다. 이런 결정을 하지 않으면, 페르소나가 제멋대로 쓰이거나 혹은 만들어놓고 나서 아무도 사용하지 않는 문제를 낳을 수 있다.

페르소나 설정의 절차는 시장의 규모 예측(정량 조사) - 군집의 프로파일링(군집분석) - 초점집단 조사 실시(표적 군집에서 대상자 추출) - 페르소나 후보군 선정(초점집단 조사 대상자 중) - 후보군과 1대1 인터뷰 – 후보군의 행동관찰(가정 방문 등) - 이상의 데이터에 입각한 페르소나 완성으로 이루어진다. 완성된 페르소나는 개성 있는 활동시나리오와 가치관 시나리오를 만들어야 살아 있는 느낌을 줄 수 있다. 경우에 따라서는 실존 인물보다는 가공인물일 수도 있다(가령, 어느 여배우의 '산소 같은 여자'라는 생활 연출).

앞서 본 장의 '6.소비자 통찰'에서 이미 다루었지만, 소비자의 통찰(insight)이란, 소비자가 상품을 구매하려고 할 때 주저하는 심리가 있는데 이를 물리치고 구매의 결단을 내리도록 하는 최종적인 가압(加壓)을 말한다(石井栄造, 2019: 155). 가령, 미국의 유명한 오토바이 브랜드 '할리데이비슨'을 구매하려는 소비자가 결정을 주저할 때, 그의 마음속에는 '가격을 깎아달라고 하자' 라는 생각보다는 '청춘이 완전히 가버리기 전의

Evernote 13 프랑스의 환경의식과 에어컨 설치

- 프랑스에서 에어컨이 정비되어 있지 않은 이유의 첫째는 환경에 미칠 악영향을 걱정. 프랑스 언론에서는 에어컨으로 인한 전기 소비량 증대가 온실가스 증가로 이어진다는 사실을 폭염 전후에 보도. 또 파리 지하철을 운영하는 파리교통공단은 일부 노선에서만 에어컨을 가동하는 이유로 에너지 소비 절감으로 환경 부하를 감축한다는 점을 홈페이지에 게재. 에어컨의 배출 열이 기후변화를 일으키는데, 도시지역의 열섬현상은 배출 열이 원인의 하나라는 지적.
- 두 번째 이유는, 프랑스의 여름철 평균 기온이 높지 않다는 점. 파리의 2018년 8월 평균 기온은 무려 19.7°C라서, 아침저녁으로는 긴 소매가 필요하다고 느낄 정도이고, 낮에도 습도가 낮아 땀도 잘 안 남. 최고 기온이 35°C를 넘는 날은 며칠뿐이어서 프랑스인들은 비싼 에어컨이 필요 없다고 생각.
- 세 번째 이유는, 프랑스 주택의 특성이 더위를 쉽게 식힌다는 점. 돌로 지은 건물은 열을 흡수하기 힘들어서 커튼이나 덧문을 잠그면 햇빛이 차단되고 실온도 잘 오르지 않음. 이러한 상황에서 파리 시내의 가전점포에서는 실외기가 있는 가정용 에어컨 대신 선풍기나 냉풍기만이 팔리고 있음.

(자료: FNN PRIME online, 2019.8.1.)

마지막 기회' 라든가 '할리데이비슨은 사회적 성공을 거둔 남성에게 걸맞은 것'이라는 가압이 바로 소비자통찰의 예라고 할 수 있다.

정성적 조사를 하게 되면 미처 생각지도 못한 점을 발견하기도 하는데, 이 점이 바로 소비자통찰이다. 인터뷰의 맥락과도 그다지 관련성이 없고 논리적인 내용도 아닌데도 참가자가 한 말이 무슨 의미인지 이해했다는 느낌이 드는 것, 그것이 소비자통찰인 것이다. 물론 언어화하기 힘들고 조사가 종료되고 나면 기억에서 소멸하기도 하지만, 이를 끈기 있게 언어로 표현하려는 노력을 하다보면 시장과 소비자, 브랜드에 관한 새로운 시각을 얻게 된다(石井栄造, 2019: 157).

인터뷰 조정자가 참가자로부터 이러한 통찰을 구하려면, 참가자의 언행에서 특징적인 사항을 간파해야 한다. 그 예로는 차분하지 못한 자세, 자신감이 없으면서도 곧잘 발언하는 모습, 조사의 맥락을 무시하는 언행을 자주 보이는 점 등을 눈여겨 볼 필요가 있다. 이런 참가자를 통제하기 힘든 참가자, 문제아의 참가자와 구별하는 방법은, 발언에 고집스러움이 없다는 점, 확신에 찬 굳은 표명이 적다는 점 등이다.

이런 참가자를 발견하게 되면, 조정자는 적극적인 동조를 보이면서 발언을 계속 이어갈 것을 촉진한다. 인터뷰의 흐름은 맥락을 도외시한 채 조정자의 지원과 해당 참가자의 발언으로 좌우된다. 해당 참가자가 다른 사람들의 공감을 물으면 조정자는 맞장구를 치면서 맥락에서 벗어난 이야기는 물밀 듯이 전개된다. 그러다 보면 지금까지의 대화의 맥락을 초월한 발견, 깨우침을 얻을 수 있다.

문제는 이런 돌출 발언을 곧바로 통찰이라고 볼 수 있느냐 하는 점이다. 이를 분간하기 위하여, 조정자는 위의 발견, 깨우침을 다른 참가자들이 이해하기 쉽게 설명한다. 그런 설명에 단 한 명이라도 ‘듣고 보니 그럴 수도 있겠다’라는 식의 반응을 보인다면 좀 더 논의를 진행하며, 다른 참가자들 전원이 동의하지 않는다는 답변을 하면 통찰로 여길 수 없다.

경우에 따라서는 조정자가 아니라 조사대상자 자신이 통찰을 얻기도 한다. 가령, 참가자 간 대화 속에서 한 명의 참가자가 ‘그 말을 듣고 보니 그렇군요. 미처 몰랐었는데, 왜 그 점을 눈치 채지 못했을까?’ 라는 식의 반응을 보인다면, 기업이나 브랜드, 제품의 사용법과 평가 등에 관한 본인의 인지(認知)에 변화가 온 것이다. 이러한 인지의 변화를 가져온 것(위에서는 상대의 말을 듣고서 알게 된 깨우침)이 통찰인 셈이다.

요약하기

이 장의 내용을 요약, 정리해봅시다. 양서를 보면 저자가 깔끔하게 요약해놓은 걸 볼 수 있지만, 다 차려놓은 밥상에 숟가락 하나 얹는 일은 고교 때까지로 끝냅시다. 예비 사회인인 대학생이라면 자력으로 모든 걸 정리할 능력을 구비해야 할 것입니다.

소감쓰기

이 장을 읽고 본인이 느낀 소감을 써봅시다. 어떤 자료가 주어지든 그 자료가 함의하는 바를 나름대로 말하고 써내려가는 것이야말로, 주어진 답을 작성하는 것이 아니라 자기만의 답을 만들어가는 역량일 것입니다.

PART 2

시장 개발

07 STP

1. 시장 세분화

시장세분화(segmentation)를 학문적 정의가 아니라 일상적 차원에서 정의한다면, 어떤 사람이 어떤 때에 제품·서비스를 사용하는가 하는 것을 의미한다. 이를 달리 말하면 TPO(Time, Place, Occasion)이다. 즉 이용장면과 사용법이 시장세분화의 핵심인 셈이다(佐藤義典, 2018, p.49).

하겐다스 아이스크림은 12월에 가장 많은 매출실적을 보인다. 이는 갈증을 축이는 사용법이 아니라 디저트로서 용도가 설정되었기 때문이다. ‘농후한 맛’이 더위를 식혀 주기 보다는 달콤한 디저트로 더 적합하다는 것이다. 일본에서는 아이스크림을 여름 뿐 아니라 겨울에도 먹는다는 인식이 1981년 롯데냉과(2008년 롯데스노와 합병으로 롯데아이스가 된 뒤 2018년 롯데에 다시 합병되어 소멸. 2013년 기준 일본 국내아이스크림 시장의 17.2%로서 1위. 롯데그룹의 창업주 신격호의 일본명은 시게미츠 타케오.重光武雄)가 유키미 다이후쿠(雪見だいふく. 우리나라에서는 롯데제과가 ‘찰떡아이스’ 브랜드로 발매)를 발매한 것이 시발점이다. 아이스크림의 시장세분화를 TPO의 틀에 입각하여 분류하면 아래 표와 같다.

표 1 아이스크림의 TPO에 의한 시장세분화

		언제(time), 어디에서(place)	
		여름철·낮·실외	저녁·실내
어떻게 occasion	갈증 해소	한손으로 먹는 빙과류	
	간식		양손으로 먹는 크림·통아이스크림
	디저트		고급아이스크림
	선물·모임	고급아이스크림(T.P=어디에 갖고 갈 때)	

자료: 佐藤義典, 2018, p.54.
* 간식은 어른, 아이 모두에 해당하는 반면, 디저트는 성인에 국한하는 용도

Evernote 14 이스라엘의 인구가 계속 늘어나는 이유

- 이스라엘을 찾는 외국인 여행자들은 거리에서 보는 아이의 수가 많은 점에 놀랄 것임. 마치 '어린이를 위한 이벤트가 있나?' 라고 생각할 정도. 이스라엘의 1인당 GDP(국내총생산)는 4만 달러로 선진국 수준이고, 여성의 합계 출산율은 자그마치 3.1. 평균 수명은 남자 80.3 세, 여성 84.1 세. 출산은 고학력 여성에서 높은데, 특히 유대교의 초정통파와 이슬람교도 집단에서는 7-8명의 아이가 있는 가정도 흔함.
- 이스라엘의 출산율이 높은 이유 세 가지는 전통, 이민, 정부정책.
- 전통 요인을 보면, 유대인은 아이를 많이 낳은 것을 구약성서의 계율을 따르는 것이라고 믿음. 또한 과거 2000년간 유대인은 작은 커뮤니티에서 살면서, 멸종의 위기도 맞이하였음. 홀로코스트 때는 유럽 유대인의 2/3인 600만 명이 목숨을 잃었음. 아이를 늘리는 것은 세대를 이어 가는 것이라는 공통의 인식이 지금도 자리 잡고 있음.
- 이민 요인을 보면, 1948년 이스라엘은 세계에 흩어진 유대인을 조국에 돌아오게 하는 것을 목적으로 만들어졌는데, 매년 수만 명의 이민을 수용하고 있고, 1990년대 옛 소련 체제의 붕괴로 100만 명의 러시아계 유대인 이민을 불과 10년 만에 수용한 결과, 이스라엘 인구가 500만 명에서 600만 명으로 20% 증가. 이민의 상당수는 높은 교육수준으로 노동시장에 우수한 취업자가 늘어나면서, 이민은 인구의 자연 증가에 도움.
- 정부정책 요인을 보면, 6명의 자녀까지 아동수당이 지급, 가구의 13%인 싱글 맘에도 극진한 대접, 그 결과 40세 이상 여성의 출산율도 세계에서 가장 높은 국가 중 하나. 3세부터 공립유치원 비용은 무료, 7개 국립대학은 문학부, 의학부 관계없이 연간 수업료가 350만 원 정도. 건강하고 행복한 사회를 계속 이어나가려면 다양성이 매우 중요한데, 이민, 여행, 유학 등을 통하여 많은 나라의 사람들과 접촉해가야 함.

(자료: AERA dot, 2019.5.28.)

일본의 중견제조업체 트윈버드(www.twinbird.jp)는 2017년 11월에 '2도어 냉동냉장고 하프앤하프'를 출시하였다. 이 신제품은 공간의 절반(73리터)이 냉동실로 되어있다. 1인가구가 늘어나면서 냉동식품 사용이 증가하고 있는 현상(시장의 기회)을 반영한 상품개발이다(山口恵市, 2018: 19).

2. 표적 설정

하겐다즈의 일본시장 매출규모는 502억 엔(2016년.출처:www.ryutsuu.biz /topix/k020229.html)으로서 롯데아이스(17.2%), 에자키글리코(12.3%), 모리나가유업(11.3%)에 이어 4위를 차지한다. 1984년 일본시장에 진출할 당시부터 표적고객은 디저트를 즐기는 성인으로 삼았고, 아이들은 배제하였다. 특히 20대 여성을 주된 표적으로 삼아, 결국에는 30대 여성들까지도 흡수하는 성과를 거두었다. 그렇다면 이렇게 표적을 좁게 설정하고도 4위의 시장점유율을 확보할 수 있는 원동력은 무엇일까? 아이스크림의 맛을 다양하게 하고, 기간 한정의 신제품을 투입함으로써 고정고객들의 구매빈도를 높인 점에 있다.

시장점유율은 낮지만 나름대로의 차별화 우위를 지닌 틈새자(nicher) 기업에게 적합한 표적설정(targeting)이다. '우물 안 개구리'가 망망대해로 나가면 죽기 십상이다. 또 다른 예로 소니가 2011년에 발매한 휴대용 충전지를 들 수 있다. 소니는 동일한 내용물을 두 가지의 포장으로 출시하였다. 하나에는 "휴대전화, 아이폰, 워크맨, 캠코더 등 폭넓은 기기에 대응하는 만능용, 2개의 기기에 동시 공급가능"이라고 표기하였고, 다른 하나에는 "아이폰 등 스마트폰 전용, 2회 분 충전가능" 이라는 표기를 하였다. 판매 실적은 놀랍게도 후자의 포장을 한 제품이 9배 많았다(佐藤義典, 2018, p.87).

❶ 코코이치반야의 인도·중국시장 표적

일본 국내외에서 '카레하우스 CoCo이치반야' 점포 1444개를 운영하는 중에 인도시장 진출을 발표하였다. 미츠이물산의 해외거점인 '아시아·대양주 미쓰이물산'과 합작회사를 설립, 현지관리 및 점포 취득은 미쓰이물산, 점포운영은 이치반야가 분담한다. 1994년 하와이에 해외 1호점, 2004년 중국 상하이에 진출 후 현재 중국 점포수는 48개, 2018년 8월에는 베트남, 12월에는 영국 진출로 총 12개국에서 180개 점포 운영 중이다.

인도에는 2020년까지 1호점 출점의 계획 하에, 수도 델리 근교에 후보지를 선정하였다. 직영점으로 5년 이내에 10개 점포 개설 후 프랜차이즈로 확대할 계획이다. 3년전 인도의 인프라도 정비되고, 출점할 만한 쇼핑센터가 델리 근교를 중심으로 확대되

Evernote 15 덴마크 직장인은 점심시간 없이 오후5시 퇴근

- 덴마크의 많은 화이트칼라들에게는 야근이라는 개념이 없는데, 야근수당이 없기 때문이기도 하지만 빨리 귀가하려고 점심시간을 취하지 않는다고 함. 그 대신 샌드위치를 먹으면서 근무시간 내에 일을 마치는데 집중. 덴마크인들은 낭비를 줄여 합리적으로 생활. 동시에 엄청난 스트레스도 있는데, 평생고용 제도가 없어서 확실한 성과를 내지 않으면 내몰리고 마는 치열한 경쟁 사회.
- 덴마크는 어른뿐 아니라 어린이에게도 여유로움이 있음. 고교, 대학에도 수험이 없고, 중학교, 고교에서 높은 내신 점수를 얻고 적극적인 활동 기록을 남긴 아이만이 대학에 진학. 대학 학비는 무료이고, 정부에서 학생수당도 지급. 그만큼 입학 가능한 인원이 한정되어 있기 때문에, 대학에 진학하려는 학생은 시험에 관계없이 꾸준히 공부해야 함. 수험이 없으니 사설학원도 없고, 12세가 되기까지는 숙제도 내서는 안 됨. 방과 후에는 확실히 놀고, 가족과 시간을 보내자는 취지. 부모의 귀가 시간도 이르기 때문에, 저녁 식사는 아이들과 함께. 설거지는 많은 덴마크 가정에서 아이의 몫으로 자연스럽게 가사에 동참.
- 덴마크 여성들의 목표는 사람 간에 관계를 맺는 기분 좋고 따뜻한 공간과 시간이라는 의미의 휘게(Hygge) 생활을 보내는 것. 이런 여유의 삶을 위해 열심히 집중해서 일하는 것임. 노후에는 연금만으로 생활할 수 있지만 그만큼 현역 시절 급료의 50~70%를 납세. 18세 이상의 자녀가 부모와 동거하면 세금이 높아져서 특별한 사정이 없는 한 18세에 자립. 대학생에게 주는 학생수당도 절반을 세금으로 반납. 꼬박꼬박 납세 습관을 들여 학생 때부터 세금에 대한 의식을 심어줌.
- 학비와 의료비 무료에 노후 연금으로 느긋하게 살 수 있는 행복도가 높은 나라. 반면 고세율에 고물가, 평생고용 없는 점은, 좋은 집에 살고 바캉스를 즐기며 휘게 생활을 위해 남녀 모두 자립해야 함. 이혼도 굉장히 많이 하지만, 이 모든 어려움을 어릴 때부터 예사로 알고 있어서 장래 불안을 느끼지 않고, 자신의 우선순위가 높은 생활을 추구한다는 점은 참고.

(자료: gendai.ismedia.jp 2018.12.27.)

고, 이탈리안 레스토랑 등 외국 음식점이 생기면서 출점의 타이밍을 노리던 중에 현지에서 오랫동안 사업을 하고 있는 미츠이물산의 제안이 계기가 되었다.

미츠이물산은 정기적으로 인도인 사원 연수를 일본에서 하고 있는데, 어느 인도인 사원이 "일본에 연수 갔을 때, 코코이치반야의 카레를 맛있게 먹었던 기억이 난다. 이걸 인도 시장에 소개하면 성공할 것 같다."고 말한 에피소드가 있다.

국내 메뉴를 그대로 현지에 가져가되, 돼지고기가 함유된 포크카레라이스는 일본이 구제역 발생국가라서 해외로 수출할 수 없기에, 대신 채식주의자 카레를 소개한다. 인도는 장립종자의 인디카 쌀이 주류이지만, 일본의 카레소스에는 맞지 않기 때문에 단립종자인 자포니카 쌀을 조달해 카레라이스를 제공한다. 초기에는 고객단가가 1000엔 정도 될 것인데, 이는 상당히 고가전략이다. 중국에 진출했을 때도 30위안 정도의 단가이었다(아르바이트 시급 6위안).

카레 문화가 없던 중국에서 초기에는 20~30명밖에 손님이 없는 날이 이어지면서, 9개월 후 개점한 2호점은 여성 고객에게 매력적인 가게로 만드는 것으로 수정하였다. 1호점은 중국인 디자이너에 발주하여 비용을 적게 했으나, 2호점은 일본인 디자이너에 의뢰하고, 점포의 콘셉트를 '커플 데이트에 어울리는 카페 같은 디자인'으로 설정하였다. 메뉴의 고안에도 신경을 써서, 가츠카레는 시각적으로 어두워서 노란색이 한가운데로 들어가는 오믈렛가츠를 구성하였다. 화이트소스, 치킨, 버섯을 좋아하는 여성이 많아서 버섯크림 소스, 치킨크림 소스 등의 메뉴도 신설하였다. 그러자 2호점은 개점 첫날부터 손님이 엄청 밀려들었고, 상하이 등지에서 취재 의뢰가 와서 현지 방송의 전파도 타게 되었다. 그 직후의 3호점도 마찬가지 연출을 하였고, 그 덕분에 1호점에도 손님이 많이 오고 있다(東洋経済online, 2019.8.7.).

3. 자리매김

자사와 경쟁상대가 경합을 벌이고 있는 곳은 시장, 정확하게 말하면 소비자의 뇌리이다. 뇌리에는 TPO가 자리 잡고 있다. 따라서 TPO가 바뀌면 자사의 경쟁상대도 바뀌게 마련이다. 앞서 언급한 세분화가 정확하게 이루어진다면, 해당 세그먼트에서 경쟁상대와 경합을 전개한다. 중화요리점과 햄버거체인점은 전혀 다른 음식을 제공하지만, 소비자의 뇌리에는 동일한 식사 장소(place)이기 때문에 서로 경합상대가 되는 것이다. 그러나 고급한정식집과 국밥집은 같은 음식 장소이지만, 경우(occasion)가 다르기 때문에 경합상대가 되지 않는다. 한 끼를 해결하기 위한 경우로 식사를 하는 것과 접대 내지 기념일을 위한 경우로 식사를 하는 것은 전혀 다르다. 그렇기 때문에 하겐다즈 아이스크림의 경합상대는 다른 고급아이스크림뿐 아니라 케이크와 같은 고급디저트류도 포함한다. 이들 모두가 '달콤한 즐거움'의 시간을 혼자서 혹은 친한 이들과 함께 보내는 가치를 소비자에게 제공하기 때문이다. 결론적으로 경쟁상대는 동일한 TPO에서 소비자가 선택하는 후보군이다. 자사의 제품이 매장에 없을 경우, 소비자가 대신 선택하는 제품이 바로 경쟁상대이다.

앞서 <표1>에서는 아이스크림의 시장세분화를 보여주었는데, 아래 <표2>에서는 하겐다즈의 경쟁상대를 표시하고 있다.

표 2 하겐다즈의 경쟁관계

표적 고객	TPO	소비자 가치	경쟁상대
20대 전반 여성	직장생활에 지친 본인위로·원기회복	치유	고급아이스크림, 케익 등
20-30대 여성	'여자들모임'에 갖고 갈 먹을 것	다같이 먹는 흥겨움과 칭찬	백화점매장의 디저트류
30대 남성	자녀양육의 아내에게 줄 것	아내의 기분전환 가정분위기 업	고급아이스크림, 디저트,꽃 등

자료: 佐藤義典, 2018, p.115.

❶ 일본맥주업체 아사히와 키린의 경쟁

일본 국내맥주 시장의 선두 아사히그룹홀딩스는 2020년 3월에 호주 최대의 맥주회사 Carlton & United Breweries(cub.com.au: 대표 브랜드는 VICTORIA BITTER)의 전 주식을 1조 2천억 엔에 매입하기로 CUB의 모기업인 벨기에의 ABInBev(Anheuser-Busch InBev)와 합의했다. 이는 ABInBev(40% 점유율)에 이어 호주시장 점유율 2위를 누리고 있는 키린맥주에게는 위협인 셈이다.

아사히그룹HD의 사업·지역별 영업이익 규모(2018년)를 보면, 일본시장 주류사업(1171억 엔) > 유럽시장 주류사업(811억 엔) > 호주시장 주류사업(748억 엔: 매수 이

전) > 음료사업(381억 엔) > 식품사업(122억 엔)의 순이다. 아사히그룹HD가 해외주류 시장에 진출하는 이유는, 일본시장이 출산감소와 고령화, 젊은 층의 맥주소비 이탈 등으로 맥주 출하량이 14년 연속 감소하고 있다는 점에 있다. 해외시장이 그룹에서 차지하는 비중은, 종업원 기준으로는 30%(2012년)에서 50%(2019년)로 늘어났고, 연결재무제표의 영업이익 기준으로는 동 기간 중에 적자에서 40%의 비중으로 변모하였다.

이런 해외사업의 괄목할 성과는 2016-17년에 걸쳐 이루어진 총액 1조 1600억 엔의 M&A로 유럽의 12개 맥주제조업체를 소유하게 된 덕분이다. 이들 12개 업체의 판매망을 통하여 일본시장의 판매 브랜드인 '슈퍼드라이'를 유럽시장에 확대 판매할 수 있는 시너지도 거둘 수 있었다. 한편 2018년에는 중국 칭다오맥주의 투자지분을 현지파트너에 매각하여 중점 시장을 일본-유럽-호주로 압축하였다.

제3의 시장으로 호주를 택한 이유는, 인수한 업체가 고가격 판매를 하고 있어서 수익력이 높다는 점이 작용하였다. 다른 시장들, 가령 아프리카는 고가 맥주시장이 형성되어 있지 않고, 중국은 합작투자를 하더라도 과반수 지분 확보가 불가능하고, 미국시장은 매력적이긴 하지만 ABInBev가 막강한 지위를 확보하고 있어서 진입이 여의치 않다.

아사히그룹HD가 시장다변화 대신 사업다각화를 택하지 않은 것은, '슈퍼드라이'라고 하는 브랜드가 해외시장에서 잠재력을 꽃피울 수 있다는 강한 느낌을 받았기 때문이다. 2014-15년에 걸쳐 세계적인 맥주 품평회에서 수상하면서 글로벌 브랜드로 발전을 확신하였다.

일본시장에서는 시장규모 축소로 점유율 경쟁에서 탈피하여 부가가치 창출로 발상의 전환이 불가피하다. 실제로 2017년 6월의 주세법 개정으로 주류업계는 과도한 저가판매, 과다 경쟁의 소모전을 지양하고 절제를 갖춘 경쟁 상황을 맞이하고 있기도 하다. 새로운 소비자 계층의 확보를 위하여 20-30대 소비자 계층에게는 작은 사이즈의 병맥주를 2019년 4월에 출시하여 잔에 따르지 않고 그냥 마시는 스타일을 제안하였고, 맥주를 마시지 않는 여성 소비자층을 대상으로 슈퍼드라이에 칼피스를 섞어 마시는 칵테일을 제안하고 있다.

이와는 대조적으로 경쟁업체 키린홀딩스는 시장다각화가 아니라 사업다각화를 채택

Evernote 16 금융도시가 낳는 폐해

- 영국의 유럽연합(EU) 이탈이 예정되면서 국제금융도시 런던의 금융기관 인력을 둘러싼 스카우트 전쟁이 전개 중. 가장 열성적인 것이 파리이고, 프랑크푸르트, 룩셈부르크, 더블린, 암스테르담이 뒤를 잇고 있는 형세.
- 그런데 '이들 도시가 런던을 본떠 국제적인 금융센터가 되어야 할까?' 라는 의문점 제기. 거대한 금융센터의 존재가 포르셰 판매점이나 고급 클럽에는 분명 도움이 되지만, 그 밖의 경제에 미치는 악영향은 무시할 수 없음. 영국의 중앙은행(잉글랜드은행) 수석 이코노미스트 홀든은 은행업계를 오염원이라 부름. "체계적 리스크"는 유해한 부산물이고, 영국을 포함한 각국은 금융 위기가 국민에게 가져온 사회적 비용을 지금도 부담시키고 있다고 지적. 또한 국제결제은행(BIS) 이코노미스트 세체티 씨 등은 금융 부문의 비대화로 생산성과 경제성장에 악영향을 미친다고 주장. 금융부문의 거대화로 인력 배분이 왜곡되는데, 고소득의 금융기관으로 다른 산업의 우수 인력들이 빨려오고 있음.
- 예를 들어 영국에서는 일류 대학의 공학 전공자 중 상당수가 투자은행에서 건물이나 기계가 아닌 복잡한 금융상품 설계 업무를 맡음. 은행은 담보 있는 부동산 대출을 선호하며 테크놀로지 관련 등 심사가 어려운 안건을 싫어하므로, 금융 섹터의 비대화는 자금 배분의 왜곡을 가져와 경제성장을 저해. 다른 연구에 따르면 민간 부문의 채무가 GDP의 80~100%를 넘으면 경제에 악영향을 미친다고 함(리먼 위기 당시 영국의 민간 부문 채무는 GDP의 180%를 초과). 영국 셰필드대학의 최근 조사에서는, 영국이 고도의 금융 비즈니스에 특화한 결과, 2015년까지 20년간 4.5조 파운드(6650조 원)의 경제 손실을 야기했다는데, 이는 현재 영국 GDP의 2년 치 분량.

(자료: 東洋経済online, 2018.11.3.)

하고 있다. 2019년 9월에 화장품·건강식품업체 판클(fancl.co.jp)의 지분 33%를 1293억 엔에 취득하였다. 의도는 맥주라고 하는 식음분야와 의약·바이오분야의 중간에 해당하는 건강분야(고기능성 영양제)를 개척하겠다는 것이다. 사회의 고령화로 건강수명에 대한 사람들의 관심이 높아지면서, 이 분야의 시장이 커질 것이라는 기대가 작용하였다. 또한 판클은 자체 오프라인 점포와 통신판매를 하고 있어서 이를 기존사업에 활용할 수도 있고, 반대로 공동개발 상품을 키린의 자판기에서 판매할 수도 있다. 아울러 계열사인 협화발효바이오(아미노산 활용기술 보유)와 연구개발 차원의 상승효과도 염두에 두고 있다.

따라서 영업이익을 기준으로 보더라도 위의 아사히그룹HD가 주류사업에 압도적

의존을 보이는데 비하여, 키린HD는 일본시장 주류사업(809억 엔) > 해외시장 주류사업(634억 엔) > 의약사업(588억 엔)으로 편중도가 덜하다. 경영 실적을 대비시키면, 아사히그룹HD가 매출 2조 1210억 엔(2018년. 전년대비 1.7%증가), 당기순이익 1510억 엔(8.7% 증가)인데 비하여, 키린HD는 각각 1조 9350억 엔(3.6% 증가), 1642억 엔(26.8% 감소)으로서 수익성 차원에서 퇴보의 길을 걸었다(週刊東洋経済. 2019.10.19.).

4. 핵심 역량

소비자가 경쟁상대가 아닌 자사(自社)를 선택했다면 그것은 자사가 강점, 바로 경쟁우위(competitive advantage)를 지녔기 때문이다. 하겐다즈 아이스크림은 '농후한 달콤함'을 경쟁우위로 확보하고 있다. 이 점이 특정 세그먼트(20대 전반 여성)의 특정 TPO(직장생활에 지친 본인을 위로)에 딱 들어맞은 것이다. 이 때 경쟁상대는 백화점 지하점포의 고급 케이크가 될 것이다. 하겐다즈는 일반 아이스크림보다는 고가이지만, 고급 케이크에 비하면 저가이고, 밤중에 귀가하면서 동네 편의점에서 구입할 수 있다는 편리함이 백화점 케이크보다 우위에 있다. 게다가 먹었을 때 차가운 느낌이 피로를 확 풀어주는데도 효과가 높다(佐藤義典, 2018, p.131).

반면, '여자들 모임에 참석'이라고 하는 TPO에서는 하겐다즈가 백화점 케이크에 비하여 지닌 위의 경쟁우위는 오히려 경쟁열위로 반전하고 만다. 근처 편의점에서 비싸지 않은 아이스크림을 사갔고 왔다는 인상을 다른 참석자들에게 줄 수 있기 때문이다. 만약에 하겐다즈가 신상품을 출시했다면, 지금까지 먹어보지 못한 신선한 맛을 즐김으로써 참석자들에게 화제를 몰고 올 수 있다는 경쟁우위가 있을 것이다.

그렇다면 맥도날드처럼 특정 세그먼트가 아니라 모든 세그먼트를 포섭하려는 전략은 어떻게 설명할 수 있을까? 맥도날드의 핵심 세그먼트는 초등학생 및 이들과 함께 내장하는 가족이다. 애니메이션의 인기 캐릭터와 콜라보(collaboration)를 맺어 내놓는 해피세트 메뉴가 이들 고객층을 공략하는 경쟁우위이다. 이 때의 경쟁상대는 패밀리레

스토랑이 출시하는 유사 어린이세트메뉴가 될 것이다. 그러나 맥도날드는 성인 세그먼트에게도 경쟁우위를 보여주고 있다. 2008년의 1000-1500원 가격의 맥커피 출시(2018년 열대우림동맹 커피로 리뉴얼)는 오후, 저녁 등의 시간대에 외근을 하면서 잠시 업무처리를 하려는 회사원들을 겨냥하였다. 전원코드, 와이파이의 설치와 함께 맥도날드는 이들 회사원 고객층이 다른 카페테리아가 아닌 자사를 선택하도록 경쟁우위를 새로 심었다. 아울러 메가맥, 더블쿼터파운더와 같은 대용량 메뉴의 출시를 통하여 20대 남성 고객들이 점심이나 저녁식사용으로 선택할 수 있도록 함으로써, 덮밥집이나 다른 일반음식점을 경쟁상대로 설정하였다. 이처럼 맥도날드는 모든 세그먼트를 공략하되, 세그먼트별로 차별화된 경쟁우위를 제시하고 있다. 이처럼 경쟁우위는 표적고객, TPO(시장), 소비자 가치, 경쟁상대 등의 다른 요소들과의 결합 속에서 고려해야 한다.

표 3 맥도날드의 경쟁우위

표적 고객	TPO	소비자 가치	경쟁상대	경쟁우위
초등학생·가족	휴일의 가족점심	자녀와 안심하며 즐겁게 식사가능	패밀리 레스토랑	해피세트·놀이터
회사원	평일오후·저녁에 PC로 간단업무	커피한잔으로 PC업무처리	커피체인점	천원커피·와이파이
20-30대 남성	점심·저녁 외식해결	대용량 식사	덮밥집 등 일반식당	음료세트·맛과 볼륨

자료: 佐藤義典, 2018, p.140.

그렇다면 기업의 경쟁우위를 경쟁상대가 모방하지 못하는 이유 내지 모방에 필요한 요소는 무엇일까? 바로 핵심역량(core competency)이다. 하겐다즈 아이스크림의 경우, 원료와 생산기술 면에서 핵심역량을 확보 하고 있다. 다른 유제품제조사들이 유화제, 안정제 등을 사용하는 반면, 하겐다즈는 이들을 일체 사용하지 않고 오로지 생크림과 계란, 설탕을 주원료로 삼는다는 점에 핵심역량이 있다. 또한 유지방분 15.0%, 무지유 고형분 10.0%의 높은 비율로 농후한 맛을 만들어내는 핵심역량을 확보하고 있다

(佐藤義典, 2018, p.155). 생산기술 면에서는 오버런(over-run: 아이스크림 속의 공기 혼입 비율)이 보통 60-100%인데 비하여 하겐다즈는 20-30%로 낮추는 핵심역량 덕분에 농후한 맛을 연출할 수 있다. 물론 TPO에 따라서는 오버런이 낮다는 점이 약점일 수도 있다. 가령, 과일과 섞어서 먹는 경우라면 하겐다즈 아이스크림은 조화가 떨어진다. 외부와의 전략적 제휴 면에서 하겐다즈가 지닌 핵심역량은 카타나시유업과의 협업이다. 생크림 제조에 압도적 경쟁우위를 지닌 카타나시유업과의 제휴를 통하여 낮은 오버런과 그 결과물로서 농후한 맛의 아이스크림을 제조할 수 있다.

이러한 핵심역량을 경쟁상대가 모방할 수 있다면 지속적인 경쟁우위를 낳지 못한다. 가령, 소니가 1997년에 두께 23.9㎜, 무게 1.35kg의 노트북 컴퓨터 VAIO PCG-505를 발매하였을 당시에는 충격적 경쟁우위를 발휘하였다. 그러나 불과 8개월 만에 도시바가 DynaBook SS PORTEGE 3000을 경쟁상품으로 출시하자 핵심역량의 차별화가 종료하면서 경쟁우위의 지속성 확보에 실패하였다(佐藤義典, 2018, p.155).

❶ 카페체인점 '코메다'

일본의 커피체인점 브랜드 중에 '코메다'가 있다. 나고야 시에서 사업을 시작한 업체인데, 고객 접대 방식이 옛날 우리나라 다방처럼 종업원이 테이블의 손님에게 와서 서빙을 하는 토탈 서비스 비즈니스 모델을 취하고 있다. 점포 분위기도 서민적이긴 하지만,

출처:http://komeda.co.jp/attraction/index.html

Evernote 17 란체스터 법칙과 시장 진입

1차 세계대전에서 전투기 개발자이었던 영국인 란체스터(Lanchester. 1868 –1946)는 전투의 승패를 무기의 성능과 병력 수의 함수라고 보았다. 무기는 병기, 병사의 질을 말하고, 병력 수는 병사, 군함, 전투기 등의 양을 말한다. 그런데 승패는 전투 방식에 따라 그 함수의 공식이 달라진다. 근접 전투에서는 전투력=(무기 성능 x 병력 수)이지만, 원격 전투에서는 전투력=(무기 성능 x 병력 수)^{2}이 된다. 즉 두 가지 요소 간 상승효과가 작동한다는 점이다.

중소·벤처 기업이 대기업과 정면 승부를 한다는 것은 원격 전투를 택하는 것이나 마찬가지라서 승산이 없다. 그보다는 근접 전투를 하는 것이 효과적이다. 병력 수가 열세인데 이를 광범한 시장 세그먼트에 분산시켜서는 도저히 효과를 거둘 수 없으므로, 특정 세그먼트에만 모든 전투력을 집중하는 것이 승산을 가져올 수 있다. 어떤 세그먼트에서 틈새전략을 전개할 것인가의 기준은, 지역(마켓 리더가 상대적으로 자원 전개에 덜 집중하는 세그먼트), 고객(하이터치 방식의 접객 방식의 선호도) 등에 있다. 틈새시장에서 리더(최저 점유율 26%, 안정 점유율 42%, 최고 점유율 74%)가 되면 종업원 1인당 영업이익이 다른 경쟁사의 3배에 달한다.

대기업의 경우에는 시장점유율이 10%를 초과하게 되면 영업이익과 점유율 간 상관관계가 성립하며, 도요타자동차는 일본국내 승용차 시장의 40% 점유율을 승자독식(winner-takes-it-all)의 임계치로 삼고 있다.

선발자 우위가 무색해지는 사례들도 상당하다. 일본의 디카 시장에서는 카시오가 선발자이었으나 캐논, 니콘, 파나소닉, 소니, 후지필름 등이 후발주자로 시장에 진입하면서 2018년에 시장에서 퇴출되고 말았다. 후발자들이 동질화(모방) 전략을 채택하여 막강한 보유자원을 전개하면서 시장점유율의 역전이 발생한 것이다. 그러나 시장이 성장기에서 성숙기로 이행하는 단계에서 후발자가 시장에 진입하여 점유율 역전을 노릴 경우에는 동질화보다는 차별화 전략이 효과를 거둘 수 있다. 일본의 문구업체 '플러스'는 1993년에 '아스쿠루'라는 온라인 판매로 직거래를 하는 B2B 비즈니스 모델이라는 차별화 전략을 전개하여 선두자인 '코쿠요'를 제압할 수 있었다. 즉 사무용품의 구매자인 일반기업체로부터 직접 주문을 받아 배송함으로써, 상사-문구소매점을 매개로 하는 비즈니스모델에서 발생하는 상사의 영업·납품·대금회수의 대행서비스에 의탁하지 않아도 되었다. 반면 업계 리더인 '코쿠요'는 문구소매점과 구축한 막강한 유통망 관리의 경쟁우위를 상실하고 싶지 않았기 때문에 선발자보다 8년이 경과한 2001년에 가서야 '카우네트'를 구축하였고 역전에 실패하였다.

(자료: 福永雅文, 2019).

저가격 방침은 택하고 있지 않다(週刊東洋経済. スタバ vs コメダ:知られざる頂上決戦. 2019. 04.20.).

점포 수 기준으로 업계 2위인 도토루커피숍처럼 저가격을 승부로 삼는 카페는 이미 시장이 포화상태인 레드오션이지만(스타벅스, 도토루, 탈리스의 3대 체인점이 시장의 70%를 과점), 식사메뉴를 충실히 갖추고 토탈서비스를 제공하는 코메다와 같은 카페는 아직까지는 블루오션이다(코메다, 코히칸, 르노와르의 3대 체인점이 10% 미만을 점유).

셀프서비스의 카페는 도토루가 1980년에 처음 일본에서 제공하였고, 1990년대 미국의 스타벅스와 탈리스커피가 뒤를 이어 시장에 진입하였다. 여기에 고품질의 현장로스팅 서비스를 강조하는 프리미엄급 카페로 미국의 블루보틀과 일본인이 창업한 써드웨이브가 틈새시장의 인기몰이를 하고 있다.

스타벅스재팬은 2019년2월28일에 동경 나카메구로(中目黑)에 미국 시애틀, 이태리 밀라노, 중국 상하이, 미국 뉴욕에 이어 세계 5번째로 '스타벅스 리저브 로스터리 도쿄'를 개점하였다. 홋카이도에서부터 오키나와에 이르기까지 일본 전역에서뿐 아니라 외국관광객도 전체 방문객의 20-30%를 차지한다. 점포 중앙에 있는 3층까지 높이 뻗은 로스팅 기계에서 커피 추출의 전 과정을 볼 수 있고, 칵테일 커피가 2천 엔(세금별도)으로 고가격이다. 이런 프리미엄 점포의 신설은 결국 브랜드 가치를 더욱 높이기 위한 전략인 셈이다.

전 세계 78개국에 3만 여 점포를 운영 중인 스타벅스(매장 수는 미국, 중국, 캐나다, 일본 순)는 미국시장이 14,000 점포로 인하여 포화상태에 빠지면서 2019년에 150개 정도의 점포를 폐점시키고, 중국시장에서는 3600개 정도의 점포를 운영하고 있지만, 신흥 현지업체 러킨(루이

출처: https://www.starbucks.co.jp/reserve/roastery/

싱=瑞幸.서행)이 맹추격을 해오고 있다.

스타벅스에게 일본시장은 해외진출 1호점(1996년 긴자점)의 국가이기도 한데, 위의 리저브로스터리 점포 개점은 일본 내 각 지역별 차별화 전략의 채택을 상징한다. 우리나라의 경주에 해당하는 교토(京都)에는 平等院鳳凰堂('뵤도인'은 세계문화유산의 사찰, '호오도'는 일본국보) 앞에 우지뵤도인 오모테산도(宇治平等院表参道)점을 개점하면서 일본정원을 바라볼 수 있게 설계하였다. 또한 코베(神戸)에는 유형문화재(tangible cultural property)로 등록된 異人館(western-style residences: 일본의 개항 조치로 1869년에 유럽인·미국인 주거지로 개발) 중의 하나인 Kitano Monogatari-kan(北野物語館. 1907년 건축. 1995년 한신대지진으로 소멸. 2001년 시민모금으로 재건)을 '키타노이진칸'으로 2009년 개점하였다.

20-30대 여성고객에게 인기 있는 프라푸치노는 기간한정 메뉴를 수개월 단위로 투입함으로써 상품의 고부가가치화를 꾀하고 있는데, 투입될 때마다 인스타그램에 다수의 사진이 투고된다.

스타벅스의 브랜드 가치 제고에 기여하는 또 다른 요소로는 점원의 접객태도를 꼽을 수 있다. 접객 매뉴얼이 따로 없고, 40시간의 교육을 받고 점포 근무를 시작하는 스탭들은 3개월마다 인사고과(가치관 공유, 동기부여 등을 평가)를 받으며, 경력을 쌓게 되면 시프트수퍼바이저(shift supervisor: 상품발주 및 점원들 근무시간대 관리)로서 관리 업무를 수행할 수 있다. 스타벅스는 구인 광고를 하지 않지만, 직원들의 평판에 힘입어 연간 1만명 전후의 알바생들을 채용하고 있다. 문제는 알바생의 60%를 차지하는 대학생들이 주로 도시지역에 있기 때문에 교외지역 점포는 직원 모집에 애를 먹고 있다.

스타벅스는 2018년 2월에 상품발주 시스템을 반자동화로 하였다. 회사 전체의 매출액과 과거의 판매실적에 기초하여 발주량을 예측함으로써, 점포 스탭의 발주 업무 소요시간을 대폭 줄이게 되었다. 일본 최대의 SNS인 라인(LINE)과의 업무 제휴를 통하여 2020년부터는 모든 점포에서 LINE Pay로 현금 없는 결제를 가능케 한다. 아울러 2019년부터는 스마트폰 앱을 이용하여 사전주문 시스템을 가동함으로써 혼잡시의 대기 시간을 줄이게 된다.

가정과 사무실에서 소비하는 커피 수요를 공략하기 위하여 2018년 9월부터 우버이츠(Ubereats)와 제휴를 통하여 스마트폰 앱에서 주문을 받아 택배 서비스를 개시하였다. 또한 네슬레와 제휴하여 스타벅스 브랜드의 가정용 커피원두를 네슬레의 판매망을 이용하여 슈퍼마켓에 공급함은 물론, 사무실용 커피머신에서 사용하는 스타벅스 캡슐 커피도 네슬레가 판매한다.

이런 가운데 경쟁업체 코메다의 약진이 신경 쓰인다. 코메다는 가족 고객들이 와서 가볍게 먹을 수 있는 메뉴가 충실하여 교외지역에서 점포 확충에 기세를 올리고 있다. 스타벅스 메뉴의 약점이 바로 이것인데, 브랜드 이미지를 보전하면서 가족 고객층을 흡수하는 일이 과제로 남아 있다. 2019년 3월부터 거의 모든 점포에서 스탭이 제안한 오리지널드링크(시럽, 초콜릿 추가를 고객별 기호에 따라 주문)를 판매하고 있는 것도, 체험 중시·맞춤 중시의 혁신이다. 도심지역의 점포는 여전히 혼잡하므로 추가 개점을 통하여 이를 해소할 계획이고, 지방 점포는 학생에서부터 노인에 이르기까지 폭넓은 연령층의 지역 주민들이 모이는 커뮤니티 공간으로 만들어나갈 계획이라는 것이 CEO의 구상이다.

코메다의 독특한 제품정책은 바로 공장에서 커피를 드립하여 각 점포에 배송한다는 점이다. 아이치 현과 치바 현의 공장에서 추출한 커피의 풍미가 떨어지는 것을 방지하기 위하여, 곧바로 냉장 처리하여 10리터 병에 주입한 뒤 각 점포에 매일 배송한다.

이런 제품 전략이 가져다주는 장점은 첫째, 점포 업무의 간소화가 있다. 액상으로 입고되어 화로, IH히터 등으로 다시 따뜻하게 데운 커피를 열탕에 넣어둔 잔에 붓기만 하면 되므로, 아침 손님이 붐빌 때도 대기 시간을 줄일 수 있다. 커피뿐 아니라 식사메뉴도 알바생 누구든지 간단히 만들 수 있는 것으로 구성하였다(간판 메뉴 중의 하나인 '시로노와르'는 데니시 빵을 전자레인지 혹은 토스터로 따뜻하게 한 뒤에 소프트크림과 체리열매를 위에 얹기만 하면 된다).

또 다른 장점은, 맛의 균질화에 있다. 초기에는 점포에서 커피를 추출하였는데, 점포마다 맛이 다르다는 고객의 불만을 듣고서 창업주가 직접 본사에서 추출 후 각 점포로 배송하는 방식으로 변경하였다.

코메다가 고정고객(repeater)을 많이 확보하고 있는 원동력의 하나는, 개점부터 오전11시까지 제공하는 모닝서비스 상품에 있다. 음료를 주문하면 토스트와 삶은 계란이 추가로 제공된다. 고정고객의 좌석에 점원이 주문한 메뉴와 함께 조간신문이나 잡지를 갖다 주는 토탈서비스는 패스트푸드점, 셀프방식의 카페에서는 찾아볼 수 없는, 코메다만의 독특한 서비스 제공방식이다.

가격책정도 점포별로 상이하여 최저가격만을 설정할 뿐(중부지역 420엔, 다른 지역 440엔) 그 이상 얼마로 판매할지는 점포 재량이다. 이는 고객이 커피라고 하는 상품의 소비가 아니라, 느긋한 분위기에서 시간을 보내며 커피를 마신다고 하는 체험의 대가로 가격을 지불하는 것이라는 관점에서 이루어진 것이다. 가맹점이 본부에 납부하는 로열티 산정 방식도 코메다만의 특이성을 보여준다. 다른 식음료 프랜차이즈는 점포 매출액의 일정 비율을 로열티로 요구하는 반면, 코메다는 좌석 당 1500엔의 납부를 요구한다. 즉 점포의 좌석 수가 정해지면 매달 고정액을 로열티로 납부하기 때문에, 점포 매출이 늘어나면 그만큼 가맹점주에게 득이 된다. 그 대신 본부는 가맹점에 판매하는 커피와 빵 등의 식음료 매출이 압도적인 비중을 차지한다.

표 4 코메다와 스타벅스의 사업모델 비교

사업전략	스타벅스	코메다珈琲店
고객서비스 방식	셀프 서비스	토탈 서비스
점포운영 방식	직영점(90%)	FC(97%)
창업	1971년. 미국시애틀	1968년 나고야
커피추출장소	점포	공장
고객 회전율	비교적 높음	매우 낮음
상품 구색	음료 충실	식사메뉴 충실
모닝서비스 상품	없음	커피+토스트+삶은계란
도심 입지정책	역근처 1등지 점포	역에서 떨어진 건물2층
교외 입지정책	간선도로	이면도로
표적고객	젊은층 중심	모든 연령층

입지 전략을 보면, 스타벅스가 교외지역은 드라이브스루(drivethru) 주문 고객을 염두에 두고 국도 대로변에 점포를 개설하는데 비하여, 코메다는 국도에서 들어간 이면 도

로에 주로 점포를 운영한다. 이는 임대비용의 절감(국도 대로변에 비하여 월 임대료가 평균 20만엔 저렴)으로 이어져서, 고객이 장시간 점포에 체류하여 좌석회전율이 낮더라도 점포 운영의 경제성을 보장해줄 수 있다. 도심지역에서는 스타벅스가 역 근처 건물의 1층에 점포를 여는데 비하여, 코메다는 역에서 떨어진 건물의 2층에 주로 개점을 한다. 2019년6월 아오모리 현에 1호점을 개점함으로써 창업 51년 만에 일본전역(47개 광역지자체)을 아우르는 점포망을 구비하였다(週刊東洋経済. スタバ vs コメダ:知られざる頂上決戦. 2019. 04.20.).

❷ 종합할인점 '돈키호테'

소매업종의 종합할인점 업태에 속하는 '돈키호테'. 기존의 종합슈퍼마켓(GMS), 편의점 등이 점포운영의 통일성을 확보하여 고속 성장을 구가하였지만, 현재의 유통 환경은 획일성의 성공을 허용하지 않는다. 아마존을 필두로 한 인터넷통신판매업태의 등장이 이를 어렵게 한다. 따라서 아마존의 위협을 가장 뼈저리게 체감하고 있는 소매업체가 바로 획일적 점포 운영을 해 온 일반 소매업체들이다.

그런데 돈키호테는 1호점을 개점한 1989년 이래 29결산기 연속 매출과 이익의 증가를 이루면서 시가총액 기준으로 일본 유통업 전체 6위를 차지하고 있다(1위 패스트리테일링 5.6조엔, 2위 세븐앤아이HD 4.2조엔, 3위 이온 2조엔, 4위 니토리HD 1.6조엔, 5위 유니·패밀리마트HD 1.6조엔, 6위 돈키호테 1조엔). 주목할 점은 이토요카도 토요바시(豊橋) 지점이 폐점된 뒤 여기에 2017년10월 돈키호테가 개점하면서 의류와 잡화를 보강한 결과, 매출이 이토요카도 시절의 2배가 되었다는 점이다.

돈키호테의 점포 운영은 일반 체인소매점과는 정반대의 몇 가지 독특한 특징을 지니고 있다(週刊東洋経済. ドンキの正体. 2019.03.30.).

첫째, 정글과 같은 비효율적인 매장 공간을 편성하였다. 제조업체로부터 염가에 들여온 '까닭 있는 상품(제조중단 상품, 제조업체 과잉재고품, 유통기한 임박 상품 등)'을 점포에 진열하여 보물찾기와 같은 놀이 기분을 고객에게 제공하고 있다. 즉 고객의 점포 내 체류 시간을 최대한 연장하려는 것이다. 온라인 구매가 대세를 이루고 있는 유통환경에서 효율성을 중시하는 매장은 굳이 존재할 이유가 없다는 것이 돈키호테의 철학이다. 편의점 본부가 모든 가맹점에게 24시간 영업을 고집하는 이유도, 점포의 입지 환경에 따라 영업시간에 차이를 두면 물류의 효율성에 문제가 있어서 꺼리기 때문이다.

둘째, 수작업으로 작성한 POP광고물을 점내 곳곳에 배치하여 염가 상품의 충동구매를 자극하였다. 충동구매야말로 매장가치의 제고로 이어진다고 보고 있다.

셋째, 점포의 천정까지 상품을 진열하는 압축 진열방법을 채택하였다. 돈키호테는 정례상품 60: 특례상품(위에서 언급한 "까닭 있는 상품". 상자에 아무렇게나 넣고 「깜짝 놀랄 가격=驚安프라이스」 이라고 써붙인 상품) 40을 상품 진열의 황금률(golden rule)로 삼고 있다. 특례상품을 정례상품 옆에 진열하여 정례상품을 구입하는 김에 특례상품도 함께 고객이 구입하도록 유인하는 것이다(정례상품 매출이익률 18-20% vs 특례상품 매출이익률 30%대 초반). 정례상품은 경쟁점포와의 대응 차원에서 매출이익률을 낮추는 대신, 특례상품의 매출이익률을 높여서 전체 이익을 확보하는 비즈니스모델이 돈키호테의 차별화전략이다. 단, 특례상품은 위탁판매처럼 반품이 가능한 것이 아니기 때문에 유통점의 판매능력이 요구된다. 특례상품의 입고는 전용 웹 시스템을 설치하여 제조업체·도매업체가 '까닭 있는 상품'을 올리면 돈키호테의 전국 매장의 판매담당자들이 태블릿 단말기를 이용하여 주문한다.

넷째, '가격 점검원(price checker)'이라 불리는 직원이 주변 경쟁 점포의 가격동향을 수시로 점검하여 점포명을 적시한 가격비교표를 POP 광고로 제시하였다.

다섯째, 사원들에게 상품 카테고리별(식품, 일용잡화품, 가전제품 등)로 점포 내 운영권한을 부여하였다. 이들은 상품의 입하에서부터 진열, 가격 설정, 판매의 대부분을 결정할 권한을 부여받았다. 직원들의 실적 평가(기준은 담당 상품의 카테고리에서 보여준 매출액, 매출이익률, 재고회전률 등)는 6개월마다 이루어지는 급여평가에 반영된다. 그러다보니 조직풍토는 화기애애한 상부상조와는 거리가 멀다. 운영권한은 현장의 판단력을 요구하면서 동시에 현장의 판단력을 연마시키는 요소로 작용하고 있다. 향후 점포 확장을 지속적으로 추진하는데 선결되어야 할 과제가 인재 육성이다. 직원의 회사 정착률이 낮은 점은 오히려 기업의 개성이 명확하다는 증표이므로, 경쟁이라는 개성에 맞지 않거나 적응하지 못하는 직원들이 이직하는 것은 당연하다는 것이 경영진의 생각이다.

여섯째, 직원 채용의 기준을 파격적으로 하였다. 학력 따위는 개의치 않고 오로지 야심에 찬 직원들을 고용하였다. 호스트클럽 출신 등의 불량소년을 채용하여 이들의 헝그리정신을 맹렬한 영업활동으로 변모시켰다. 그러나 기업규모가 비대해지면서 야심보다는 중간이나 하려는 직원이 늘어날 우려는 배제할 수 없다.

일곱째, 영업시간을 심야까지 연장하여 심야시간에만 상품구매를 할 수 있는 고객층까지 표적으로 삼았다. 특히 외국인관광객의 명소로 자리 잡으면서 면세매출(주로 의약품, 화장품)이 전체 매출의 10% 정도를 차지하게 되었다. 물론 심야영업으로 인하여 2000년대 초반까지만 해도 주변 주민들의 소음에 대한 항의 등이 이어지기도 하였다. 이 점은 2007년에 종합슈퍼체인점 나가사키야(長崎屋)를 인수하여 기존의 정육, 생선 등의 신선식품에 일용잡화품을 보강하여 'MEGA돈키호테'로 새로 출발하면서 불식할 수 있었다. 고객층을 가족단위로까지 확대하는데 성공하면서 성별 고객구성비에 변화를 가져왔다(이전에는 남성고객 60%, 현재는 여성고객 70%). 매출의 35%는 식료품이, 매출이익의 80%는 비식품계열이 점하고 있다. 즉 저가격의 식료품으로 고객의 내점 빈도를 높이고 비식품계열로 이익을 거둔다는 전략이 먹힌 결과, 2011년에 나가사키야는 흑자로 전환하였다.

돈키호테의 PB 상품 브랜드 '情熱가격'을 개발할 때는 어떤 상품을 얼마의 물량에 판매하겠다는 매출과 이익의 계획은 없다. 따라서 PB 상품의 매출 규모(2018년 900억 엔)는 전체 매출의 10%에 불과하다. 개발 전략은, 좌우지간 염가책정이다. 판매가를 먼저 설정한 뒤에 그 가격 수준에 맞는 상품을 개발하는데, 상품의 기능은 소비자가 필요로 하는 최소한으로 줄인다. 가령 50인치 4K 해상도의 TV 가격이 대기업 제품 10만 엔에 비하여 5만 엔 대(소비세 별도)로 설정하여 매장에서 동이 나는 소동이 빚어질 정도이었다. 그러나 PB 브랜드가 염가 일변도인 것만은 아니다. '정열가격플러스', '정열가격프리미엄'과 같은 비교적 고가격대의 PB 상품들도 갖추고 있다. 가령, '驚풍량드라이어'(7980엔)는 업계 최대의 풍량을 소구 포인트로 설정하고, 가격은 영국 브랜드 다이슨의 수 만 엔 대의 가격과 비교하여 가성비(cost-performance)를 유감없이 발휘하였다. PB 상품의 절반은 아예 브랜드명이 없는 노브랜드 상품이다. 그 중에는 농가와 계약을 맺고 재배 단계에서부터 생육 환경을 관찰하는 구운 감자 상품도 있다. 60명의 인력이 근무하는 상품개발부문은 PB 상품의 개발은 물론, 협력제조업체의 개발(현재 베트남, 미얀마 등지의 수백 개 업체와 협력 중)도 맡고 있다.

해외시장 진출을 위하여 회사명을 PPIH(Pan Pacific International Holdings)로 개편하였고, 미국과 싱가포르에 이어 2019년2월에는 태국의 방콕에 '돈돈돈키'라는 상호의 1호점을 개점하였다. 방콕 1호점은 내점 고객의 폭주로 주변 도로의 교통적체 및 계산대 대기 손님의 장사진과 같은 해결 과제를 부산물로 가져왔다. 외국시장에서 일본 식료·잡화품은 일본국내보다 2-3배의 가격에 판매되지만, 돈키호테는 1.5배로 낮추어 가격 우위를 확보하고 있다. 향후 해외시장에서 1조 엔의 매출을 달성하는 것이 중·장기 목표인데, 이를 위하여 개설 점포수를 설정하지는 않고 있으며, 기회가 있는 곳에 진출한다는 방침이다. 대만, 말레이시아, 필리핀에 추가 진출을 염두에 두고 있고, 중국은 맨 마지막 진출 후보시장으로 두고 있다. 이유는, 빈번한 법 개정으로 경영 환경의 예측 면에서 불확실성이 높기 때문이다.

1949년 일본 기후현에서 출생한 창업주 야스다(安田)씨는 케이오(慶応)대학 졸업 후 부동산회사에 취업하였지만, 입사 후 10개월 만에 회사가 도산하여 도박으로 입에 풀칠하는 생활을 하였다. 800만 엔을 모아서 1978년 도쿄 스기나미(杉並) 구에 잡화 할인점 '도둑시장(泥棒市場)'을 개점하였다. 그 후 1989년에 돈키호테 1호점을 개점, 적자를 보았는데, 매장의 코너별 담당자에게 전권을 일임하고 나서 활기를 찾고 수익을

출처: https://www.donki.com/j-shokunin/

거두기 시작했다. 2003년에는 의약품의 TV홈쇼핑 판매를 둘러싸고 후생노동성(우리나라 보건복지부와 노동부의 합성)과 대립을 보인 뒤, 2004년에 판매의 법적 승인을 받아내는 기염을 토하기도 했다. 2015년에 CEO 자리를 물려주고 나서 싱가포르로 거주지를 옮겼다. 2019년 1월 PPIH의 이사로 갑자기 복귀한 것은, 싱가포르 점포의 성공적 운영에 고무되어 아시아 시장 진출의 진두지휘를 맡기 위함이라는 추측도 나돌고 있다.

❸ 유니클로

일본의 지방 기업에서 세계 제3위의 매출을 자랑하는 의류 제조 소매업(SPA)으로 성장한 유니클로 브랜드를 전개하는 기업 패스트리테일링(Fast Retailing)이 세계적인 브랜드가 된 배경에는, CSV(Creating Shared Value:공유가치의 창조)에 있다. CSV란 사회적 가치와 경제적 가치를 모두 추구하는 경영전략으로서, 2011년에 하버드의 마이클 포터 교수가 제창한 개념이다.

심리학자 매슬로는 욕구단계설(Needs Hierarchy)에서 인간의 하위 욕구가 충족되면 상위 욕구의 충족으로 이행한다고 하였지만 어느 단계에 이르러서는 물질적 성장이 아닌 곳에서 풍요로움을 추구할 필요가 있다. 매슬로는 만년에 제6단계로 "자기초월 욕구"를 제창하였는데, 이는 자신만의 행복이 아니라, 주위 사람들까지 행복하게 하는 이타적 생각의 발로이다.

옷의 세계에서 욕구단계를 생각해 보면, 예전에는 옷이 생리적 욕구, 안전욕구의 단계에서 추위나 기후 변화 등으로부터 몸을 지키기 위한 것이었다가, 자신을 꾸미거나 자기주장을 위한 것으로 상승하였고, 그 다음 단계에서는, '자신다움을 입어 보기'로 진화한다.

패스트 리테일링은 '라이프 웨어'와 '컴포넌트 소프트웨어'의 두 가지 개념을 강조하고 있는데, 라이프 웨어는 착용감, 기능성, 품질이 뛰어나면서 적당한 가격에 구입할 수 있는 일상복으로서, 프리즈나 히트텍 등이 그 대표적인 예이다. 다른 패션 브랜드들은 유행을 추구하지만, 유행하는 제품은 제철인 시기에 매진하지 않으면 낭비라서 지속 가능한 비즈니스 모델은 아니다. 유니클로가 추구하는 것은, 어느 시대에도 통용되는 보편적인 스테디셀러 상품인데, 컴포넌트 소프트웨어는 '부품으로서의 옷'이란 뜻으로, 디자인이나 브랜드의 개성을 전면에 내세우지 않고, 다른 브랜드와 어울리기 쉽게 제작한다(PRESIDENT Online, 2017. 8.21).

④ 오프라인 점포의 경쟁우위

2019년 6월 25일~28일 시카고 McCormick Place에서 열린 "Retail-X". EC업계에서 친숙한 인터넷 소매점을 위한 연구회와 전시회인 IRCE 및 RFID 관련 행사, 소매 디자인과 기술, 점내 마케팅 이벤트인 "GlobalShop"이라는 3개 컨퍼런스의 통합 행사가 진행되었다.

첫 번째 연사인 Doug Stephens의 "The Future of Retail in a Post-Digital World"에서는 향후 기업은 데이터 기업이 아니라 경험을 제공하는 기업이 되어야 한다는 점을 강조하였다.

미국에서는 "DNVB"가 적극적인 오프라인 전개를 급속 확대 중인데, DNVB는 "Digital Native Vertical Integrated Brands"의 약자로, "디지털·네이티브를 기점으로 태어난 버티컬 카테고리(밀레니얼 세대)에 특화한 브랜드"를 말하며, 속칭 v-commerce brand라고도 하는데, 전자상거래에 편승하려는 종래의 오프라인 점포와는 다르다고 한다.

DNVB의 특징은 첫째, 기술 덕분에 제조직판이 가능해졌고, 높은 총이익률을 구가하고, 둘째, 인플루언서가 SNS 상에서 팬들에게 브랜드 체험을 확산시키며, 셋째, Amazon, 쇼핑몰, 전자상거래들과 경쟁하지 않는 제3의 유통 채널이며, 넷째, 스타트업 창업 마인드가 있으며 고객에게 전하고 싶은 아이템이나 서비스에 애착이 강하고, 다섯째, 팬으로 발전한 충성고객의 정보를 확보하고 있다는 점이다. 오프라인 점포를 보다 매력적인 "미디어"로 만들려면 놀라움(Surprising), 독특함(Unique), 개별 맞춤(Personalized), 관여(Engaging), 재구매 용이(Repeatable)라고 하는 요소의 활용으로 훌륭한 고객체험을 제공해야 한다.

3일째의 강연을 맡은 Framebridge(온라인 사진프레임 서비스 제공업체)의 수전 타이넌

(Susan Tynan)은 고객 제일주의를 실현하기 위한 포인트로서 첫째, 회사의 이익보다 소비자가 요구하는 것 제공하기, 둘째, 감정을 소비자에게 전달하기, 셋째, 고객이 요구하고 있는 것을 최우선으로 삼을 것, 넷째, 데이터에 현혹되지 말고 고객의 목소리를 경청하기, 다섯째, 업종에 상관없이 자사가 중시하는 체험과 서비스를 가장 잘하는 기업을 본보기로 삼을 것을 꼽았다.

돈키호테를 운영하는 팬퍼시픽인터네셔널 홀딩스의 2018년 하반기 연결 결산은 매출 5134억 엔, 영업이익 300억 엔, 당기순이익 236억 엔으로 과거 최고치를 경신. 소매업계에서는 아마존 등의 인터넷 통신판매가 큰 존재감을 보이고 있는데, 돈키호테의 오프라인 점포의 매력은 무엇인지를 이용자들에게 인터뷰한 내용은 다음과 같다.

"별로 살 생각을 하지 않았는데, 왠지 사 버린다고 할까, 이상한 매력이 있어서 결국에는 오래 머물게 되어 뭔가를 사버리게 된다. 특히 주말 심야에 가면 충동구매가 잦은데, 가장 유혹에 빠지는 시간대는 심야라고 생각한다. 유연제가 다 떨어져서 사러 갔는데, 미로 같은 공간에서 보물을 찾는 기분이 들어, 예정에 없던 것을 구입하는 일이 많다. 그런 쇼핑의 설렘이 있다는 게 즐거움이다. 교외 점포에는 심야에 양키 커플과 외국인들로 가득 찬데, 위아래를 저지(jersey)로 차려입고 키티짱 슬리퍼 차림을 한 양키 커플들이 브랜드 매장과 모자, 향수, 잡화 코너에 붐빈다. 야간업소 여성과 남자가 이야기하고 있거나, 고국의 음식을 만들려고 외국식자재를 사는 광경도 목격한다." 집에서 마실 술과 안주를 사는 일이 많다는 이용자는 돈키호테의 매력을 안심감과 분위기라고 말한다. 목적 이외의 물건을 살 필요가 생길 때 돈키호테에 가면 반드시 있을 것이라는 안심감은 마음을 든든하게 해주고, 다른 손님이 보고 있는 상품에도 관심이 쏠려 결국 사버리는 일도 돈키호테에서만이 가능하다는 것이다(ネットショップ担当者フォーラム, 2019.7.24. 및 マネーポストweb, 2019.7. 24.).

Evernote 18 일본이 좌측통행을 하게 된 경위

- 아시아 국가들의 교통 통행방향은 식민지 지배로 결정되었음. 베트남, 라오스, 캄보디아의 우측통행 = 프랑스의 식민지, 홍콩, 싱가포르, 말레이시아, 인도, 파키스탄, 방글라데시, 네팔, 부탄의 좌측통행 = 영국의 식민지, 인도네시아, 마카오 좌측통행 = 네덜란드와 포르투갈이 원래는 좌측통행(현재는 네덜란드와 포르투갈 모두 우측통행).
- 유럽 대륙의 우측통행은 18세기 초 나폴레옹 전쟁 이후, 그의 지배에 들어간 유럽 대륙의 제국에 프랑스의 우측통행이 이식. 나폴레옹은 군사상의 필요성으로 우측통행을 제도화. 당시는 마차 시대로 프랑스에서는 4두 마차의 경우 마부는 선두 2마리의 말 중 왼쪽의 말에 타고 제어. 이 때문에 도로의 오른쪽을 주행하는 것이 마부에게 안전(제어하는 말이 도로의 중앙 가까이에 있게 되므로). 19세기 말 자동차 시대가 시작되자 마차를 본떠 우측통행의 왼쪽 핸들(스티어링 휠)로 정착.
- 반면 영국에서는 마상이 아닌 중앙에 위치한 어좌대에 앉아 마차를 제어하였고, 오른팔로 오른쪽 말을 제어하는 것이 쉬워서 좌측통행이 주류. 미국이 우측통행을 하게 된 것은, 영국과 장기간에 걸쳐 반목하던 관계이었기 때문이며, 캐나다는 영국 자치령이면서도 우측통행으로 전환하였는데 이는 미국과 육지로 연결되어 있기 때문임.
- 프랑스군, 독일군을 모델로 한 일본 육군이 우측통행을 제도로 도입한 것은 당연. 그런데 도로가 좌측통행이 된 것은 1900년의 경시청령(도로단속규칙)에 따른 것. 초대 경찰강습소장 마츠이 시게루는 특별한 이유나 연구에 근거한 것은 아니라, 왠지 좌측통행이 좋을 것 같아서 그리했다고. 굳이 말하자면, 마츠이가 육군을 설득하는 과정에서 왼쪽 허리에서 칼을 뽑는 흉내를 냈다고 함. 193개 유엔 가입국 중 좌측통행인 나라는 55개국.

(자료: JB Press, 2018.2.28.)

08

시장개발과 정보발신

수렵형 고객포섭은 기존고객, 신규고객 관계없이 붐을 일으켜서 열광적인 고객군을 확보하는 것이고, 농경형 고객포섭은 긴 시간을 두고 기존고객과 대화하면서 공동으로 가치를 창출하는 것에서 그 차이점이 있다(渡部弘き, 2019: 23). IMC(Integrated Marketing Communication)는 고객주도를 내세우지만 실제로는 잠재고객을 발굴하여 메시지를 전달하고 구매를 유인하는 Product-Out 방식의 수렵형 마케팅 수단이라고 본다(渡部弘き, 2019: 26). 고객지원센터도 장기적 충성고객을 창출하기 위한 고객만족 활동에 요긴한 부서인데도, 기업은 비용이 드는 단위로 생각하여 규모와 예산을 삭감하기도 한다. 기존사업, 기존고객의 관리보다 신규사업 발굴, 혁신 등에 자원을 더 많이 투입하기를 선호한다. 후자에서 성과를 보인 구성원이 조직 내에서 승진하는 현상은 이를 뒷받침한다.

1. 마케팅 커뮤니케이션

인간이 정보를 청각을 통하여 입수할 경우, 해당 정보가 3일 후에도 기억에 남는 비율은 10%에 불과하지만, 삽화에 의한 시각을 통하여 입수할 경우에는 35%로 늘어난다고 한다(小山田育, 2019: 58). 따라서 정보 전달자는 이를 삽화 등의 시각 자료로 전환할 수 있는 능력(Visual Literacy)을 구비해야 한다.

이를 기업가치의 제고와 고객충성도 확보를 목표로 하는 브랜드 전략에 적용한다면, 고객이 기업과의 여러 접점에서 만나는 브랜드의 정체성이 일관성 있게 공감될 수 있도록 Look & Feel의 감각적 노력이 돋보여야 한다. 여기서 유념할 점은, 고객을 만인으로 설정할 것이 아니라, 어떤 고객에게 공감을 받을지를 결정해야 한다. 그러기 위해서 활용하는 지표가 인구통계 데이터(demographics), 심리통계 데이터(psychographics)이다.

틈새 브랜드의 경우, 제한적인 구매자 크기, 낮은 브랜드 인지도 등으로 인하여 처음부터 오프라인 매장을 유통채널로 채택하게 되면 판매 부진에서 벗어나기 어렵다. 소비자들이 SNS를 이용하여 정보검색을 하는 목적은 최신 정보를 빨리 입수하고 싶어서(49.6%), 실제 이용자의 생생한 의견을 직접 알고 싶어서(31.7%)의 순으로 나와 있다(일본총무성, 정보통신백서, 2017). 따라서 틈새 브랜드는 SNS를 통한 브랜드 알리기와 1대1 마케팅을 전개하는 것으로 소비자 반응을 유도하는 것이 바람직하다. 이 때 중요한 것은 그러한 정보 전달의 메신저가 누구이냐는 점이다. 소비자가 신뢰할 수 있는 인물을 통한 정보 확산이 지름길이다.

일본의 소비자들은 상품의 구매결정 과정 중 정보의 탐색 단계에서 가장 많이 이용하는 수단으로 점포에 진열된 상품의 표시정보에 의존하고 있어서(2012년 50.2%→2015년 55.1%: 野村総合研究所.生活者年末ネットト調査) 여전히 아날로그 방식의 구매결정 스타일을 선호하고 있다고 볼 수 있다. 여기에 판매점원의 의견(30.2%→35.4%)까지 합치면 오프라인 점포라는 공간이 가장 강력한 정보원의 역할을 한다. 뒤를 이어서 TV 광고를 채택하고 있지만 그 비중이 감소추세(51.1%→44.8%)에 있다. 특히 20대 연령층의 25%는 TV를 거의 시청하지 않는다고 답변하였다. 반면 온라인의 평가사이트·블러그의 영향력이 크게 높아진 점(23.9%→34.2%)이 주목할 만하다. 여기에 인터넷에서 보여주는 판매정보(22.0%→29.6%)까지 더하면 온라인 정보원의 비중이 갈수록 높아지고 있음을 확인할 수 있다.

❶ 하겐다즈

기업이 핵심역량을 구비하고 이를 경쟁우위로 구현하더라도 소비자에게 제대로 전달되지 못한다면 구입으로 이어지지 못한다. 하겐다즈 아이스크림을 먹어보고 나면(구입 후) 그 맛을 알 수 있지만, 먹어보기 전에는(구입 전) 그 맛을 알 수 없기에, 소비자에게 중요한 것은 '맛있을 것 같다'는 인상을 주어야 한다. 바로 이런 인상을 심어주기 위한 정보발신이 제품, 가격, 입지, 촉진의 4P를 통하여 성공적으로 이루어져야 한다. 즉 4P

는 기업의 제품전략을 구체화한 것으로서, 이들 4P 간에는 일관성이 유지되어야 한다. 많은 기업들은 자사의 제품이 탁월한 가치를 지니고 있음에도 소비자들이 구입하지 않는다는 하소연을 한다. 그 원인은 정보발신을 제대로 하지 못하여 소비자에게 탁월한 가치가 전달되지 못하였던가, 또는 가치가 탁월하다고 생각하는 것은 판매자일 뿐, 소비자는 전혀 그렇게 생각하지 않는데 있다.

하겐다즈 아이스크림의 경우, 여배우를 광고모델로 기용하여 농후하고 달콤한 맛을 관능적으로 전달하고, 광고 문구에는 '하루가 끝나고 두근거림을 한 스푼 떠낸다'고 하여 하루 근무를 무사히 마친 자신에게 위로와 칭찬을 한다는 메시지를 전하고 있다. 포장에도 문구뿐 아니라 삽화를 통하여 같은 메시지를 담고 있다(佐藤義典, 2018, p.181).

표 5 하겐다즈의 4P

Product	제품 가치를 구현	농후한 맛을 지닌 냉동 밀크류
Price	제품 가치의 대가	고가격 설정으로 이익 창출
Place	제품 가치를 배달	슈퍼마켓·편의점 구입→ 일상의 사치
Promotion	제품 가치를 전달	CM·포장으로 관능적 농후함 전달

자료: 佐藤義典, 2018, p.189.

하겐다즈재팬이 2019.08.01.-08.16에 일본전국 7군데에서 개최한 캠페인 「Häagen-Dazs TRAVELING SHOP」
출처: https://www.haagen-dazs.co.jp/company/newsrelease/2019/_0718.html

❷ 헤어케어업체 '아이엔이'

의류, 건강식품, 미용제품 등 수요의 세분화 경향이 강한 카테고리에서 온라인 커뮤니케이션의 마케팅 영향력은 두드러진다(동남아 6개국 시장의 유력 전자상거래 몰로는 Lazada가 있음). 일본의 벤처기업 아이엔이(I-ne)는 머리관리용품 브랜드 Botanist를 2015년에 출시하면서 TV광고를 일체 하지 않았지만 2017년까지 총 2,500만 개의 판매실적을 기록하였고, 일본의 온라인쇼핑몰 최대 사이트인 라쿠텐(낙천)의 '라쿠텐 베스트 코스메' 부문에서 3년 연속 1위를 차지하였다(山口恵市, 2018: 36). 그 배경에는 성분의 90% 이상이 천연성분과 청정수로 구성되어 있다는 점, 해외에서도 인정을 받고 있다는 점 등을 소구(appeal) 포인트로 삼아서 브랜드 스토리를 엮어 나갔고, TV의 리얼리티 프로그램 출연자들이 SNS로 '보타니스트' 사진을 투고하여 화제와 공감을 불러일으킨 점이 자리잡고 있다.

출처: https://i-ne.co.jp/business/brand/

❸ 덮밥체인점 '스키야'

일본의 덮밥 체인점 '스키야(すき家)'는 1위 업체인 '요시노야(吉野家)'에 이어 2위 자리에 안주하다가 브랜드 재구축을 통하여 요시노야를 제치고 업계 수위에 등극하는데 성공하였다. 이 업체의 브랜딩 전략을 STP에 입각하여 간단히 살펴보면 다음과 같다(渡我部一成, 2019: 93).

시장세분화(segmentation)에서는 기존에 덮밥시장을 설정하였으나 이를 외식(및 점심시장)시장으로 바꾸었고, 표적설정(targeting)에서는 직장남성에서 가족 및 여성으로 변경하였고, 자리매김(positioning)에서는 '빠르고 저렴하고 배부르게'에서 '바깥에서 즐거운 식탁을 가벼운 마음으로'로 재설정하였다. 이러한 STP의 변경을 구체화한 4P로는 풍부한 메뉴의 제공(product), 여성 고객이 들어오기 편안한 분위기 조성 및 테이블 좌석의 신설(카운터 좌석뿐 아니라: place)이 있다.

❹ 레드불

에너지드링크 카테고리에서 전 세계 시장의 70%를 점하고 있는 레드불(redbull: 1987년 디트리히 마테시츠 Dietrich Mateschitz가 창업한 오스트리아 기업)은 운동이나 업무 등 일체의 활동을 신명나게 하고 싶을 때 마시는 음료로 자리매김을 하였다. 즉 피로회복을 강조하는 기존의 영양음료가 마이너스를 없애는 일에 자리매김한 것이라면, 레드불은 플러스의 기운(에너지)을 솟구치게 한다는 발상의 전환이 주효한 셈이다.

마케팅믹스 중 하나인 촉진(promotion)에서도 이를 강조하기 위하여 익스트림 스포츠를 적극 후원하고 있다. 에너지 충전이라는 기능가치와 더불어 신명나는 놀이라고 하는 경험가치까지 아우른 전략인 것이다. 익스트림 스포츠의 후원은 표적고객을 기존의 30대 남성에서 10-20대 청년층으로 확산시킬 수 있었다. 여기에 경쟁제품의 출현(일본시장에서는 아사히음료가 '몬스터 에너지' 출시)으로 시장규모가 확장하는 효과까지 나타나고 있다.

Evernote 19 일본 관광지 전통여관의 문제점

- 외국인 관광객이 연간 2900만 명 찾는 태국에는 5성급 호텔이 110개, 연간 3200만 명이 방문하는 멕시코에도 93개. 139개국을 대상으로 한 분석에서 관광수입과 고급호텔의 수 사이에는 91.1%의 상관관계가 있는 것으로 규명. 일본의 관광정책은 부유층 관광객 유치를 중시해 오지 않아서, 관광객 1인당 소비액이 세계 제46위에 불과.

- 외국인 입장에서 일본의 전통여관에는 많은 장벽이 존재. '여관이 전통적인 일본 문화'라는 생각에도 의문. 지금과 같은 일본 여관의 스타일은, 2차 대전 후 관광이 대중의 레저로 자리 잡으면서 확립된 것.

- **문제점 1: 장기 체류에 부적합.**

  관광객 수보다 관광 수입을 중시하는 전략에는 장기 체재가 필수. 한 곳에 오래 머물고, 그 주변에서 다양한 관광, 음식, 쇼핑에 돈을 지출하게 해야 함. 외국인 관광객의 평균 체재 일수는 10일이고, 아시아 지역 관광객을 제외하면 14일. 전통여관에서 저녁에 나오는 호화로운 코스 요리는 하루, 이틀 정도는 신선미와 즐거움이 있겠지만, 열흘 간 먹기는 버거움.

- **문제점 2: 패밀리 고객층에 부적합.**

  일본의 전통여관인 료칸(여관이라는 한자의 일본어 발음)에서 가족이 같은 방에서 묵는 문화가 없는 외국 관광객들에게 1박은 몰라도 2주 동안 계속하는 것은 무리. 또 일본여관의 숙박비에는 대부분 식비가 포함되어 있는데, 메인 요리를 제공받게 되면 상당한 비용을 숙박비로 지불. 그런 호사스런 식사를 하지 않는 어린아이가 있는 가족에게 여관은 호텔보다 비싼 숙박시설. 방 개수를 기준으로 숙박비를 청구하는 게 아니라, 동일 개수의 방이라도 인원수에 따라 청구하면 가족에게 2주일 치 숙박비는 터무니없이 올라감.

- **문제점 3: 룸서비스가 불충분.**

  외국인이 일본에 열흘 간 체류하게 되면 당연히 의류 세탁을 해야 하는데, 그런 룸서비스를 하는 여관은 소수에 불과. 대부분 지도를 보여주며 동네의 코인세탁소를 안내. 배낭여행자라면 몰라도, 한정된 시간 안에 일본을 즐기려는 외국인 관광객에 대한 대접은 아님. 또한 긴 비행시간 끝에 도착하여 시차 적응으로 좀처럼 잠을 못 이루는 야간에 뭔가 먹고 싶다는 요망에 부응하는 룸서비스를 제공하는 여관도 부족.

- **문제점 4: 밤에 즐길 거리가 없다는 점.**

  일본 료칸의 프론트는 밤10시쯤 되면 직원이 없으며, 출입시간 제한을 정하는 여관도 적지 않음. 옆 방 투숙객을 생각해서 조용히 지내야 하는 것도 신경쓰임. 잠자는 모드로 바뀌는 일본의 밤을 자그마치 열흘씩이나 견디는 것은 외국인 관광객에게 너무 가혹.

- **문제점 5: 두드러진 노후화.**

  특히 지방 여관의 시설은 벽지가 벗겨져 있거나 욕실이 낡았다거나 다다미(일본식 방바닥)를 교체한 지가 꽤 오래된 경우가 많음.

요약하기

이 장의 내용을 요약, 정리해봅시다. 양서를 보면 저자가 깔끔하게 요약해놓은 걸 볼 수 있지만, 다 차려놓은 밥상에 숟가락 하나 얹는 일은 고교 때까지로 끝냅시다. 예비 사회인인 대학생이라면 자력으로 모든 걸 정리할 능력을 구비해야 할 것입니다.

소감쓰기

이 장을 읽고 본인이 느낀 소감을 써봅시다. 어떤 자료가 주어지든 그 자료가 함의하는 바를 나름대로 말하고 써내려가는 것이야말로, 주어진 답을 작성하는 것이 아니라 자기만의 답을 만들어가는 역량일 것입니다.

PART 3

마케팅 믹스

09 프로모션

1. 온라인 프로모션

일본에서 소비자들의 미디어별 이용 순위를 보면, TV(153분), 휴대전화(80분), PC(68분), 라디오(29분), 태블릿(20분), 신문(20분), 잡지(13분)의 순으로 나왔다(1일 이용시간, 동경 거주자, 출처:博報堂DYメディアパートナーズ,メディア定点調査2015). PC의 이용시간이 2011년을 정점으로 감소한 반면, 휴대전화의 이용시간이 늘어남으로써, 모바일 주도의 변화를 읽을 수 있다. 소셜미디어의 이용 순위는 LINE 55.1%, 패이스북 28.1%, 트위터 21.9%의 순이며, 특히 일본의 20대 중 90.5%가 라인을 애용하는 것으로 나왔다. 온라인 미디어의 신예로서 미국에서는 The Huffington Post(2011년 AOL이 인수), BuzzFeed(입소문의 바이럴미디어의 대표), ProPublica(온라인미디어로는 최초로 2010년 풀리처상 수상) 등이 활약하고 있다. 유투브의 시청에 관한 닐슨(Nielsen)의 조사(2015년 9월 발표)에 따르면, 스마트폰을 이용한 미국과 일본의 시청 상황은 1일 중에 저녁 7-9시가 가장 많은 것으로 나왔다.

세계 최초의 온라인 광고는 미국의 잡지 Wired의 온라인판 HotWired가 1994년에 AT&T, 볼보 등 14개 업체의 배너 광고를 한 것이다(배너는 가로현수막의 뜻. 웹사이트의 상단에 배치하기 적합한 가로로 긴 광고판의 모습과 같아서 칭함. 자료: MarkeZine編集部, 2016, p. 38).

광고가 어느 정도의 소비자에게 전달되었는가를 가리키는 용어가 Reach(도달률)이고, 일정 시간대에 방영된 광고를 시청한 비율을 GRP(Gross Rating Point: 종합시청률)라고 한다. 온라인 광고의 유형 중에 리스팅 광고가 있는데, 이는 검색키워드와 연동되는 광고와, 열람하는 콘텐츠에 연동되는 광고를 합친 의미이다. 대표적인 리스팅 광고에는 구글의 Adwords, Adsense가 있다. 검색키워드 연동형 광고는 표시되는 것만으로는 요금이 청구되지 않으며, 이용자가 해당 광고를 클릭해야만 비용(Cost Per Click: CPC)

이 청구된다. 일본의 경우, 온라인 광고 중에서 검색연동형이 스마트폰 광고 지출액의 35%(2014년 기준 1194억 엔, 자료:電通日本の広告費)로 가장 높은 비중을 차지하고 있다.

온라인 광고가 지닌 효과에는 노출(impression), 접속(traffic), 반응(response)의 세 가지가 있다(MarkeZine編集部, 2016, p. 43, 149). 노출은 온라인 이용자가 광고를 보고 해당 브랜드를 인지하든가 혹은 호감을 가지는 것, 접속은 광고를 클릭하여 해당사이트에 방문하는 것, 반응은 브랜드 구입과 같은 즉각적 반응의 효과를 가리킨다. 이처럼 온라인 광고가 지닌 특정 효과를 달성한 비율을 가리켜 전환율(Conversion Rate: CVR)이라고 한다. 노출의 경우, 이용자가 화면을 아래로 내리지 않고도 보이는 가시 노출(viewable impression)이 중요하다. 디스플레이 광고는 픽셀의 50%, 1초간을 기준, 비디오광고는 픽셀의 50%, 2초간을 기준으로 각각 삼는다. 접속의 경우, 이동할 사이트의 특정 세션으로 이동할 것을 지정하는 직접접속(Deep Link)도 있다. 반응 효과의 경우, PC에서는 브랜딩이나 상품채택 등을 목적으로 삼는데 비하여, 스마트폰에서는 판촉이 주된 목적이다(MarkeZine編集部, 2016, p. 130). 사업 운영에 미치는 스마트폰(모바일) 광고의 기여가 높은 항목으로는 고객층 확장(27.3%), 매출(24.7%), 잠재고객 확대(22.6%)의 순으로 나왔다(자료: 日経企業のインターネット広告·モバイル広告利用動向調査).

초기에는 온라인기사와 온라인광고를 동일한 웹서버에서 송신하였으나, 지금은 웹서버는 기사, 애드서버는 광고를 각각 송신하는 시스템으로 바뀌어서 그만큼 유연성이 높아졌다. 예를 들어 동일한 웹페이지를 다시 로딩하면 표시되는 배너광고가 달라지는 점을 들 수 있다. 제3자송신플랫폼은 온라인광고미디어가 하는 것이 아니라, 제3자가 운영하는 중앙플랫폼이 여러 온라인미디어에 광고를 송신하는 방식인데, 이 경우 광고주는 개별 미디어와 일일이 상대할 필요도 없고, 송신결과를 제3자로부터 정리된 보고서 형태로 받아보는 장점을 누린다(MarkeZine編集部, 2016, p. 53).

온라인 광고의 구매 가격 중에 실시간 입찰가격은 자동 프로그램을 이용하여 광고의 재고량(온라인 공간에 배치할 수 있는 양)에 따라서 정해진다. 물론 100% 완전자동화는 인공지능을 빌려야 가능하다.

온라인광고에도 마케팅에서 사용하는 표적설정이 있다. 광고 효과를 높이기 위하여 광고를 보낼 사이트를 특정화하거나(site targeting) 혹은 사이트 내의 카테고리를 특

Evernote 20 '위드 코로나'를 통해 살펴본 일상 속 일본식 영어 표현

우리가 즐겨 먹은 '식빵(일본어 발음으로는 '쇼쿠빵')이라는 표현은 '주식용 빵'의 약자라는 설이 유력하다. 일본에서 빵 문화가 퍼질 때 외국에서는 주식으로 빵을 먹었기 때문인데, 일본어의 영향을 강하게 받고 있는 대만에서는 '숍빵'이라고 한다(자료: nlab.itmedia.co.jp›articles›news012).
요즘 즐겨 사용되는 표현 중 '최애'는 일본식 표현으로서 '사이아이'로 발음되는데, 필자가 1997년3월 학위수여식에서 졸업생 대표로 인사할 때 썼던 표현으로 기억이 생생하다. '흑역사(=쿠로 레키시)'도 그 전에는 '어두운 역사' 혹은 '암흑의 역사'라고 써왔는데 어느새 일본식 표현이 대세로 자리 잡고 있다. 아무리 같은 한자문화권이라지만 우리식 표현을 일본이 쓰는 경우는 없는데 그 반대는 비일비재인 점이 씁쓸하고 언짢다. 대표적인 것이 연구소 등에서 발간하는 책자에 자주 쓰이는 '...방안(方案)'. 이 표현을 박사논문 지도교수께 제출한 글에서 사용했더니 이런 용어 모른다고 방책(方策)으로 고치라고 한 기억이 새롭다. 영어조차 마찬가지다.
일본 유학시절 주재원 자녀 영어 과외하면서 도서관에서 빌린 '화제(和製=일본식)영어' 라는 표지의 책을 보니, 콘센트(consent=동의하다)는 플러그, 컨닝(cunning=교활한)은 치팅(cheating), 볼펜은 볼 포인트 펜(ball-point pen), 운전석 핸들은 스티어링 휠(steering wheel. handle은 자동차 문의 손잡이), 바바리코트는 트렌치 코트(trench coat), 호치키스는 스테이플러(stapler)가 올바른 영어 표현이며, 스킨십은 아예 본토에는 없는 일본에서 탄생한 영어란다.
여기까지는 일본을 통해서 외국문화가 수입되었거나(러시아 작가 소설을 일본어로 번역된 책을 보고 다시 우리글로 번역해서 출간했으니), 일본문화를 일방적으로 베끼던 시절(방송국 PD 선배가 80년대 예능프로그램 소재가 다 떨어지면 부산 내려가서 며칠 묵으면서 일본 방송을 시청했다는 말을 한 기억이 새롭다)이라 그렇다 치더라도, 질병관리청에서 처음 쓴 '위드 코로나'라는 표현이 실은 그보다 몇 개월 전 일본에서 처음 사용한 화제영어라는 언론 보도를 보고 아연실색. 우리가 자체 창작한 콩글리시가 아니라 왜색 영어를 사용하는 게 거부감이 크다. 우리가 먹는 일식(日式)은 현지에서는 화식(和食: 와쇼쿠)인데, 이거야 한국식으로 개조한 거니까 봐줄만 하다. 일본에서 한국어 그대로 쓰는 표현으로는 '부루고기(=불고기, 혹은 일본어로 '야키니쿠'라고도 함)', '카루비(=갈비)', '총가(=총각)', '오루짠(=얼짱)' 정도.

정화하는 것(contents targeting), 접속자의 연령, 성별 등 인구통계학적 특징을 특정화하는 것(demographic targeting), 접속자의 기호, 태도, 라이프스타일 등의 심리학적 특징을 특정화하는 것(psychographic targeting) 등이 있다.

재차표적설정(retargeting)은 쿠키를 사용하여 이용자의 접속기록을 보관, 관리한 뒤에 이용자가 후에 다른 사이트에 접속할 경우 자사 사이트를 재차 방문해줄 것을 촉진하는 광고를 말한다(MarkeZine編集部, 2016, p. 105). 그러나 동일한 이용자에게 무한히 동일 광고를 반복적으로 보여주게 되면 역효과를 가져올 수 있다. 이를 방지하기 위하여 이용자의 광고 접촉 빈도의 상한선(frequency cap)을 통제한다.

동영상 광고의 경우, 동영상 콘텐츠의 재생 전(pre-roll), 재생 중(mid-roll), 재생 후(post-roll)에 삽입할 수 있으며, 이를 가리켜 인스트림(instream)형 광고라고 한다. 이와는 반대로 동영상 콘텐츠의 유무에 관계없이 화면 상에 배너광고를 하는 것을 가리켜 인디스플레이(indisplay)형 광고라고 한다(MarkeZine編集部, 2016, p. 136).

웹페이지를 열람하는 이용자에 관한 자료를 고객데이터(audience data)라고 한다. 이용자의 과거 접속 사이트, 열람 콘텐츠, 클릭한 광고 등의 데이터가 이에 포함된다. 고객데이터는 이용자가 사용하는 단말기, 운영체제(OS: 윈도, 리눅스 등), 브라우저(익스플로러, 크롬, 파이어폭스 등)별로 다르게 구성되며, 브라우저에 보존되는 쿠키(cookie)라는 작은 파일에 보존된다. 그러나 이용자 개인을 특정화하는 정보는 아니다. 즉 동일 이용자라고 추정되는 여러 개의 쿠키를 집약하는 작업을 통하여 데이터를 일정한 형태로 정리할 뿐, 개인은 익명 처리된다. 쿠키에는 웹사이트에서 관리하는 제1자 쿠키(1st party cookie)와 제3자 쿠키가 있다. 물론 쿠키를 사용할 수 없는 OS, 브라우저, 앱 등도 있으며, 쿠키의 대체 수단으로서 구글의 AdID, 애플의 IDFA 등과 같은 광고ID도 있다.

2. 온라인 미디어

미디어를 "시청각을 비롯한 인간의 오감을 자극하여 뇌에 정보를 전달하는 것"이라고 정의한다면(カーツメディアワークス, 2016, p.14), 디지털 미디어에는 소유(owned) 미디어, 획득(earned) 미디어, 지불(paid) 미디어의 세 가지가 있다.

소유 미디어는 기업이 소유하고 있는 미디어로서, 기업의 홈페이지가 이에 해당한다. 획득 미디어는 제3자의 입장에서 기업의 제품이나 서비스를 평가하는 매체로서, 소셜 미디어가 그 예이다. 지불 미디어는 기업이 금전적 대가를 지불하고 구입하는 것으로서, 광고를 꼽을 수 있다(カーツメディアワークス, 2016, p.16).

❶ 소유 미디어의 프로모션

자사 웹사이트를 방문하는 이용자를 분석하는 도구로는 무료 서비스의 구글 애널리틱스(analytics. 트래킹코드를 발급받으면 됨)와 유료(초기 무료이용 가능)의 SimilarWeb이 있다. 어떤 키워드로 자사 사이트를 방문했는지를 확인하는 검색 키워드(Google Ads에서 keyword planner로 확인 가능), 자사 사이트의 어느 페이지까지 열람했는지를 보여주는 초입(landing) 페이지, 사이트의 어느 페이지에서 나갔는지를 말하는 이탈율, 기업이 원하는 목표까지 도달한 이용자를 표시하는 전환율(conversion rate) 등의 정보를 제공해준다.

웹마케팅 전략으로 실제 고객을 포섭하는데 성공하기 위해서는 깔때기(funnel)의 여러 단계를 거쳐야 한다. 먼저 표적고객의 규모를 파악하는 조사 단계, 이들 표적고객에 접근하는 방법의 선정 단계, 표적 고객을 자사 사이트에 방문토록 하는 단계, 표적 고객 방문 시 사이트 내의 동선(動線) 및 콘텐츠 결정 단계, 도중에 사이트에서 빠져나간 이탈율 측정 단계, 이탈한 페이지 및 콘텐츠의 개선 단계 등이 그것이다(カーツメディアワークス, 2016, p.37).

여기서 방문객들이 자사 사이트를 방문하고 오래 머물도록 하려면 이용자 체험(User Experience: UX)이 탁월해야 한다. 탁월한 체험을 제공하려면 기업의 웹사이트는 접근성(accessible), 유용성(useful), 편리성(usable), 신뢰성(credible)의 조건을 구비해야 한다[23].

접근성은 기업의 웹사이트가 찾기 쉬운지, 사이트 내에서 이용자가 원하는 콘텐츠를 발견하기 쉬운지(사이트 내의 에러를 발견하여 개선을 꾀하는 데는 구글의 Search Console이 유용. 단, 도메인 확인을 거쳐야 함), 불러오기에 소요되는 시간은 짧은지 등을 말한다.

유용성은 이용자가 보기에 매력적인 디자인의 사이트인지, 이용자에게 가치가 있는 건지, 유용한 콘텐츠를 제공하는지를 가리킨다[24].

---

23 2001년에 Semantic Studies를 창업한 Peter Morville은 그의 저서 Information Architecture for the WWW에서 7가지 조건을 제시하였으나 필자는 매력(desirable)과 가치(valuable)를 유용성에 포함, 발견성(findable)을 접근성에 포함시켜, 4가지로 압축하는 게 낫다고 판단한다.

24 표적고객들 간에 입소문을 일으킬 만한 콘텐츠를 버즈콘텐츠(buzz contents)라고 한다. 2014년에 유행하였던 아이스버킷챌린지(근육위축을 가져오는 ALS=루게릭병 환자 응원)가 그 좋은 예이다.

편리성은 이용자가 원하는 콘텐츠에 도달하기까지의 동선, 클릭 버튼의 배치, 안내 등이 사용하기 편한지를 의미한다(이용자가 스크롤 다운을 하염없이 해야 하는 짜증을 느끼게 하지 않으려면, 단락 바꾸기를 자주하여 짧은 문장으로 구성토록 하고, 중간 중간에 사진 등을 삽입하고, 글자의 색상에 변화를 주는 등의 배려를 해야 함). 끝으로 신뢰성은 이용자가 안심하고 사용할 수 있는지를 말한다.

콘텐츠의 유용성은 아날로그 시절의 미슐랭가이드에서도 찾아볼 수 있다. 1900년에 프랑스에서 무료로 배포된 이 책자는 호텔과 레스토랑 정보, 각 지역의 지도와 주유소, 차량의 유지·보수 방법 등이 기재되어 있다. 이 책자에 담긴 콘텐츠 덕분에 프랑스에서는 단숨에 자가용 여행의 붐이 일었고, 그 결과 미슐랭은 타이어사업도 크게 확장할 수 있었다. 이처럼 콘텐츠 마케팅은 해당 상품·서비스의 판매를 직접 강조하는 것이 아니라, 그에 내재된 즐거움과 편리함을 표적고객이 실감토록 하는데 있다.

❷ 획득 미디어의 프로모션

미디어 간에는 다른 매체가 다루지 않은 기사를 앞서서 보도하려는 의욕이 강하다. 따라서 이들의 주목을 끌기 위해서는 기업이 제작하는 콘텐츠가 시사성(현재의 흐름에 편승), 의외성(상식에 반하여 흥미를 유발), 사회성(사회 전반의 동향과 자사를 연계시키기) 등을 갖추어야 한다(カーツメディアワークス, 2016, p.103). 이러한 미디어 인바운드(media inbound) 마케팅은 미끼를 던지는 일이 중요하다. 설문조사 등을 도식화하여 자사의 소유 미디어에 아카이브(archive.기록물 컬렉션)로 보관한다든가, 보도자료(press release)로 배포한다. 소셜 미디어-매스미디어(잡지, 신문)-매스미디어(라디오, TV)의 순으로 노출이 이동하게 된다.

소셜 미디어와 같은 디지털 미디어를 상대할 때는 모바일 우선주의를 채택하고, 자사도 소셜 미디어에 참가토록 한다. 소셜 미디어 마케팅의 핵심은 이용자들로부터 '좋아요', '공유', '댓글' 등의 반응, 즉 이용자 관여(user engagement)의 정도를 높이는 일이다.

페이스북은 계정등록 시에 반드시 실명과 1인 1계정의 원칙을 준수한다. 이런 점이 억제력으로 작용하여 가짜뉴스, 헛소문의 보급을 차단함으로써, 입소문의 신뢰도를 높인다. 일본의 경우, 기업의 소셜미디어 활용은 페이스북이 80%로서 압도적 이용비율을 보이고 있다[25]. 성별과 연령, 반응도가 높은 요일과 시간대 등 투고 콘텐츠에 대한 이용자 반응을 분석하기 위해서는 페이지 인사이트를 이용하면 된다.

트위터는 140자 문자의 제한이 완화되어 최대 1만자까지 트윗을 할 수 있게 되었는데, 익명도 가능하여 신뢰도가 낮다는 단점이 있다.

유튜브는 '제목' 아래에 '설명'이 있는데, 이 설명 난에는 250자 이내의 문자 정보 및 URL 링크를 표시할 수 있다.

인스타그램은 스마트폰 앱에 의해서만 투고가 가능하다는 점, 공유하기나 리트윗 등의 기능이 없어서 자작 콘텐츠만 올릴 수 있다는 점, URL 첨부가 안 돼서 소유 미디어로 이용자를 유인할 수 없다는 점(광고를 할 경우에는 외부 유인 가능), 사진 투고 시에 장문이 아니라 단문 마다 해시태그를 붙여서 찾기 쉽도록 한다는 점 등의 특징이 있다. 패션, 미용, 인테리어 등에 관한 10-20대의 반응이 높다는 점을 눈여겨볼 만하다(カーツメディアワークス, 2016, p.168).

❸ 지불 미디어의 프로모션

이용자의 70%는 검색 순위 상위 5위까지의 사이트에 접속한다고 한다[26].

페이스북에 광고를 게재할 경우, CPC(Cost Per Click)과 CPM(Cost Per Impression)의 두 가지 요금책정 방식이 있다. 전자는 이용자가 광고를 클릭할 때마다 업체가 광고료를 지불하며, 후자는 1000회 표시되는 걸 한 세트로 하여 광고료가 발생한다. 광고 면적 중 문자 정보는 20%를 초과할 수 없다는 20% 규칙이 적용된다. CPA 버튼의 클릭을 통하여 구입, 자세한 내용, 계정등록, 예약, 다운로드 등의 기능을 실행할 수 있도록 되어 있다.

인스타그램은 이용자의 60%가 매일 방문할 정도의 인기를 모으고 있고, 여성과

25 NTT콤리서치(research.nttcoms.com), 第7回企業におけるソーシャルメディアの活用, 2015.6. 참고로 일본에서 가장 많은 이용자를 확보하고 있는 소셜미디어는 페이스북이 아니라 라인이지만, 라인은 지인 간의 잡담이 주류를 이루어서, 비즈니스 뉴스는 별로 다루어지지 않고 있다. 페이스북에 기업 계정은 무료로 설치할 수 있으며, 본문에 사진이나 동영상을 업로드하려는데 URL만 표시되는 경우에는, CTA(Call To Action) 버튼을 클릭하여 '동영상보기'를 선택하면 된다.

26 のんくら외(2018).GoogleAdSenseマネタイズの教科書.日本実業出版社, 55쪽

18-34세 연령대의 이용률이 높아서, 의류와 화장품, 패션 관련 기업과 궁합이 잘 맞는다. 페이스북과 마찬가지로 20% 규칙이 적용된다.

유튜브 광고는 구글의 AdWords에서 설정할 수 있는데, 인스트림 광고와 아웃스트림 광고로 나뉜다. 인스트림 광고는 동영상의 개시 이전·도중·이후에 보이는데, TrueView는 최초 5초 간 재생되고 나서부터는 이용자가 계속 볼지 아니면 건너뛸지 선택가능하다. 최장 60초 간 재생가능하고, 30초 이상 혹은 마지막까지 광고를 시청하면 광고요금이 부과된다. 이 정도로 시청하는 이용자는 그만큼 흥미를 보인다는 점에서 비용 대비 효과가 높다고 볼 수 있다. 15초짜리 광고는 동영상 개시 이전에 보이는 것으로서 건너뛸 수 없어서 끝까지 시청하게 만든다.

아웃스트림 광고는 웹사이트에 광고 틀을 세워서 이를 클릭하면 유튜브 내의 동영상 광고로 이동하게 하는 것이다. 해당 광고를 재생하면 광고비가 발생한다.

재차표적설정(retargeting: 구글에서는 remarketing이라 칭함) 광고는 웹사이트를 방문한 이용자를 예상고객으로 간주하여, 그 이후의 행동을 추적함으로써 다른 웹사이트 상에도 자사의 광고를 표시하도록 하는 것을 말한다(カーツメディアワークス, 2016, p.202). 사이트 열람 정보가 데이터 서버에 전송·축적되며, 열람 이력을 분석하여 표적재설정 대상 이용자를 선별, 광고를 보낸다. 광고 목적은 자사 사이트를 재방문해달라는데 있으며, 쿠키를 이용하여 추적 기간과 추적 대상자를 선별할 수 있다. 아무래도 자사 웹사이트를 방문한 적이 있는 이용자만을 대상으로 하는 만큼, 목적 달성의 전환율(conversion rate)이 높다.

네이티브(native) 광고는 광고처럼 보이지 않는 광고를 말한다. 이는 콘텐츠에 자연스럽게 녹아들어 그 일부처럼 보이게 함으로써, 배너 광고에 반응을 보이지 않는 이용자들에게 다가가려는 목적을 지닌다(カーツメディアワークス, 2016, p.204). 검색과 연동하는 리스팅 광고도 네이티브 광고의 일종이다.

Evernote 21 중국기업 화웨이 華爲技術

중국 광동성의 동관시(東莞市)에는 독일의 하이델베르크, 이탈리아의 베로나('로미오와 줄리엣'의 주인공인 줄리엣의 생가가 있는 곳), 스페인의 그라나다(알람브라 궁전이 있는 곳) 등 유럽의 유명 지역의 거리를 그대로 본 뜬 테마파크와 같은 공간이 있는데, 여기가 바로 중국의 통신기기 최대 기업인 화웨이의 본거지이다. 송산호(松山湖)캠퍼스라 불리는 120만㎡ 면적의 부지는 일본 도쿄의 디즈니랜드와 디즈니씨(sea)를 합친 면적(100만㎡)보다 크다. 2014년에 시작한 공사는 현재도 진행형이지만 일부 완공된 건물은 사용 중에 있으며, 캠퍼스 전체가 준공되면 3만 명의 연구 인력이 근무하게 된다. 화웨이(Huawei)는 1987년에 동관시에서 창업하여 불과 31년 만에 매출액 1천억 달러를 돌파했는데, 이는 미국의 애플(35년)보다 빠르다.

화웨이의 제품 경쟁력을 살펴보면, 5G 스마트폰 브랜드인 Mate20X의 두뇌 역할을 하는 프로세서 Kirin980과 5G모뎀인 Balong5000은 화웨이 산하의 반도체제조업체인 하이실리콘(海思半導體)에서 생산한 것이다. 영국의 조사전문업체인 GlobalData(2000년 런던증시 상장)가 Base Band Unit의 성능, 주파수 포트폴리오, 도입의 편이성, 혁신성의 4가지 척도로 5G기지국 설비업체 5군데(중국 화웨이, 스웨덴 에릭슨, 핀란드 노키아, 한국 삼성전자, 중국 ZTE)를 평가한 결과, 4개의 척도 모두에서 최고평점을 받은 곳은 화웨이뿐이었다.

화웨이의 연구개발 경쟁력을 살펴보면, 세계의 유수대학들과 공동연구를 추진하는 일이 밑바탕을 이루고 있다. 화웨이기본법 제26조에는 매출의 10%를 연구개발에 투자한다고 명시되어 있다. 2018년에는 150억 달러가 연구개발비로 지출되었다. 이 정도의 R&D 비용은 아마존, 구글, 삼성전자에 이은 규모이며, 마이크로소프트와 애플을 상회하는 규모이다. R&D 인력 8만 명은 전체 구성원의 45%를 차지한다(2018년 말 기준). 세계지식재산기구(WIPO: World Intellectual Property Organization. 192개 회원국. UN 산하의 자체 자금조달 기구)에 의하면, 화웨이의 2018년 특허출원건수는 5405건으로 2년 연속 세계1위를 차지하였다(2위인 일본 미츠비시전기의 2812건, 3위인 미국 인텔의 2499건을 압도적으로 제압). 이러한 성과는 개방형 R&D 정책의 덕분이다. 상이한 영역 간 기술융합이 불가결한 시대에 화웨이는 독일의 라이카카메라와 아우디, 도이츠텔레콤, 영국의 ARM홀딩스(반도체 설계업체), 보다폰, BT(British Telecommunications)그룹, 스위스의 ABB(로봇, 자동화 분야), 미국의 인텔, 프랑스의 Groupe PSA(푸조, 시트로엔, 오펠 등의 브랜드 소유 자동차제조업체) 등의 기업들과 다양한 공동연구를 진행하고 있다(미국정부의 제재조치로 스탠포드, UC버클리, MIT 등의 미국대학과 영국의 옥스퍼드대학 등은 연구비 지원을 거절). 최근에는 제품개발에 그치지 않고 기초연구에도 힘을 쏟고 있는데, R&D 비용의 20% 정도를 여기에 할애하고 있다.

화웨이의 재무 경쟁력을 살펴보면, 부채비율이 65%로 건전성을 유지하고 있다. 비상장기업이면서도 KPMG의 감사를 받아 연차재무보고서를 발행하고 있다. 문제는 영업현금흐름이 20% 정도 감소했다는 점이다.

화웨이의 마케팅 경쟁력을 살펴보면, 30개 국가의 50개 통신사업자와 5G의 상용계약을 체결하는 성과를 거두었다. 이런 성과가 가능한 것은 제품 경쟁력뿐 아니라 로비활동을 포함한 마케팅 경쟁력 덕분이다. 미국시장은 전체 매출에서 차지하는 비중이 1%로 미미하여 미국정부의 제재 영향을 무시할 수 있지만, 화웨이의 부품조달에서 차지하는 미국업체들의 비중이 커서 타격이 불가피할 것이다. 그런 이유로 현재 화웨이는 부품·소재의 재고 확보에 열을 올리고 있다. 중국시장에서는 2019년 2/4분기 스마트폰 판매량이 27% 증가하였는데, 이는 시장 전체의 판매량이 전년동기 대비 6.1% 감소한 것과 비교하면 엄청난 마케팅 파워를 입증한다. 물론 이는 중국소비자들의 애국심에 힘입은 결과이기는 하다.

미국의 제재는 첫째, 정부조달에서 배제가 있다. 2019년 국방수권법(NDAA: National Defense Authorization Act. 2018년8월 제정)에 의해 중국의 하이테크 5대기업을 미국의 안전보장 위협 기업으로 지정하여 이들로부터 제품·서비스를 구매하지 않는다. 2020년 여름부터는 이들 5대 기업으로부터 제품·서비스

Evernote 21 중국기업 화웨이 華爲技術

를 이용하는 기업 혹은 단체도 미국정부의 조달에서 배제된다. 가령, 미국 컴퓨터제조업체에 전자부품을 공급하는 일본업체가 자사의 사내 통신망에 화웨이의 기기를 사용하고 있다면, 해당 일본기업도 미국정부의 조달 대상에서 빠지게 된다.

둘째, 기술수출의 제한조치가 있다. 국방수권법에 끼여 들어가면서 새로 성립된 수출통제개혁법(ECRA: Export Control Reform Act)으로 미국에서 이루어지는 직접수출뿐 아니라 제3국을 경유한 간접수출까지 포함된다.

셋째, 수출금지조치가 있다. 미국 상무부의 수출관리규정(EAR: Export Administration Regulations)은 민수·군수 양용의 기술과 제품을 우려 대상국에 수출되지 않도록 제한한다. 현재 ZTE가 이 규정의 제재를 받고 있는데, 인텔과 마이크로소프트가 ZTE에 수출을 동결하였다. 아울러 두 번째 제재조치인 수출통제개혁법과 마찬가지로 간접수출까지 포함하고 있다. 이 세 번째 조치가 자의적으로 적용될 소지가 있는데, 미국의 안전보장을 위협하는 행위가 없더라도 그럴 우려가 있다는 합리적 주장을 하는 것만으로도 발동될 수 있기 때문이다. 미국 사법부는 화웨이가 미국통신사업체 T모바일의 로봇 기술에 관한 기밀을 절취했다는 이유로 2019년 1월 기소하였다.

이처럼 미국이 화웨이를 제재하는 배경에 관하여 사이버 스파이 혐의를 거론하기도 하지만, 그 증거가 아직 발견되지 않았다. 그보다는 중국 정부의 비호를 받으며 시장을 과점하고 있는 기업이라는 인식이 강하다. 중국정부는 보호무역, 저금리융자, 세금·보조금 제도, 외교적 지원으로 과점 기업을 육성하고 있는 셈이다. 중국정부가 100% 출자한 정책금융기관으로 중국국가개발은행, 중국수출입은행, 중국농업발전은행의 세 군데가 있는데, 개발은행의 경우 2004년 12월에 화웨이에게 100억 달러의 융자한도를 설정하였다. 의도는 화웨이의 해외시장 매출규모를 5년 이내에 100억 달러로 만든다는 것인데, 화웨이는 2년 앞당겨 달성하였다. 화웨이가 2008년의 리먼브라더스 쇼크(금융위기)에도 성장을 구가할 수 있었던 것도 정부 지원 덕분이다. 화웨이의 설비를 구매하는 외국기업들에게 중국개발은행이 신용융자를 해주는 방식은 세계의 통신업계에서 널리 쓰이는 판매자금융(vendor finance)과 흡사하지만 차이점도 있다.

판매자금융은 노키아(핀란드), 알카텔 루슨트(Alcatel- Lucent. 프랑스와 미국의 합작업체) 등이 앞서 활용해온 기법이다. 통신사업체의 최대 고민거리는 지속적으로 요구되는 대규모 투자를 어떻게 부담할 것인가 하는 과제이다. 이를 통신기기제조업체가 융자해줌으로써 해결해왔지만, 통신사업체의 경영이 어려움을 겪으면서 기기제조업체에게는 불량채권으로 변질되어 판매자금융이 축소되고 있다. 이 빈 틈을 공략한 것이 바로 화웨이와 중국정부가 손을 잡은 정책금융이다. 융자를 기기제조업체가 아니라 중국정부가 나서서 해주므로, 화웨이의 재무에는 하등의 부담을 주지 않는다. 그러니 화웨이는 그에 대한 보답으로 중국정부의 정책에 입각한 사업활동을 하고 있다는 것이 미국정부의 생각이다. 따라서 5G통신에서 화웨이가 경쟁사에 비하여 기술적 우위를 점하기 전에 제재를 가하지 않으면 곤란하다는 미국정부의 판단이다.

그 결과, 일본도 심각한 타격을 받을 것으로 예상된다. 화웨이는 미국과 유럽에 이어 2015년 일본 도쿄에 조달센터를 설립했다. 화웨이가 일본의 수 백 개 거래업체(소니의 이미지센서, 도시바메모리의 플래시메모리, 일본전산의 모터, 무라타제작소의 전자부품, 파나소닉의 배터리 등)로부터 구매하는 부품·자재는 2018년 66억 달러로서, 애플과 더불어 양대 구입처로 자리 잡고 있다. 화웨이는 일본의 거래업체들에 대하여 기술력, 품질, 납품능력, 환경대응 등 6개 항목을 기준으로 평가를 실시하여, 하위 등급을 받은 업체에게는 보다 엄격한 거래조건을 제시하고 거래량을 줄이며, 최하위 등급을 받은 업체와는 거래를 단절한다. 상위 등급을 받은 업체는 우선조달, 공동개발에 의한 기술혁신 독려를 함으로써, 안정적인 부품·자재의 조달환경 조성 및 혁신기회를 확보하고 있다.

Evernote 21 중국기업 화웨이 華爲技術

일례를 보면, 일본의 A 업체는 기술개발을 하면서 두 가지 고민을 안고 있었다. 하나는 장래 어떤 용도로 쓰일지에 대한 확신의 결여, 다른 하나는 기술 완성에 상당한 규모의 자본투자를 추가로 해야 한다는 점이다. 이 문제를 거래처들과 협의하였으나, 응답을 한 업체가 화웨이뿐이었다. 화웨이는 기술개발에 필요한 기기, 장치 등의 제조업체에 근무하는 엔지니어들로 구성된 별도의 개발팀을 편성하여, A 업체가 자체 개발 영역에만 집중할 수 있는 여건을 무상으로 제공하였다. 기술특허 자체는 A사가 소유하고, 산업 활용의 지식재산은 화웨이가 소유하는 것이 양사 합의 내용이다.

창업주 런정페이(Ren Zhengfei. 任正非. 1944년생)는 귀주(Guizhou)성 안순(Anshun)시 출생으로 부모는 박봉의 교사였다. 런정페이는 고교 졸업 때까지 셔츠를 입어본 적이 없다. 학교에서는 여름철에도 두꺼운 재킷을 입고 공부하였다. 중칭건축공학원(현.중칭대학.重慶大學)을 졸업하고 인민해방군 공병대에 입대하였으나, 군부의 비전투부문 축소방침으로 인하여 런씨는 1983년에 퇴역할 수밖에 없었다. 1987년 6인의 공동창업으로 홍콩에서 전화국용 교환기를 수입, 판매하였으나, 홍콩기업이 인수당하면서 대리점영업권도 취소되었다. 할 수 없이 전화교환기의 자체 개발을 하게 되었는데, 이것이 글로벌 기업으로 도약하는 발판이 되었다. 디지털교환기의 자체 개발에 성공한 5개의 중국기업 중 3사는 국유기업, ZTE는 반국유기업이고 화웨이만이 순수 민간기업이었다. 국유기업과의 경쟁을 피하기 위하여 화웨이는 국제화의 길을 선택하였고, 현재 국유기업 3사는 시장에서 퇴출되었고, ZTE도 상대가 되지 않을 정도이다. "알을 밖에서 깨면 달걀이 되지만, 안에서 깨면 공작(孔雀. peacock)이 된다."는 명언을 남기기도 하였다.

화웨이의 경영시스템이 지닌 독특성으로 비상계획B의 시나리오 작성과 실행, 사원지주제에 의한 장기의사결정, 윤번제 CEO 제도, 경영진을 감시하는 Blue Team 운영, 103조로 이루어진 기본법의 이념 강조라고 하는 다섯 가지를 꼽을 수 있다.

비상계획B의 실행 사례로는 자체개발 스마트폰용 OS인 하모니(鴻蒙. 천지가 갈라지기 전의 혼돈상태)를 들 수 있다. 2019년 5월 미국상무부가 화웨이를 Entity List에 올리면서 부품 구매를 할 수 없도록 만들자, 구글의 스마트폰OS 안드로이드를 화웨이가 더 이상 사용할 수 없게 되는 커다란 위기에 직면하였다. 이런 가상의 사태를 염두에 두고 만든 것이 바로 자체 OS인 하모니이다. 원래는 스마트시계, 스마트TV 등 사물인터넷(IoT)의 OS로 개발되었으나, 스마트폰 OS로도 활용가능토록 용도를 확장한 것이다. 스마트폰의 두뇌에 해당하는 앱프로세서와, 통신을 관장하는 모뎀의 두 가지 반도체 칩에 대해서도 미국의 퀄컴이 지배하고 있는 가운데, 화웨이는 자회사인 하이실리콘(海思半導體)에서 두 칩의 개발을 마치고, 자사 스마트폰에 사용하고 있다. 반면 이러한 비상계획을 구상, 실행하지 않은 ZTE는 거액의 배상금 지불, 정기감사 수용 등으로 미국에 전면 항복한 셈이 되고 말았다.

사원지주제는 기업지배구조(corporate governance) 차원에서 화웨이의 독특한 점이다. 비상장기업으로서 창업주가 1.14%(1.01%+종업원지주로서 0.13%), 나머지 98.86%는 일반종업원들이 주식을 소유하고 있다. 단, 중국법에서는 주식 소유자를 50명으로 제한하므로 화웨이홀딩스라는 회사를 설립하여 종업원 소유 주식들을 대신 보유하고 있다. 종업원들은 Phantom Stock이라고 하는 가상의 주식(실제 주식이 아님)을 지급받아, 향후 일정시점에서 주가가 지급받을 당시의 주가보다 높을 경우 그 차액을 회사로부터 보상받으며, 경영실적이 좋으면 배당금을 지급받을 수도 있지만, 주식의 매매권리는 없다. 화웨이 종업원의 보수에서 차지하는 팬텀주식의 비중은 평균 25% 정도이다. 그러다 보니, 실적 향상을 위한 종업원들의 동기부여가 무척 강하다. 반면 명시적 규정은 없지만, 인사평가에서 하위 5-10%에 들어가면 다수가 퇴직을 한다. 퇴직할 경우에는 해당 직원이 소유한 팬텀주식은 회사가 매입하지만, 45세까지 근무한 직원은 퇴사 후에도 주식을 소유할 수 있

Evernote 21 중국기업 화웨이 華爲技術

다. 따라서 퇴직 후에도 회사가 성장을 지속한다면, 해당 퇴직자는 계속해서 수입을 얻게 된다.
윤번제 CEO 제도는 3인의 부회장이 6개월 단위로 교대하여 회장직을 수행하는 것이다. 이를 통하여 타성에 젖은 경영, 조직의 경직화를 방지하려고 한다. 기업통치의 최상위 기구가 대표위원회인데, 2019년 1월 선거에서는 115명이 선출되었다. 대표위원 선거권은 종업원들에게 있으며, 대표위원회는 이사회 구성인원 및 감시위원회의 10명을 선출한다.
Blue Team 운영은 미국의 군사용어인데, 군사연습에서 아군을 블루팀, 가상 적군을 레드팀이라 부른데서 인용하였다. 단, 화웨이는 아군을 레드팀(紅軍.홍색), 적군을 블루팀(藍軍.남색)이라 부른다. 블루팀(10여 명 근무)의 역할은 경영진의 정책 과오를 지적하는 일로서, 가령 2018년 4월의 사내 인트라넷 '心聲社區'에 창업주의 인사정책에 대한 10가지 결점을 언급한 일이 있다. 이들 블루팀의 기고를 통하여 경영진은 사내의 다른 의견에 귀를 기울이고, 사원들은 회사의 방침, 제도를 한층 이해하게 된다.
103조로 구성된 화웨이기본법은 1996년 시작하여 1998년에 완성되었는데, 총 6장 103조로 구성되어 있다. 그 중 주요 내용을 살펴보면, 제1조는 화웨이의 비전과 미션(전자정보 영역에서 고객의 꿈을 실현하는 일), 제9조는 재무자본보다 인적자본의 우선, 제26조는 매출액의 10%를 R&D에 지출, 제37조는 관리 에너지를 분산시키는 비관련다각화를 하지 않는다는 점, 제102조는 일을 하지 않고 처세술에만 신경 쓰는 인간을 중용하지 않는다는 점 등이다.

(출처: NIKKEI BUSINESS, ファーウェイ:最強経営の真実. 2019.09.09.; 週刊東洋経済新報, ファーウェイ:巨大帝国の光と闇. 2019.04.13.)

3. 소셜 미디어 프로모션

기업이 소셜미디어를 마케팅에 활용하는 목적은 제품개발보다는 촉진(매출증대, 점포유도, 고객관계관리전략 등의 일환으로)이나 기업·제품의 브랜드 인지도 향상에 있다(グローバルリンクジャパン, 2019: 10). 이를 한마디로 브랜딩이라고 하는데, 이용자의 공감, 신뢰를 얻어서 기업이나 제품의 브랜드에 대한 이용자 뇌리에 담긴 이미지를 높이려는 것이다. 그러나 SNS 상에서 브랜딩은 다른 미디어 상에서의 브랜딩과는 달리 기업이 주체가 되지 못한다는 점이다.

그렇기 때문에 기업들은 소셜 미디어 이용자에게 필요한 콘텐츠를 적극 제공하여

고객획득을 가속하려는 콘텐츠 마케팅에 주목하고 있다. 소셜 미디어에 담을 콘텐츠에는 시간의 경과와 더불어 그 가치가 줄어드는 유량(flow) 콘텐츠와, 그 가치가 줄어들지 않는 저량(stock) 콘텐츠가 있다(グローバルリンクジャパン, 2019: 32). 콘텐츠마케팅에서는 보편성이 높은 저량 콘텐츠가 보다 중요한데, 이를 통하여 기업이 얻는 효과로는 자사 사이트 및 블로그에 접근하는 이용자의 증가(66.6%), 사이트 혹은 메일로 고객 문의 증가(59.7%), 신규고객 증가(58.4%) 등이 있다(research. nttcoms.com/database/data/001978).

콘텐츠 마케팅의 가장 큰 애로사항은 기획력 부족(47.0%)이고, 외주를 주지 않고 전적으로 조직 내에서 작업하는 경우가 44.1% 달한다(web-tan.forum.impressrd.jp/yahooads/2016/02/24/22140). 기획력 부족을 해소하는 방법으로는, 일반 제품의 재활용처럼 기존의 콘텐츠를 관점과 취향을 각색하여 신선미를 자아낸다든가, 단일 투고로는 보여줄 수 없는 가치를 하나의 테마로 묶어서 편집한다든가 등의 아이디어를 고려할 수 있다. SNS 마케팅에서는 이용자의 관여(engagement) 라는 점이 최대의 특징으로 되어 있다.

브랜딩 이외에도 이용자 지원이라는 역할이 SNS마케팅에 있다. 재래의 고객센터를 이용한 고객문의에 대한 응답보다도 SNS상에 올라온 질의에 대한 응답 속도가 훨씬 빨라야 한다는 것이 이용자들의 기대치이다. 물론 이러한 소극적인 대응뿐 아니라, 항시 SNS 상에서 자사 상품·서비스의 이용과 관련하여 애를 먹고 있는 이용자를 파악하여 선행적으로 이용자에게 다가가는 적극적 대응도 요구된다.

SNS 상의 소비자 평점과 관련하여, 일본의 미츠비시UFJ 리서치&컨설팅(MURC)이 SNS 이용자를 대상으로 행한 설문조사에서 타인의 이용후기를 ‘매우 참고한다’가 12.8%, ‘어느 정도 참고한다’가 82.3%로 나왔다. 상품 카테고리 기준으로 참고 비율이 높은 것은 가전·오디오·카메라 46%, PC·휴대전화 29%의 순이었다. 서비스업종에서는 요식업 22%로 나왔다. 음식점 이용 후기 사이트 중에서 가장 권위가 있는 곳은 카카쿠콤이 운영하는 ‘타베로그(s.tabelog. com)’이다. 이용후기가 안 좋을 경우, 구매를 하지 않거나 구매하지 않는 편이 많다는 응답이 합계 76%에 달한다. 어느 음식점은 타베로그의 평점 하락으로 월매출이 700만 엔에서 600만 엔으로 감소하였는데, 손익분기점이 월매출 600만 엔이라서 점주가 고민에 빠졌다고 한다.

SNS 상의 이용후기 작성을 업체가 의뢰하는 방식에는 두 가지가 있다. 하나는, 업체가 대행업자에게 건당 1.5-2만 엔을 지불하면서 의뢰하고, 대행업자는 다시 후기작성자를 모집하여 이들이 실제 점포를 방문, 이용한 결과를 점수로 매기는 방식이다. 주로 품질을 중시하는 업체들이 활용하는 방식이다. 둘은, 건당 2-3천 엔을 대행업자에게 지불하고 의뢰하면, 대행업자는 대량의 위조 계정을 운용하면서 이용해보지도 않고 소설을 쓰는 식으로 후기를 작성하는 방식이다. 주로 가격을 중시하는 업체들이 활용하는 방식이다. 이처럼 업체가 직접 후기작성자를 모집하지 않는 이유는, 발각될 경우에 사이트 운영자로부터 제재를 받고, 온라인 상에서 논란을 낳아서 점포 평판이 추락하며, 경품표시법에 의거하여 소비자청의 행정처분을 받기 때문이다. 반면 온라인전문 판매업체들은 상호명을 바꾸어 재차 사이트에 입점하는 일이 오프라인 판매업체보다는 수월하다.

양심적인 대행업자는 사전에 의뢰업체와 만나서 의뢰과제에 대한 의견청취를 하고, 실제로 작성자가 의뢰업체를 방문, 이용한 결과를 바탕으로 평점을 부여하며, 과제 종료 후에는 보고서를 제출한다. 타베로그에서는 허위 후기의 작성을 배제하기 위하여, 빈번히 음식점을 방문하여 식사하고 나서 이용후기를 작성하는 회원들의 평점(별 5개 만점)을 보다 비중 있게 반영한다.

이에 비하여 아마존닷컴은 회원의 이용 실적에 따른 가중치 없이 단순평균을 하여 점포의 평점을 매기므로 이용후기 작성자를 모집하는 일이 보다 광범하게 이루어진다. 그러나 아마존에도 'best reviewer' 라는 제도가 이런 문제점을 어느 정도 보완하고는 있다. 이용 후기를 읽은 사람이 해당 후기가 참고가 되었다는 버튼을 누른 횟수 및 후기 작성 회수에 입각하여 후기작성자의 순위를 매기는 일이다. best reviewer의 호칭이 표시된 작성자는 다른 작성자들보다 설득력을 누리게 된다. 상위 500위권에 드는 best reviewer에게 후기 작성을 의뢰하려면 상품의 무상 제공뿐 아니라 건당 1000위안을 지불해야 하는 것이 중국시장의 상황이다.

그 아래 순위의 작성자들에게는 상품의 무상제공만이 이루어지는데, 제공 방식이 독특하다. 의뢰받은 작성자는 먼저 아마존닷컴에서 상품을 구입하고, 후기작성난에는 '아마존에서 구입'이라고 표시되어 신빙성을 높인다. 높은 점수의 후기 작성을 마치면

의뢰업체로부터 은행계좌이체 혹은 전자결제서비스, 페이팔(Paypal) 등을 통하여 구입 대금이 작성자에게로 입금된다. 그런데 구매금액이 3000엔을 기준으로 하여 입금에도 차이가 난다. 가령, 5000엔의 상품이라면 평점 5점(별 5개)을 주고, 100글자의 평가를 작성하면 3000엔이 지급되고 잔액은 모든 옵션을 충족해야 지급된다. 옵션에는 글자 수를 300자 늘리면 300엔, 상품을 사용하는 모습을 8장의 사진으로 올리면 800엔, 2분 이상의 동영상을 올리면 800엔과 같은 것들이 있다. 3000엔 이하 가격의 상품이라면 허위 이용후기를 작성한 뒤에 개봉하지 않은 상태로 되팔아도 별로 남는 게 없어서 후기 작성 의뢰에 응하는 이용자들이 확 줄어든다(NIKKEI BUSINESS. 五つ星はかねで買える揺らぐアマゾンの信頼. 2019.11.25.).

대표적인 소셜미디어에 페이스북, 트위터, 인스타그램, 유투브 등이 있는데, 이들 간의 공통점·상이점을 보면, 실명 공개 여부 차원에서는 페이스북만이 실명을 요구한다는 점, 해시태그 차원에서는 페이스북만이 별로 사용되지 않는다는 점, 기업 홈페이지 차원에서는 트위터와 인스타그램이 없다는 점, 인스타그램과 유튜브는 문자투고를 할 수 없다는 점, 인스타그램은 투고에 링크를 걸 수 없고, 팔로워 이외에는 공유를 할 수 없다는 점 등을 언급할 수 있다(グローバルリンクジャパン, 2019: 18, 28).

해시태그는 정보공유를 위한 라벨로서 트위터에서 시작되었다. 해시태그를 클릭하면 동일한 해시태그가 붙은 일련의 투고내용들이 검색화면에 표시된다. 따라서 특정 이벤트나 취미를 공유하는 사람들 간에 임의의 해시태그를 정해두고 이를 투고에 삽입하면 한 번에 모든 트윗 내용을 열람할 수가 있다. 팔로워 역시 트위터가 사용의 원조인데, 상대방 허가를 얻지 않고도 팔로우할 수 있다.

따라서 상품·서비스를 시각적으로 소구하여 이미지와 인지도 향상을 꾀해야 하는 브랜딩이 목적이라면, 사진 정보를 담는 페이스북과 인스타그램, 동영상 정보를 담는 유튜브를 택하는 것이 적합하다. 반면 집객이나 판촉을 목적으로 삼는다면, 정보의 확산성이 높고 링크를 통한 사이트 유도가 용이한 페이스북, 트위터를 활용하는 편이 낫다. 이용자 지원을 목적으로 하는 경우에는 종합적인 의사소통 성능이 뛰어난 트위터와 페이스북이 적합하지만, 소극적 대응이 아니라 위에서 언급한 적극적 대응은 이용

Evernote 22 경험곡선

보스턴컨설팅그룹(BCG)이 고안한 경험곡선(experience curve)은 경험의 축적으로 비용이 일정 비율 줄어든다는 법칙을 말한다. 경험곡선은 생산은 물론 개발, 판매, 관리 등 기업 활동의 전반에 걸쳐 두루 적용가능하다. 정확한 비용 절감의 크기는 업종마다 상이한데, BCG는 누적 생산량이 2배가 되면 최저 20%에서 최고 30%의 비용 절감이 이루어진다는 점을 실증 조사에서 확인하였다. 규모경제(economies of scale)와 유사한 개념이지만 양자 간 차이점으로는, 규모경제가 특정 시점에서의 비용 절감이라고 하는 정태적(static) 성격을 지니는데 비하여, 경험곡선은 누적생산량이 대변하듯이 동태적(dynamic) 성격을 띤다. 경험곡선에 기반을 둔 기업전략으로는 시장점유율 우선의 성장전략을 꼽을 수 있다. 양적 성장으로 비용을 낮춘 뒤 이익을 거둔다는 전략이다. 혼다기연(本田技研)이 미국시장에서 전개한 모토바이크의 사업전략이 이에 해당한다. 그러나 최근에는 경험곡선이 유효하지 않은 경우가 발생하고 있다. 후발기업이 선발기업보다 비용의 우위를 점하기 위해서는 누적생산량 측면에서 앞질러야만 가능하다는 것인데, 실제로는 박막액정(LCD) 사업에서 선발기업이었던 일본의 샤프가 누적생산량 기준으로는 후발의 한국, 대만기업에 압도당하지 않았음에도 불구하고 비용의 우위를 빼앗기고 말았다. BCG가 경험곡선의 개념을 도입한 1960년대와는 달리 현재는 인프라 비용(인적비용, 토지비용, 에너지비용 등) 측면에서 차이를 보이는 기업 간 경쟁이 전개되고 있어서 경험곡선의 설득력이 떨어진다.

(출처: 山田英夫, 2019, 63-68)

자 감시가 가능한 트위터에서만 가능하다(グローバルリンクジャパン, 2019: 29).

운영 방침과 관련해서는 SNS 상에서 특정 기업·브랜드를 사칭하는 계정이 있을 수 있기 때문에, 자사가 운영하는 계정과 URL을 기업의 공식 웹사이트에 공지하여 이용자의 주의를 당부하도록 한다. 또한 SNS 상에서 논란의 대상이 되지 않으려면, 안이한 정보 확산은 자제토록 한다. 즉 SNS 상에서 돌고 있는 정보를 제대로 확인하지 않고 인용해서는 안 되는데, 특히 2차, 3차 정보인 경우에는 원전까지 추적하여 그 진위 여부를 확인하도록 한다.

여러 SNS를 개별 관리하는 일이 주는 부담에서 벗어나 일괄 관리하는데 도움을 주는 도구로 Hootsuite가 있다. 페이스북에 투고한 내용은 트위터에 자동 투고되지만, 그 반대는 안 된다. SNS 별로 상이한 시각에 투고를 하고 싶으면 buffer.com을 이용하

면 된다. 단, Hootsuite와 Buffer는 일부 기능만이 무료 사용가능한 반면, IFTTT는 무료이다(グローバルリンクジャパン, 2019: 170). 경쟁사 웹사이트와 자사 웹사이트 간 이용자 유입을 비교하려면 SimilarWeb PRO를 사용하면 된다.

창업가이자 저명한 블러거인 Neil Patel이 자신의 300개가 넘는 블로그 기사를 분석한 결과, 글자 수가 1500자를 넘는 기사는 그렇지 않은 기사에 비하여 첫째, 페이스북에서는 '좋아요'를 22.6% 추가 획득하였고, 둘째, 트위터에서는 트윗되는 비율이 68.1% 더 많았다(グローバルリンクジャパン, 2019: 185). 따라서 1500자를 기준으로 삼아서 반응률을 높일 수 있는 랜딩 페이지를 준비하는 일이 이용자가 유념할 사항이다. 단, 브랜드 인지도를 조절변수로 고려할 필요가 있다. 많은 설명이 필요치 않는 상품·서비스라면 글자 수가 많은 기사는 불필요하다.

❶ 페이스북 마케팅

페이스북은 연령, 성별, 취미, 관심, 언어 등의 설정을 통하여 표적 대상을 콕 찍을 수 있다는 장점을 갖고 있다. 아울러 광고 패턴을 여러 개 제작, 올린 뒤에 효율이 가장 높은 것에 광고를 집중하도록 한다.

기업 입장에서 페이스북을 활용하는 가장 큰 목적은 기업 전체의 브랜딩(48.8%), 홍보 활동(41.9%)의 순이다(research.nttcoms.com/database/ data/001978). 페이스북은 다른 SNS에 비하여 투고가 장시간 표시된다는 점, 정보가 무차별하게 확산될 위험성이 적다는 점 등의 특징을 지닌다. 페이스북에서 마케팅을 전개할 때는, 가령 상품이나 상금을 주는 이벤트, 판촉 마케팅의 경우, 페이스북의 승인 취득과 같은 규정을 준수해야 한다. 친구와의 연결을 통하여 판촉을 행한다든가, 다이어트 상품의 광고에서 상품 사용 전과 후의 영상을 비교하는 일은 금지되어 있다(グローバルリンクジャパン, 2019: 47).

페이스북에는 개인계정과 페이스북페이지의 두 가지가 있다. 전자는 개인이 실명으로 정보를 발신하는 공간으로서, 친구나 지인들과 사적인 대화를 나눌 목적으로 이용된다. 반면 후자는 기업, 브랜드, 제품, 조직, 단체, 저명인 등의 공식 대리인이 정보를 발신하는 공간으로서, 이용자나 팬들과 의사소통을 할 목적을 지닌다. 개인계정은 1

인당 한 개밖에 할당되지 않고, 연결할 수 있는 친구의 수도 5천명까지로 제한되어 있는 반면, 페이스북페이지는 계정의 개수나 연결 가능한 친구 숫자에 제한이 없다(グローバルリンクジャパン, 2019: 48).

페이스북페이지에 공지되는 투고내용에 '좋아요'를 받는 것이 일시적 피드백이라면, 페이스북페이지 자체에 '좋아요'를 받게 되면 해당 페이지에 투고되는 모든 내용들이 피드백된다는 점에서 지속성을 갖게 된다. 물론 투고내용에 대해서도 '좋아요'보다는 '공유하기'가 정보의 확산 차원에서 기업에게는 더 득이 된다. 투고내용을 작성할 때는 한 줄에 20자 정도가 가독성 면에서 적당하며, 전체 글자 수가 150자를 넘어서게 되면 151번째 글자부터는 '계속 읽기' 표시가 나온다.

투고 목적이 자사 웹사이트로 유인하려는 것이라면, 이용자들은 훑어보는 식으로 읽기 때문에 문자(텍스트)보다는 사진을 통해 흥미를 유발시키는 것이 낫다. 사진을 가로로 찍게 되면 스마트폰으로 열람할 경우 작게 표시되므로, 세로로 촬영하도록 한다. 이 때 유념할 점은, 상품·서비스의 매매가 아니라 링크를 클릭하면 이용자에게 어떤 가치가 제시될 것인가 하는 점을 강조해야 한다는 것이다. 동영상을 올릴 경우 80% 이상이 무음 상태인데, 이는 페이스북의 초기설정(default)이 '음성off' 로 되어 있기 때문이다. 따라서 동영상에 자막을 삽입하는 식으로 흥미와 이해를 높이도록 한다.

❷ 트위터 마케팅

기업 입장에서 트위터를 활용하는 가장 큰 목적은 페이스북과 동일하게 기업 전체의 브랜딩(46.7%), 홍보 활동(38.2%)의 순이다(research. nttcoms.com/database/data/001978). 트위터는 투고 건당 140자 이내의 압축적인 내용을 담는다는 점에서 속도감과 간편성을 추구하는 젊은 층의 성향에 적합한 SNS이다(20대의 63.6%가 이용하여 세대별 이용 비율 면에서 가장 높음. 인용: webtan.impress.co.jp/n/2018/01/23/28104). 따라서 젊은 층의 소비자 집단을 대상으로 가격 부담이 적은 상품을 트위터에서 마케팅 하는 것이 적합하다. 다른 소셜미디어와는 달리, 리트윗을 통하여 정보를 확산시키는 속도가 빠르다는 매력이 있다.

하루에도 수차례 트윗을 하는 이용자 성향에 비추어 볼 때, 페이스북에 투고하는 빈도로는 트위터에서는 커다란 효과를 기대하기 힘들다. 따라서 알리고 싶은 콘텐츠가 넘쳐나는 주체에게는 최적의 환경인 셈이고, 사전에 투고 빈도를 정해두는 것이 좋다.

순간적인 속도감을 강조하는 트윗의 사례로서 볼보자동차의 미국슈퍼볼 스포츠행사를 꼽을 수 있다. 이 거대 스포츠 중계에 볼보자동차는 광고를 내지 않았다. 그 대신 트위터에 해시태그로 "#VolvoContest"를 올렸다. 자동차를 선물로 주고 싶은 상대의 이름을 트윗하면 추첨을 통하여 1명에게 볼보자동차를 주겠다는 내용이다.

사진을 트윗할 경우에는 PC와 스마트폰의 환경이 상이하다. PC에서는 트위터가 세로:가로의 비율을 1:2로 하고, 세로 253픽셀 x 가로 506픽셀을 공식적으로 권장하지만, 스마트폰에서는 권장 크기가 없다. 단지, 세로:가로의 비율을 1:1.778, 세로 253픽셀 x 가로 450픽셀로 하면 화질이 크게 떨어지지 않는다(グローバルリンクジャパン, 2019: 101). 문제는 두 가지 종류를 다 준비하는 일이 부담이 가므로, PC용을 기본으로 하여 스마트폰에 적용하더라도 화면의 양끝이 잘리는 정도이므로 큰 무리는 없다. 그러나 자사의 표적 고객층이 주로 스마트폰을 사용하는 사람들이라면, 스마트폰에 최적화된 크기를 채택하도록 한다.

아울러 2015년부터는 동영상도 투고할 수 있는 Video on Twitter 기능이 추가되었으며, 동영상의 시간제한도 2016년 6월부터는 종래의 30초에서 140초로 연장되었다. 게다가 트위터 앱에서 촬영한 동영상을 바로 투고할 수 있다는 매력까지 갖추었다. 단지, 페이스북이 모든 형식의 동영상에 대응하는 반면, 트위터는 MP4와 MOV의 두 형식만을 수용한다는 제약이 있다(PC에서는 MOV형식은 투고 불가).

해시태그는 트위터가 그 사용의 원조라고 했는데, 영향력 있는 인물(influencer)과 동일한 해시태그를 사용하여 트윗을 하게 되면 해당 인물의 주목을 받을 가능성이 있다. 이처럼 영향력 인물이 사용하는 해시태그가 어떤 것인지를 알아보는 도구로서 twitonomy가 있다.

또한 해시태그 간에 연관성이 높다면 동일한 콘텐츠에 흥미를 지닌 이용자들에게 도달할 수 있는 범위가 더 넓어진다. 이 때 연관성 높은 해시태그들에는 어떤 것들이 있는지를 알아주는 도구가 hashtagify이다. 이러한 도구들을 사용하여 효과를 보았는지를 알아보려면, 얼마만큼의 이용자에게 도달하였는지 그 규모를 파악해야 하는데, 이 때 사용되는 도구가 hashtracking이다.

해시태그 사용 시 주의할 점은, 본문과 연관성이 적은 해시태그를 사용하여 여러 개의 투고를 하게 되면 스팸의 판정을 받아서 계정이 동결될 위험성이 있다는 점이다. 하나의 트윗 내용에 2개의 해시태그 사용을 트위터의 공식 지원센터에서는 권고하고 있다(グローバルリンクジャパン, 2019: 107). 트윗 내용에 리트윗을 하게 되면 트윗 작성자에게 통지되는 것은 물론 제3자도 리트윗 내용을 읽어볼 수 있기 때문에, 개인정보를 언급하지 않도록 한다.

트위터에 광고를 게재하는 일은 예전에는 광고대리점을 통해서만 가능했지만, 2015년 10월부터는 트위터 계정을 갖고 있으면, 중소기업이든 개인사업자든 불문하고 누구든지 직접 게재할 수 있게 되었다. 광고 요금은 옥션 형식을 취하기 때문에, 경쟁자 간의 입찰액에 따라서 변동한다.

❸ 인스타그램 마케팅

인스타그램은 사진과 동영상이 주된 콘텐츠이고 문자는 보조 콘텐츠라서 이용자에게 시각적 정보를 전달하기에 적합한 플랫폼이다. 공유하기 기능이 없는 인스타그램은 그만큼 해시태그가 빈번히 활용된다. 즉 팔로워의 피드(feed)에만 표시될 뿐이고, 팔로워가 자신의 피드에서 본 투고내용을 다수의 이용자와 공유할 수 있는 기능은 없다. 단지, 다이렉트 메시지를 통하여 이용자들과 개별적으로 공유할 수 있을 뿐이다(グローバルリンクジャパン, 2019: 125). 한 장의 사진 정보에 담을 수 있는 해시태그의 수는 최대 30개인데, 11개의 해시태그를 붙였을 때 이용자의 반응률이 가장 높다(グローバルリンクジャパン, 2019: 133).

자신이 팔로우하고 있지 않은 이용자의 투고내용을 찾고 싶다면, 임의의 해시태그를 검색하는 수밖에 없다. 검색하는 해시태그는 곧 이용자들의 니즈라고 보면 된다. 18-39세 여성을 대상으로 한 조사에서, 해시태그의 가장 빈도 높은 활용으로는 취미나 관심을 두는 해시태그에서 팔로우해야 할 계정 찾기(52.2%), 점포명이나 브랜드명 등의 고유명사 해시태그에서 최신 정보 확인하기(47.5%), 점포명이나 브랜드명 등의 고유명사 해시태그에서 사진이나 입소문을 참고하기(46.7%)의 순으로 나왔다(blog.comnico.jp/news /sns-research-20181204). 그러나 인기 해시태그는 그만큼 투고 건수가 많기 때문에 자사의 투고 건이 다른 건들에 매몰되어 이용자들의 주의를 끄는데 실패하기 쉽다. 따라서 선결 과제는 기업이 도달하고자 하는 표적고객이 누구인지를 파악하는 일이다.

팔로우가 보낸 댓글에 답신을 할 때는 상대의 계정명 앞에 @를 붙이지 않으면, 상대는 답신이 도착했다는 알림을 받지 못한다. 따라서 기업 입장에서 인스타그램 마케팅을 전개하면서 팔로우 수를 늘리기 위한 대책으로는, 인스타그램 이외의 수단을 동원하여 캠페인을 전개하는 수밖에 없다. 캠페인의 참가 조건으로 자사 계정을 팔로우할 것을 내세울 수도 있고, 지정된 해시태그를 붙여서 인스타그램에 투고할 것을 내세울 수도 있다.

예전에는 대기업만이 인스타그램 광고를 게재할 여력이 있었지만, 2015년 10월 이후에 셀프서비스 형식의 광고가 등장하였다. 이는 기업이 광고예산을 자유로이 설정·운용할 수 있는 광고게재방식이다(グローバルリンクジャパン, 2019: 123). 인스타그램의 모기업이 페이스북이라서 광고송출은 페이스북페이지에서 이루어진다. 사진 광고는 3-7장 정도를 슬라이드쇼 형식으로 할 수도 있고, 사진 아래 문자는 전체 광고 면적의 20% 이내이어야 한다. 동영상 광고는 MP4 형식을 권하며, 3-5개 정도의 사진과 동영상을 세트로 한 회전목마식(carrousel) 광고도 있다. 이 경우, 세트 안에 담긴 각각의 사진·동영상 별 효과를 측정할 수 있어서, 가장 효과가 좋은 컷을 맨 앞에 위치시키면 된다(グローバルリンクジャパン, 2019: 146).

인스타그램에 투고하는 사진은 정사각형 모양으로 손질된다. 또한 사진이나 동영상과 함께 실는 문자에는 URL의 링크를 할 수 없기 때문에, 기업의 웹사이트나 랜딩페이지에 이용자를 유도하기에는 부적합하다. 게다가 사진 밑에 첨부되는 문자에 관심을 갖는 이용자는 적기 때문에, 사진 한 장에 전하려는 메시지를 응축해야 한다. 투고 콘텐츠의 표시방식이 2016년 6월 이전에는 시계열 순서이었지만, 그 이후에는 이용자의 흥미·관심 순서로 변경되었기 때문에, 투고의 시의성(timing)보다는 콘텐츠의 질적 우수성에 신경을 써야 할 것이다.

인스타그램 이용자의 특징 중 하나가, 현실 세계에서 실제 사귀고 있는 친구 간의 팔로우가 많다는 점이다(グローバルリンクジャパン, 2019: 124). 연령·성별 기준으로는 20-30

대 여성이 60%를 차지하며, 인스타그램의 매력으로는 멋진 사진을 열람할 수 있다는 점과 유행을 파악할 수 있다는 점이 꼽힌다(trenders.co.jp/wordpress/corporate/wp-content/uploads/ 2015/09/mpr20150903). 투고된 패션 아이템을 보고서 사고 싶다고 생각한 이용자가 73%, 식음료를 보고서 식음해보고 싶다고 생각한 이용자가 79%에 달한다. 실제로 식음료를 구매한 이용자도 43.8%에 달할 정도이므로, 패션과 식음료 업체로서는 인스타그램의 마케팅 효과를 충분히 기대할 수 있다.

❹ 유튜브 마케팅

유튜브의 동영상 콘텐츠에 기업 광고를 심는 인스트림(instream) 광고는 기업 웹사이트 혹은 캠페인에 링크를 유도하기가 힘들다. 이유는, 이용자들이 동영상 광고 다음에 나오는 동영상 콘텐츠를 보고 싶어 하기 때문이다. 그렇기 때문에 유튜브 광고는 브랜딩을 목적으로 이루어지는 것이 바람직하다.

인스트림 광고에는 5초 간 재생되고 나면 건너뛰기(skip)를 할 수 있는 것과 할 수 없는 것의 두 가지가 있다. 반면에 디스플레이 광고는 PC상의 유튜브에서 할 수 있는 광고로서, 동영상 콘텐츠의 재생과 무관하게 표시할 수 있다는 장점이 있다(グローバルリンクジャパン, 2019: 153). PC상에서 유튜브를 시청하는 이용자들을 상대로 하는 광고 중에는 덧씌우기 광고(overlay ad)도 있는데, 이는 동영상 콘텐츠 공간의 하단 20%에 표시되는 광고이다. 이용자가 콘텐츠를 시청하는 중에 보이기 때문에 시야에 들어온다는 장점이 있는 반면, 시청에 방해를 주어 짜증나게 만드는 단점도 있다.

❺ 기타 SNS 마케팅

스냅챗(Snapchat) SNS는 '친구(friend)'라 불리는 대화 상대에게 보낸 사진과 동영상이 기본적으로는 최장 10초 이내에 소멸된다는 특징을 갖고 있다. 투고를 한 콘텐츠를 10초 후 소멸이 아니라 24시간 무제한 시청을 가능케 하는 공간이 스냅챗에 있는 Story라고 하는 곳이다. 근처에 있는 이용자도 스토리에 투고할 수 있는 것이 Our Story인데, 이 기능을 사용하면 이벤트, 페스티발 등의 참가자끼리 스토리를 만들어 먼

Evernote 23 미국의 주주자본주의

미국 대기업의 CEO로만 구성된 비영리단체 BRT(Business Roundtable. DC 소재. 1972년 설립)는 2019년8월의 연례모임(181명의 CEO 참석)에서 기업의 목적을 주주우선(shareholder primacy)에서 이해관계자 모두(고객, 종업원, 공급업체, 지역사회, 주주)의 편익을 위한 헌신(commitment to all stakeholders)으로 기업을 이끌겠다는 선언을 하였다. 그러나 진정한 기업 정책의 전환인지 아니면 단순한 홍보전략인지 헤아릴 수 없다. 즉 이해관계자 간 대립이 발생할 경우, 그 중에 누구를 우선시하겠다는 언급이 없다.
주주우선주의의 경영은 노벨경제학상 수상자인 밀턴 프리드먼(Milton Friedman.1912-2006. 1976 Nobel Prize in Economics. 항상소득가설 permanent income hypothesis. 케인즈학파와 반대되는 논리)이 주식 시세가 혼미하였던 1970년대에 주창한 개념으로서, 기업의 주된 의무는 이익 창출이라고 하였다. 이후 1990년대에는 마이클 젠센(Michael Jensen. 1939년생)이 이익을 극대화하기 위하여 기업 경영의 우선사항으로 주주가치의 최대화를 삼아야 한다는 이론을 제시하였다. 그는 이해관계자 모두를 배려해야 한다는 주장을 옛 공산주의 국가에서 실패한 모델이라고 정면 반박하면서, CEO의 보수로서 스톡옵션을 부여하는 것이 주주가치의 극대화로 이어진다는 논문(Theory of the firm: Managerial behavior, agency costs and ownership structure)을 발표하였다. 미국 의회는 1993년에 경영자에게 스톡옵션을 부여하는데 유리한 회계기준을 승인하여 주주제일주의가 미국기업에 단번에 확산할 수 있게 하였다.
문제는 이해관계자 모두의 편익을 위한 헌신이 기업의 장기 이익으로 이어질 수 있는가 하는 점이다. BRT의 성명에 반대하는 사람들은 주주에게 설명해야 할 책임을 회피하려는 것이 아니냐고 지적한다. 가령, 주주의 기대를 충족치 못한 실적을 낸 경우, 이해관계자 모두를 배려하다보니 그리 되었다고 슬쩍 넘기려는 것 아니냐는 지적이다. 결국 양자 중 어느 것을 중시할지는 각 기업의 자율적 판단과 규범의식에 맡길 수밖에 없을 것이다.

(출처: NIKKEI BUSINESS. 株主第一主義を転換?米国企業は本当に変わるのか. 2019.09.23.)

곳에 있는 친구들에게도 보여줌으로써 분위기를 한껏 달아오르게 할 수 있다(グローバルリンクジャパン, 2019: 162).

Discover 기능은 스냅챗과 계약을 맺은 CNN, 야후 등의 미디어에 게재된 콘텐츠를 최대 24시간 시청할 수 있게 해준다. 흥미로운 점은, 게재된 콘텐츠가 자동 선별되는 것이 아니라, 인력에 의해 정리된다는 점이다. 스냅챗에는 계정 자체가 없어서 검색 가능한 정보가 이용자 이름밖에 없다.

핀터리스트(Pinterest)는 이용자가 웹사이트 등을 열람하면서 흥미가 가는 사진, 동

영상을 게시판(board)이라 불리는 카테고리 별로 보존하여, 이용자 간에 공유를 가능케 해주는 SNS이다. 여기서 공유되는 콘텐츠를 Pin 이라 부른다. 다른 이용자가 게시판에 담은 콘텐츠를 자신의 게시판에 '핀'하는 것을 'Repin' 이라고 한다. 팔로우를 늘리기 위해서는 게시판을 다른 이용자들과 공유하는 '단체 게시판(group board)'을 활용하는 방법이 있다(グローバルリンクジャパン, 2019: 165).

공유 방법은, 프로파일 화면에서 임의의 게시판에 들어가 '편집'을 클릭한 뒤에 공유하고 싶은 이용자의 이름과 메일주소를 '게시판 참가자'에 입력하면 된다. 이용자가 콘텐츠를 열람하는 중에 표시되는 광고를 Promoted Pin 이라고 하는데, 2016년 9월 시점에서는 미국과 영국의 기업들만이 광고를 낼 수 있다.

4. 통합마케팅커뮤니케이션

Integrated Marketing Communication(IMC)은 슐츠 교수(Don Schultz)가 제창한 개념인데, 마케팅 커뮤니케이션(프로모션)의 도구인 광고, 홍보, 영업, 판촉, DM 등을 통합 관리하여, 일관성을 유지함으로써 상승효과를 극대화하려는 목적을 지니고 있다. IMC가 다루는 영역에는 시청각요소, 지각 이미지, IT활용, 재무지표 등이 있다. 슐츠의 정의에 따르면, IMC는 "소비자, 예상고객, 기타 조직 내외의 관계된 청중을 대상으로 브랜드 커뮤니케이션 프로그램(조정, 측정, 설득을 지닌)을 지속적으로 계획·개발·실행·평가하기 위한 전략적 비즈니스 프로세스이다[27]". 따라서 IMC는 이해관계자 간 욕구의 상호만족을 극대화하기 위한 과정인 셈이다.

이러한 IMC는 다음과 같은 특징들을 지니고 있다[28]. 첫째, 고객 주도이다. 디지털 기술의 발달에 의해 커뮤니케이션, 구매과정 등의 주도권이 기업에서 소비자로 이동하

27 Schultz, D. and Schultz, H.(1998). Transitioning marketing communication into the twenty-first century. Journal of Marketing Communications, 4(1), 9-26.

28 Schultz, D.(2016). The future of advertising or whatever we are going to call it. Journal of Advertising, 45(3), 276-285.

면서, 고객 욕구를 이해할 필요가 제고되었다. 둘째, 데이터 접근이다. ICT 덕분에 과거에 접근할 수 없었던 소비자행동 데이터를 활용할 수 있게 되어 데이터 주도의 접근이 불가결하게 되었다. 셋째, 채널의 통합이다. 고객과의 접점인 커뮤니케이션 채널 간에 일관된 브랜드 메시지를 발신하기 위해서는 통합이 필수가 되었다. 넷째, 브랜드 구축이다. 다양한 채널의 통합은 단기적으로는 매출 증대, 장기적으로는 브랜드 구축을 가져올 수 있다. 다섯째, 부문이기주의(silo)의 극복이다. 일관된 메시지의 발신을 위해서는 개별 채널의 활동을 담당하는 부서들이 부분최적화(sub-optimization)를 도모해서는 브랜드 구축이 힘들다. 여섯째, 재무성과의 파악이다. 미디어 수준의 성과(도달율 등)에 머물 것이 아니라, 고객의 생애가치에 기반을 둔 재무성과의 평가가 이루어져야 한다.

이상에서 언급한 IMC는 옴니채널 전략과도 상당한 유사점을 지닌다[29]. 우선, 기업주도에서 고객주도로 전환한다는 점이다. 스마트폰, 태블릿PC 등의 기기가 보급되면서 소비자행동이 두리누리(ubiquitous)하면서, 고객이 주도하는 구매행동에 대처하지 못하는 기업은 옴니 채널 전략을 취할 수 없다. 둘째, 데이터 주도의 접근을 취한다는 점이다. 과거에 명확하지 않았던 개별 고객 세그먼트가 인식되면서 개개 고객의 행동과 지향점을 고객 여정 속에서 추출하여 가장 효과적·효율적인 옴니 채널 전략의 실행이 가능해졌다. 셋째, 통합의 관점을 지닌다는 점이다. 휴대전화, 인터넷, SNS 등의 커뮤니케이션 채널은 물론, 점포, DM, 콜센터 등의 판매채널까지도 통합의 대상이 된다. 넷째, 브랜드를 구축한다는 점이다. 고객과의 가장 중요한 상호작용은 채널이 아니라 브랜드를 통하여 이루어진다. 다섯째, 조직의 부문이기주의를 극복한다는 점이다. 각 채널별로 구축된 자원과 역량을 부문 횡단적(cross-functional)으로 재편하여 고객에게 일관된 브랜드 체험을 제공한다. 여섯째, 재무성과를 파악한다는 점이다. 장기적 재무성과인 고객생애가치를 소비자 중심의 관점에서 검증한다.

소매업체들은 옴니 채널 시대에 제품브랜드보다는 회사브랜드를 강화하는 일에 주력해야 한다. 제조업의 회사 브랜드-제품 브랜드 간 상관성에 비하여 소매업의 회사 브

29 Piotrowicz, W. and Cuthbertson, R.(2014). Information technology in retail: Toward omnichannel retailing. International Journal of Electronic Commerce, 18(4), 5-15; Rangaswamy, A. and Bruggen, G.(2005). Opportunities and challenges in multichannel marketing. Journal of Interactive Marketing, 19(2), 5-11

Evernote 24 기업의 사회성과 경제성 간의 관계

일본의 동경증권거래소에 상장한 제조업체 중 유효응답 189(252사 중 상장폐지된 63사 제외)를 대상으로 한 조사에서 기업의 사회성과 경제성 간의 관계에 흥미로운 결과가 나왔다. 사회성은 종업원, 지역사회, 사회일반, 환경과 관련된 척도로 측정하였는데, 사회성과 경제성(수익성, 성장성) 간에 높은 상관관계가 있다면 굳이 기업평가에 사회성을 추가하지 않아도 될 것이다. 조사대상 기업을 1유형(고사회성, 고경제성), 2유형(저사회성, 저경제성), 3유형(저사회성, 고경제성), 4유형(고사회성, 저경제성)으로 각각 분류하여, 네 가지 가설의 검증이 이루어졌다. 가설1은 1유형의 기업이 3유형의 기업보다 고경제성을 유지할 가능성이 높다는 성과유지 가설이고, 가설2는 1유형의 기업이 3유형의 기업보다 저경제성으로 악화할 가능성이 낮다는 성과악화 가설이며, 가설3은 4유형의 기업이 2유형의 기업보다 고경제성으로 회복할 가능성이 높다는 성과회복 가설이고, 가설4는 4유형의 기업이 2유형의 기업보다 저경제성을 지속할 가능성이 낮다는 성과저조 가설이다. 사회성과 경제성의 고·저 구분은 각각의 지표에서 상위 1/3, 하위 1/3에 속하는 경우를 기준으로 삼았다.

경제성 / 기업유형	고경제성	다소악화	다소회복	저경제성
1유형	60%	30%	-	10%
2유형	13%	-	30%	57%
3유형	41%	24%	-	35%
4유형	43%	-	29%	29%

1995-2015년의 20년에 걸쳐서 1유형의 기업 중 60%는 고경제성을 유지하였으나 3유형에서는 41%에 그쳤을 뿐 아니라(가설1에 해당), 저경제성으로 악화한 기업의 비율 면에서도 1유형의 10%에 비하여 3유형은 35%씩이나 되었다(가설2에 해당). 이러한 비율 차이의 통계적 유의성을 검증한 결과, 가설1은 명확한 관계 검증이 이루어지지 않았는데, 이는 기업이 높은 경제성을 확보하기 위해서는 사회성 이외의 요인이 필요함을 의미한다. 즉 사회성은 경제성 제고의 충분조건이 아니라 필요조건이라는 점이다. 가설2의 유의성이 입증되었다는 점은, 높은 사회성을 보이게 되면 기업의 경제성이 악화되는 일을 막을 수 있다고 해석된다. 가설3과 가설4의 경우에는 둘 다 통계적 유의성이 성립하였다. 즉 경제성이 저조한 기업이 경제성 회복을 이루려면 사회성을 높이는 일이 필요하다는 점뿐 아니라, 사회성을 높이지 못하면 저조한 경제성을 이어갈 수밖에 없다는 점이다. 한 가지 주목할 점은, 이러한 사회성의 기능은 단기보다는 장기에 걸쳐 나타난다는 점(5년보다는 10년, 10년보다는 20년), 그러나 25년 이상의 장기에 걸쳐서는 그 효과가 불분명하다는 점이다. 이는 기업이 사회성의 신선도 유지를 위하여 CSR의 정기적인 쇄신을 할 필요가 있다는 점을 말해준다.

(출처: NIKKEI BUSINESS. CSRは業績に直結は本当か. 2021.03.15.)

랜드-점포 브랜드 간 상관관계가 낮다는 점[30]에 비추어 볼 때, 옴니 채널의 본질인 회사 브랜드에 치중해야 한다. 이 때 기업이 고려해야 할 것이 맥락이다. 맥락에는 브랜드 정체성(기업측), 브랜드 커뮤니케이션(기업과 고객 간 접점), 브랜드 이미지(고객측)의 3가지가 있다[31]. 이 중에서 브랜드 정체성과 브랜드 이미지를 연결하는 브랜드 커뮤니케이션의 역할은 한층 중요해지고 있다.

옴니 채널 시대에 브랜드 구축에서 일어날 변화로는, 고객 접점 차원에서는 간접 접점에서 직접 접점으로, 대상 고객 차원에서는 대중(mass) 고객에서 개별(personal) 고객으로, 가치 차원에서는 기능 가치에서 경험 가치로의 전환이다(近藤公彦·中見真也, 2019: 144). 직접 접점으로의 변화를 보면, 종래에는 공급업체가 소매업체의 물류창고에 납품하면 끝이었지만, 이제는 주문고객의 자택 내지 지정 장소로 직송을 해야 한다. 이를 위해서는 상품 공급망 전체가 고객 정보를 공유해야 한다. 개별 고객으로의 변화를 보면, 종래에는 공장에서 ‘흰색 T셔츠 M사이즈 100장’ 이라는 식으로 대량생산을 하였다면, 이제는 ‘xx씨가 주문한 소매길이 xx 센티, 가슴둘레 xx 센티의 티셔츠’처럼 개별 생산으로 변한다. 경험가치로의 변화를 보면, 소비자들은 점포에서 건네받은 물건의 기능이 주는 가치에서 벗어나 온라인에서 제공되는 정보를 통해 구입 전에 유사체험의 기회를 갖게 되므로, 상품개발 단계에서 이 점을 반영해야 한다.

❶ 스타벅스 vs 루이싱커피

미국의 커피체인점 스타벅스는 2018년8월 중국의 우라마(餓了麼. 음식점 배달서비스업. 알리바바 계열사)와 제휴를 맺고, 사무실이나 가정에서 앱으로 커피 주문을 하면 우라마를 통하여 배달해주는 서비스에 특화한 ‘스타벅스 나우’ 점포를 신규 운영하고 있다. 이어 기존 스타벅스 점포들도 앱을 통한 주문 접수 및 배송 서비스를 개시하고 있다. 스타벅스의 이러한 영업 전략 변경은 중국의 신흥 벤처업체 Luckin Coffee(2017년10월 창업. 2019년5월 나스닥 등록)의 맹추격 때문이다.

30 和田充夫(2002), ブランド価値共創. 同文館出版.
31 阿久津聡·石田茂(22002). ブランド戦略シナリオ. ダイヤモンド社

Evernote 25 승자독식의 플랫폼 비즈니스모델

플랫폼에는 기술혁신플랫폼과 거래중개플랫폼의 두 가지가 있다. 전자의 예로는 MS의 윈도, 애플의 iOS 등이 있고, 후자의 예로는 에어비앤비, 락쿠텐(楽天) 등이 있다. 양자의 공통점은 네트워크 외부성(network externality: 수요의 규모경제)을 기반으로 한다는 점이다. 따라서 인구규모가 크거나 경제규모가 큰 국가의 기업에게 유리한 비즈니스모델이다. 중국의 알리바바와 텐센트, 일본의 라쿠텐, 한국의 쿠팡 등이 좋은 예이며, 유럽에는 마땅한 사례가 없지만 예전에 핀란드의 심비안(symbian. 2010년 이후 iOS와 안드로이드에 밀림)과 같은 OS가 이에 해당한다.
인터넷 덕분에 폭발적 성장을 한 플랫폼 비즈니스의 대표적인 성공 사례가 페이스북이다. 2004년에 겨우 100만 명의 회원규모가 2018년에 23억 명으로 경이적인 성장세를 보였다. 물론 플랫폼 비즈니스가 처음부터 순조로운 성장을 이룬 것은 아니다. 오히려 선발 주자보다 후발 주자가 유리하기도 했는데, 실패의 원인은 플랫폼 비즈니스가 요구하는 상이한 두 개의 표적고객층을 동시에 만족시키기가 용이하지 않다는 점이다. 가령, 페이스북의 경우에는 친구 맺기를 하고 싶은 개인이용자 계층과 광고를 올리고 싶은 법인이용자 계층의 욕구를 동시에 충족해야 한다. 동시 충족을 위한 과정에서 난제가 바로 과금(billing)이다. 어떤 이용자 계층에게 어느 정도의 요금을 부과하고, 어떤 이용자 계층에게는 무료로 제공해야 개인이용자와 법인이용자 모두를 최대한 자사의 플랫폼에 가두어 둘 수 있을지를 간파하는데서 대다수의 플랫폼 비즈니스 업체가 실패를 하였다.

(출처:NIKKEI BUSINESS. 勝者総取りのビジネスモデルプラットフォーマーがつまづく日. 2019.10.21.)

러킨커피(瑞幸咖啡.Luckin Coffee.Ruixing Kāfēi)는 2018년1월 베이징에 1호점을 개설한 뒤 불과 1년 11개월 만에 4260개 점포로 가공할 성장을 이루었다. 성장의 원동력은 채산성을 무시한 촉진(promotion) 전략과 입지(place) 전략에 있다. 그럼에도 막상 거리에서 루이싱커피 점포를 찾기가 쉽지 않은 이유는, 건물의 모퉁이에 작은 공간으로 운영하고 있기 때문이다. 이 업체의 사업모형(business model)은 점포 주문이 아니라 전적으로 앱 주문에 의하고 있다. 현금거래가 아니다 보니까 도난이나 정산 착오의 위험도 없고, 5+5의 쿠폰 공략으로 SNS에서 커다란 화제를 불러 일으켰다. 조

출처: https://www.luckincoffee.com/about

그마한 점포에는 화려한 간판이나 쾌적한 소파를 비치할 필요가 없어서 고정비용을 크게 삭감할 수 있다. 중국기업의 이전의 촉진 전략은 인기연예인을 기용한 미디어광고와 영향력 있는 인물(인기 블러거 등의 influencer)에게 상품 선전을 의뢰하는 것이었다. 루이싱커피는 이러한 기존 촉진전략과 병행하여 일반 소비자 중에서도 나름대로 SNS에서 활발한 활동을 벌이는 인물들에게도 접근을 강화하고 있다. 참고로 중국에서는 광고 표현에 관한 규제가 까다로운데, 가령 ‘최량, 최대, 넘버원’과 같은 표현은 사실 여부에 관계없이 사용이 금지되어 있다. 다만, 루이싱커피는 회계부정으로 인하여 2020년 6월에 나스닥 상장폐지라는 수모를 겪었다. (출처: NIKKEI BUSINESS. 消費者マーケティングお手本は中国にあり. 2019.11.18.)

❷ Commonwealth Bank of Australia

온 디맨드(on demand) 마케팅에 불을 지피는 것은 기술과 소비자 기대의 공생적 진화이다. 검색 기술 덕분에 제품 정보는 어디에나 넘쳐나고(ubiquitous), 소셜 미디어 덕분에 소비자들은 경험을 공유, 비교, 평점 매기는 일을 흥겨워하며, 모바일 기기 덕분에 장소에 구애받지 않는(wherever) 디지털 환경이 조성되었다. 향후에는 이미지, 음성, 동작(gesture)만으로도 검색이 가능해질 것이다.

호주의 커먼웰스뱅크는 스마트폰 앱을 통하여 주택검색의 경험을 일신시켰다. 주택구매 예정자는 자신이 좋아하는 주택의 사진을 찍고 나서, 이미지 인식 소프트웨어와 위치기반 기술을 이용하여 원하는 주택을 확인하고 매매가격 및 세금, 기타 정보 등을 열람한다. 그런 다음에는 구매자의 개인 재무정보와 대출기관의 DB와 연계하여 모기지를 받을 수 있는지 사전승인을 받는다. 이런 일련의 절차는 순식간에 이루어져서 기존에 일주일씩 걸리던 작업(부동산 중개인 사이트 검색부터 모기지 브로커 연계까지)을 대체해준다.

❸ Warby Parker

온라인판매업체 중에는 카메라와 터치스크린을 활용하여 고객이 실제 착용한 것과 마찬가지의 모습을 보여주는 서비스를 제공하기도 한다. 워비파커는 소비자의 얼굴을 웹캠에 담아서 수백 가지의 안경을 착용한 모습을 보여주는 맞춤형 서비스를 제공한다. 물론 개인정보 보호, 보안, 신뢰 등의 문제가 따르긴 하지만, 기업이 진정 소비자에게 유용한 피드백을 제공한다면 스팸과 같은 무의미한 온라인광고 메시지를 받는 것보다는 자신에 관한 데이터를 기업에게 제공하려 할 것이다(McKinsey Quarterly. The coming era of on-demand marketing. April 2013).

10 유통

일본에 물적유통(physical distribution) 기능이 소개된 것은 1960년대 초반이고 70년대에 접어들어서 물류라고 줄여 부르게 되었다. 한편 미국에서는 1963년에 발족한 전미물류관리협의회(National Council of Physical Distribution Management)가 1985년에 로지스틱스관리협의회(Council of Logistics Management: CLM)로 개칭을 하였다(丹下博文, 2020: 14). 원래 군사용어인 로지스틱스는 병참으로 번역되는데, 군수물자와 식량의 운반과 보급을 행하는 막중한 임무를 일컫는다. CLM은 로지스틱스를, 고객의 요구사항에 부응하기 위하여 원래지점으로부터 소비지점까지 재화와 서비스, 관련 정보의 효율적이고 효과적인 흐름과 보관을 기획-실행-통제하는 과정이라고 정의하였다. CLM은 뒤이어 1998년에 로지스틱스를 공급망관리(supply chain management: SCM)의 일부분으로 재정의하였고, 2005년에 조직명칭을 다시 공급망관리전문업자협의회(Council of Supply Chain Management Professionals: CSCMP)로 바꾸었다. 그러면서 공급망관리의 정의를, 조달과 구매, 전환 및 로지스틱스관리활동과 관련된 모든 활동을 기획하고 관리하는 것이라고 정의하였다. 따라서 공급망관리는 유통망 파트너(공급업자, 중개업자, 고객) 간의 조정과 협력을 포함한다.

1. 옴니 채널의 관리

모든 유통(distribution) 채널과 소통(marketing communication) 채널을 통합하여 소비자에게 단절 없는(seamless: 소비자가 하나의 접점에서 다른 접점으로 이동하더라도 정보가 끊기지 않고 제공되는 상태) 구매경험을 제공한다는 옴니(Omni) 채널 등장의 배경에는 모바일 기기(스마트폰, 태블릿 등)라는 하드웨어, 모바일 앱이라는 소프트웨어, 모바일결제라는 시스템, 빅데이터 처리라는 기술, 소셜 미디어라는 네트워크의 출현이 자리 잡고 있다.

즉 이들 배경 요인에 의해 기업과 고객 간의 접점(contact point)이 질과 양에서 비약적인 확장을 보이고, 구매 행동에 극적인 변화가 나타났다. 정보수집에서부터 구매결정에 이르기까지 소비자 의사결정의 전 단계가 시공간의 제약을 받지 않고 다양한 유통망을 통해서 진행되는 두리누리(ubiquitous의 번역어=인적자원관리용어사전:100.daum.net) 현상이 나타나게 되었다. 그러다보니 기존의 도·소매업체라는 유통망뿐 아니라 공급망과 물류망, 플랫폼이 중요한 역할을 담당하게 되었다.

이러한 옴니 채널은 고객관계의 관리(Customer Relationship Management : CRM)에도 혁신을 가져온다. 가령, 오프라인 점포가 상품의 판매 장소에서 나아가 온라인구매 상품의 수령 역할을 맡아서 배송의 Last One Mile의 문제를 해소할 수 있다. 소매업체들이 옴니 채널 관리에 신경을 쓰는 이유는, 단일 유통망 이용 고객보다 복수의 유통망 이용 고객이 보다 많은 지출을 하는 세그먼트이기 때문이다[32]. 옴니 채널의 관리 가운데 오프라인 점포를 상품 배송과 수취의 공간으로 활용하게 되면 첫째, 수주에서 배송까지의 리드타임을 단축할 수 있고, 둘째, 소비자가 원하는 시간에 수취할 수 있는 유연성을 확보할 수 있고, 셋째, 온라인 주문을 오프라인에서 인도하므로 상품회전율을 높일 수 있고, 넷째, 배송비용을 절감할 수 있다(近藤公彦·中見真也, 2019: 19).

옴니 채널의 채택은 몇 단계를 거쳐서 이루어졌다. 우선 클릭&모르타르(click&mortar) 채널 전략이 채택되었는데, 이는 오프라인 점포 판매에는 부적합한, 부피가 큰 상품을 온라인에서 판매하고, 온라인 판매 상품의 반품은 오프라인 점포에서 수령하고, 신상품 판매를 온라인에서 소개하여 오프라인 매장 판매에 앞서 소비자 반응을 살펴보고, 오프라인 점포의 과잉재고, 불량재고를 온라인에서 판매·처리하는 역할을 수행하는 것이다(近藤公彦·中見真也, 2019: 39).

그 다음으로 O2O(Online to Offline) 채널 전략은 온라인 사이트에서 상품(구색, 가격 등)

32 Kumar, V. and Venkatesan, R.(2005). Who are the multichannel shoppers and how do they perform? Journal of Interactive Marketing, 19(2), 44-62; Kushwaha, T. and Shankar, V.(2013). Are multichannel customers really more valuable? The moderating role of product category characteristics. Journal of Marketing, 77(4), 67-85.

및 서비스의 내용을 소개하여 소비자가 오프라인 점포를 방문토록 유도하는 전략이다.

이어서 멀티채널 전략이 등장하는데, 이는 2가지 이상의 유통 채널을 동기화하여 상품·서비스, 고객지원을 제공하는 활동을 말한다. 이로써 다양한 고객 접점을 통한 고객관계의 심화를 가져올 수 있다. 멀티채널 전략의 목적은, 채널별로 상이한 종류의 상품, 상이한 수준의 가격대를 갖추어 이익의 극대화를 실현하려는 것이다. 또한 다양한 채널을 동원하여 보다 많은 고객 세그먼트에 접근하여 매출을 확대하고자 한다. 가령 오프라인 점포가 없는 지역에 온라인 판매를 통하여 접근하는 식이다. 그리고 각각의 채널이 지닌 단점을 멀티 채널화로 극복함으로써 고객 만족과 고객충성을 제고하려는 목적도 지니고 있다. 끝으로 채널 간 공유를 통한 비용 절감도 노리고 있다. 가령, 고객관리시스템, 인사관리시스템, 촉진역량 등을 공동 이용하는 점을 꼽을 수 있다. 그러나 채널별로 활동에 차이점을 갖고 있기 때문에 통합 운영에는 어려움도 따른다. 이런 문제점의 극복을 위하여 채널 간 조정이 제대로 이루어져야 한다.

마지막으로 옴니 채널 전략이 대두하는데, 단절 없는(seamless) 고객 경험을 오프라인 점포와 온라인 간의 융합으로 창출하는 것이다. 즉 멀티채널 전략이 개개 채널의 독립적·경합적 운영을 전제로 하는데 비하여, 옴니 채널 전략에서는 개개 채널이 연동하여 운영된다는 차이를 보인다. 그렇기 때문에 옴니 채널을 통하여 고객은 통일된 하나의 브랜드를 체험하게 된다[33].

옴니 채널의 통합관리에는 다음의 장애들이 있다[34]. 첫째, 각각의 채널에는 효과적·효율적 관리를 위한 특유의(specific) 자원과 역량이 구축되어 있다. 가령, 오프라인 점포 채널에는 점포관리와 영업에 관한 자원과 역량, 전자상거래 채널에는 상품 배송에 관한 자원과 역량, 같은 오프라인 점포라고 하더라도 백화점에는 부문별(여성의류, 남성의류, 잡화 등) 관리능력, 납품업체와의 관계구축 능력, 편의점에는 단품 단위의 정보관

33 Picot-Coupey, K., Huré, E. and Piveteau, L.(2016). Channel design to enrich customers' shopping experiences: Synchronizing clicks with bricks in an omni-channel perspective. International Journal of Retail and Distribution Management, 44(3), 336-368.

34 Zhang, J., Farris, P., Irvin, J., Kushwaha, T. Steenburgh, T. and Weitz, B.(2010). Crafting integrated multichannel retailing strategies. Journal of Interactive Marketing, 24(2), 168-180; Cao, L. and Li. L.(2015). The impact of cross-channel integration on retailers' sales growth. Journal of Retailing, 92(2), 198-216; Keller, K.(2010). Brand equity management in a multichannel, multimedia retail environment. Journal of Interactive Marketing, 24(2), 58-70.

리능력과 다빈도 소물량 물류관리능력이 핵심 조직역량이다.

둘째, 옴니 채널 관리비용이 부담하기 힘든 수준이 될 수 있다. 필요한 자원과 역량의 조달비용, 각 채널에 최적화한 자원과 역량을 옴니 채널로 전환비용, 방대하고 다양하기 그지없는 고객·판매·재고·물류 데이터의 수집과 분석을 위한 정보시스템의 도입·운용비용 등이 걸림돌로 작용한다. 상품데이터에 비하여 고객데이터는 다양성·복잡성이 심하여 어느 데이터가 가치 있는 지식으로 될 수 있을지 판단이 서지 않는다. 또한 고객데이터 중에는 정형화·코드화가 어려운 것들이 있어서 전사적 공유·활용을 위한 활동의 일상화(routinization)가 힘들기 때문에 운영비용이 상승한다. 결국, 상품 데이터의 통합에 그침으로써 차별화한 서비스를 제공하지 못하게 된다. 셋째, 상품구색을 옴니 채널 전체로 통합하게 되면 최적 규모를 초과하여 관리비용이 폭증하며 소비자의 혼란을 가져올 수 있다.

오프라인 구매와 달리 온라인 구매에서는 상품의 검색·주문과 배송 간에 시간 차이가 발생한다. 또한 검색·주문은 판매자와는 떨어진 장소에서 이루어지고, 배송은 판매자가 담당하므로 공간 분리가 발생한다. 따라서 오프라인과 온라인 간 생태계(상권 형성 메커니즘, 표적 고객, 커뮤니케이션, 공급업체와의 관계 등) 차이는 오프라인에서 소매업체가 구축해온 강점을 그대로 온라인에서 활용하는 것을 어렵게 만든다. 이런 과제의 해결 사례를 몇 가지 살펴보면 다음과 같다(近藤公彦·中見真也, 2019: 157).

❶ 월마트

점포 재고를 활용하는 사례로서 월마트는 미국 전역에 있는 5000개 점포를 네트워킹하여 온라인 주문 상품의 오프라인 매장 수취에 힘을 쏟고 있다. 주문 고객이 점포를 방문하여 'Pick up here' 이라는 안내 팻말이 있는 곳으로 가서 1시간 정도 기다리면 주문 당일에 수취할 수 있다. 일본의 카메라 전문점 키타무라의 온라인판매 사이트 '키타무라 네트'는 전체 매출의 30%를 차지하고 있고, 온라인 주문의 70%는 배송료 무료의 오프라인 점포 수취를 선택한다. 점포에 수취하러 가면, 전문 지식이 풍부한 판매사원이 주문 상품의 조작법을 설명해주고, 카메라 액세서리의 추가 구입까지 이루어지기도 한다.

Evernote 26 차세대 공용 EDI의 등장

일본에서는 기업간 거래의 수발주 업무를 전자처리하는 EDI(Electronic Data Interchange)의 신사양으로 중소기업공통EDI의 출현을 앞두고 있다. 공통EDI는 상이한 데이터 사양을 흡수·변환하는 IT서비스의 중개를 통하여 서로 다른 EDI를 사용하는 기업간 수발주 데이터의 교환을 가능케 한다. 뿐만 아니라 축적된 거래 데이터를 활용하여 기업간 결제의 자동화, 외상매출금의 조기회수, 저금리의 자금조달 등으로 용도가 확대될 수 있다.
지금까지 발주자인 대기업들은 하도급의 중소기업들에게 자사의 독자적인 EDI를 채택하도록 하였다. 1990년대에 도입한 ISDN 기반의 EDI가 그 대표 예이다. 2000년대에 들어와서는 인터넷과 웹브라우저를 이용한 Web-EDI가 도입되었다. 그러나 이들 EDI는 발주자인 대기업에게만 편익이 있을 뿐 수주자인 중소기업에게는 별다른 매력이 없었기에, 중소기업의 채택이 지지부진하였다(전체 중소기업의 20%정도만이 채택). 그 결과, 대기업이 중소기업과 거래하면서 여전히 팩스와 같은 비효율적인 방식을 계속할 수밖에 없었다.
따라서 기존의 EDI가 동일한 통신서비스를 사용하는 기업 간의 PC통신이었다면, 공통EDI는 그 경계(net)를 뛰어넘는 인터넷(inter-net)통신이다. 또한 국제EDI의 표준공통사전에 의거하므로 국제거래에도 적용할 수 있다. 기업의 EDI 데이터는 IT벤더들이 제공하는 '공통EDI provider'를 경유하여 접속하면 공통EDI로 변환된다. 따라서 사내에 별도의 서버를 따로 둘 필요가 없다. 향후 일본에서는 2024년1월부터 ISDN이 폐지될 예정이므로, 기업들은 공통EDI의 도입 준비를 서둘러야 할 것이다.

(출처: NIKKEI BUSINESS. Techno Trend 093: 次世代の共通EDI 受発注の時間を削減. 2019.11.04.)

❷ 워비파커

물류센터의 재고 활용 사례로서, 2010년에 미국에서 창업한 안경의 온라인판매업체 '워비파커(Warby Parker)'는 저렴한 가격에 디자인이 뛰어난 안경을 자체 생산하여 판매해오고 있다. 2013년에 뉴욕에 개점한 오프라인 점포에서는 쇼루밍 서비스를 실시하여 고객이 이후 온라인에서 주문하도록 유도하고 있다.

❸ 보노보스

2017년에 월마트가 인수한 남성복 온라인판매업체 '보노보스(Bonobos)'는 뉴욕, 시카고, 샌프란시스코 등에 오프라인 점포 '보노보스 가이드숍'을 개설하였다. 시착(try-on) 전문점이기 때문에 방문 고객들은 시착 후 구매하지 않는 것에 대한 부담감을 떨쳐버리고 편하게 이용한 뒤에 온라인주문을 할 수 있다.

2. 옴니 채널 이용자

멀티채널을 이용하는 소비자라 함은, 특정 업체가 가동하고 있는 두 개 이상의 유통망을 일정 기간에 걸쳐 이용하는 소비자를 가리킨다(Kumar and Venkatesan, 2005). 이에 비하여 옴니 채널을 이용하는 소비자는 위의 두 개 이상의 유통망을 동시에 이용하는 소비자를 의미한다.[35] 그런 의미에서 옴니 채널 소비자는 특수한 형태의 멀티채널 소비자라고 말할 수 있다.

옴니 채널에 오프라인 점포가 포함되어 있는데, 온라인 쇼핑의 편의성과 저렴성에도 불구하고 오프라인 점포가 건재할 것으로 보는 데는 몇 가지 이유가 있다(近藤公彦·中見真也, 2019: 64). 하나는 실물을 직접 만져보고 싶은 소비자의 접촉 욕구가 있고, 또 다른 점은 기능적 가치에 덧붙여 쾌락적 가치를 추구하려는 소비자 욕구가 있다. 그렇기 때문에 아마존닷컴이 수퍼마켓 체인점 '호울푸즈(wholefoods)'를 인수하였고, 아마존 프레쉬, 아마존 고 등과 같은 오프라인 점포를 개설하였다. 이처럼 온라인 판매업체가 오프라인 매장을 운영하게 되면 사업 실적에도 긍정적인 효과를 미친다[36].

반면에 오프라인 사업을 하는 업체가 멀티채널 전략을 채택하게 되면 부작용에 유념해야 한다. 오프라인 점포의 쇼루밍 현상이 발생하면서 의욕이 저하된 판매사원의 고객 응대 서비스의 질이 떨어지면서 점포 실적에 부정적 영향을 미칠 수 있다[37]. 이를 타개하려는 기업들의 움직임도 있는데, 쇼루밍에 특화하여 재고를 보유하지 않음으로써 점포 공간의 효과적 활용을 한다든가, 방문 고객이 맘에 드는 상품을 시착 혹은 현물 확인을 하는 인솔점포(guideshop)를 운영하기도 한다. 의류의 H&M(도쿄 롭폰기(六本木) 점포), 가구의 니토리, 안경의 메가네수퍼 등이 맞춤형 서비스와 재고 없는 상품 전략을 시험적으로 전개하고 있다.

---

35 Lazaris, C. and Vrechopoulos, A.(2014). From multichannel to omnichannel retailing. 2nd International Conference on Contemporary Marketing Issues, 18-20 June 2014, Athens, Greece.

36 Pauwels, K. and Neslin, S.(2015). Building with click and mortar: The revenue impact of opening physical stores in a multichannel environment. Journal of Retailing, 91(2), 182-197.

37 Rapp, A., Baker, T., Bachrach, D., Ogilvie, J. and Beitelspacher, L.(2015). Perceived customer showrooming behavior and the effect on retail salesperson self-efficacy and performance. Journal of Retailing, 91(2), 358-369.

Evernote 27 주요국 대학의 인재교육 제도

영국은 대학 1-2년 때부터 기업에서 인턴으로 활동하며, 활동 기간 중에 기업으로부터 좋은 평가를 받으면 후에 정식 취업이 이루어진다. 일종의 입도선매라고 할 수 있다. 학생이 대학에서 배운 능력을 보고 구인 활동을 전개하는 것이 아니라, 학생의 잠재 능력을 보고 OJT를 통하여 한 명의 직장인으로 육성한다는 점에서는 일본과 유사하다. 그러나 10년 이상 근속자의 비율 면에서 일본이 44.5%인데 비하여 영국은 31.6%라는 점에 비추어 보면, 특정 기업에서만 유용한 인재 육성의 일본과는 달리, 영국에서는 어느 기업에서도 통용할 수 있는 인재 육성을 택하고 있다.
독일과 프랑스는 채용하여 곧바로 써먹을 수 있는 인재를 채용한다는 점에서 영국과는 다르다. 따라서 직종별로 취득해야 할 학위가 세분화되어 있으며, 대학에서 교양교육은 이루어지지 않고 실학 위주의 교과과정이 편성·운용되고 있다. 미국도 이들 국가처럼 즉각 실무에 투입 가능한 인재를 채용하지만, 대학의 학위가 취업 자격을 대변하는 점에서는 이들 국가보다 떨어진다. 또한 대학의 교육과정에 교양과목이 포함된 점은 일본과 유사하다.
중국은 대학 운영이 국가전략 차원에서 이루어지고 있다. GDP 성장률 1%포인트 당 대학정원을 100만 명으로 정해놓고 있다. 현재 중국의 GDP성장률이 6%대이므로 대학정원은 600-700만 명의 선이다. 중국정부는 취업지원도 법률에 규정하고 있는데, '일대일로'의 국가정책을 수행하기 위하여 관련 기업체에 취업을 알선한다든가, IT산업의 활성화를 위하여 벤처기업에 학생들을 소개하기도 한다.
한국은 대학진학률이 70%선으로 OECD의 평균치 60%선을 웃돈다. 삼성그룹이 학력을 불문하고 스펙을 중시하다보니, 산업계가 이를 따르는 경향에 있다. 그러다보니 스펙 경쟁이 과열양상을 보인다.
결국 주요국가의 인재교육 스타일을 정리하면, 영국·일본과, 독일·프랑스·미국을 각각 하나의 그룹으로 엮고, 중국과 한국은 각각 독자 스타일을 보인다고 말할 수 있다. 이 중 어느 스타일이 바람직한가는 당연히 결론짓기가 어렵다. 스웨덴 방식(스웨덴의 대학에는 축제도 동아리활동도 없음)과 유사한 프랑스에서는 젊은 층의 실업률이 20%에 달한다. 기업이 신입직원보다는 경력직원을 선호하기 때문이다. 반면에 일본은 OJT 중심의 채용으로 실업률이 3%대에 그치고 있다.

(출처: NIKKEI BUSINESS. 日本と主要6カ国の教育事情. 2019.10.28.)

오프라인 점포가 보여주는 또 다른 역할에는 온라인 주문 상품의 수취 서비스(Buy Online, Pick up in Store: BOPS)가 있다. 이런 서비스를 제공하면, 온라인 공간에서만 구매활동을 벌이는 고객들을 오프라인 매장으로 유인할 수 있고, 점포 내 상품 구경을 통하여 예정에 없던 충동구매도 이루어질 수 있고, 점포의 재고가 없어서 품절로 인한 구매 실패를 할지도 모른다는 소비자의 인식 위험을 감소시키는 여러 효과까지 동시에 거둘 수 있다[38].

옴니 채널 이용자의 두드러진 행동 특성의 하나로 앱의 적극적 활용을 꼽을 수 있다. 패션 분야에서 특히 활발한데, 무인양품의 'MUJI passport'를 비롯한 앱에서는 결제, 사전주문, 재고확인, 촉진, 맞춤형, 메모, 이용자 간 교류, 입소문 평가, 위치정보에 의한 체크인, 점포 내 유유적적 활보, 포인트 적립, 기존 ID와의 연계, 게임 등 다채로운 기능이 통합된 환경을 제공하고 있다. 그런 연유로 이용자들은 통근 중에 구매와는 무관하게 습관적으로 시간 보내기 용도로 이용하고도 있다. 마찬가지로 온라인주문 상품의 오프라인 점포 수취(BOPS)도 점포에 들른 김에 상품 구경을 하다가 추가로 구매할 수도 있고, 아예 구매 목적을 떠나서 외출하고픈 의도, 즉 쾌락적 가치의 추구에 있다고 말할 수 있다(近藤公彦·中見真也, 2019: 76).

3. 의류 상품의 옴니 채널

대부분의 의류업체에게는 오프라인 점포가 여전히 필수이다. 3천 명의 미국 소비자들을 대상으로 한 맥킨지컨설팅의 조사를 보면, 옴니 채널을 이용하는 소비자는 오프라인 점포만을 이용하는 소비자보다 구매빈도는 1.7배, 연간 구매금액(2천 달러)은 1.34배 높은 것으로 나왔다(McKinsey& Co., Getting sharp on omnichannel shoppers in apparel, 2019.09.02.). 옴니 채널 이용 고객은 전체의 1/3을 차지하고, 쇼핑의 60%가 검색이나 구매 단계에서 디지털 요소를 포함하고 있다. 그러면서도 쇼핑의 40%는 온라인 검색 없이 여전히 오프라인 점포(physical stores)에서 이루어지고 있다.

세포라(Sephora)는 옴니 채널을 이용한 고객 맞춤형(personalization) 전략을 한 단계 끌어올려서 위치를 표적으로 삼은 메시지를 보낸다. 고객과 가장 가까운 곳에 입지를 갖춘 점포에서 한정(limited-edition) 신상품을 재고로 갖고 있다는 내용이다.

38 Gallino, S. and Moreno, A.(2014). Integration of online and offline channels in retail: The impact of sharing reliable inventory availability information. Management Science, 60(6), 1434-1451; Gao, F. and Su, X.(2017). Omnichannel retail operations with buy-online-and-pick-up-in-store. Management Scinece, 63(8), 2478-2492.

맞춤형(tailored for me) 상품 제안은 고객의 점포 방문을 이끄는 구동요인(driver)이다. 맞춤형은 점포에게는 차별화를 가져다주고, 고객에게는 기쁨을 제공한다. 이러한 맞춤형이 효과를 거두려면 브랜드 제조업체와 소매업체 모두 그들의 고객이 누구인지를 알아야 한다. 즉 점포 방문 전에 온라인 검색을 하거나 웹사이트 방문 전에 점포에서 정보 수집을 하는 고객(전체의 1/3)을 확인하는 일이다.

의류 구매자의 1/4은 의류 쇼핑의 초기 단계에서 아마존 사이트를 방문한다. 그러나 이들 중 2/3는 다른 곳에서 구매를 한다. 이는 아마존이 마케팅 및 미디어 플랫폼으로서 역할이 제고되고 있는 점에 비추어 볼 때, 구매 과정의 검색, 영감, 발견 단계에서 치명적인 기능을 한다는 점을 말해준다. 그러나 평가와 거래 단계에서는 그 효과가 떨어진다는 점도 알 수 있다.

바로 이 점에 비추어 의류업체가 차별화를 통하여 실제 매매를 성사시킬 수 있는 기회를 얻을 수 있음을 보여준다. 서비스 항목을 예로 들면, 점포 직원에 전적으로 투자하기 보다는, 가상 스타일리스트와 챗봇(chatbot: 인간과 대화할 수 있는 프로그램 혹은 인공지능)을 지렛대로 삼기도 하고, 점포 직원의 상담도구 기능을 강화하여 특정 내방객에 관한 가장 중요한 정보를 제공해줄 수 있는 데에 투자를 한다.

옴니 채널의 핵심을 이루는 자산에는 상품구색(assortment), 체험(experience), 서비스, 가격, 편리성(convenience)이 있다. 상품구색은 소비자를 옴니채널로 방문토록 하는 가장 중요한 자산이다. 특히 백화점과 같은 멀티브랜드 소매업체에게는 폭넓은 구색이 결정적이다.

고객에게 제대로 된 체험을 제공하려면 두 가지 지렛대가 가장 시급하다. 하나는 맞춤형 제품 제안이고, 다른 하나는 재미가 있어야 한다는 것이다. 구매의 확신을 강화하는 사용 후기, 점포에서 시착(try-on)하기 위한 품목 예약과 같은 실질적인 체험 요소는 온라인 방문을 촉진한다. 오프라인 점포 방문의 촉진을 위해서는 온라인 채널에서 쉽게 모방할 수 없는 몰입의 환경을 조성해야 한다. 지역의 이름난 음악가들을 초대하고, 이벤트를 개최하고, 즐길 거리를 쇼핑객들에게 제공함으로써, 소셜 미디어의 콘텐츠로 소개되고, 궁극적으로는 매출과 고객충성도를 높이게 되었다.

서비스의 중요성과 관련해서는 미국인의 33%가 단 한 번의 형편없는 서비스를 경

Evernote 28 소비재 기업의 M&A

기업이 자체 노력으로 성장을 이루는 유기적 성장(organic growth)에는 대중에게 호소할 수 있는 브랜드, 대형 소매업체와의 특권적 거래(privileged trade relationship), 신흥개발 시장에서의 신규사업, 비용절감을 위한 일관된 활동모형(operation model)의 네 가지 요소가 필요하다. M&A는 기업이 보유한 막강한 마케팅 능력과 제조능력에 신규 브랜드를 추가함으로써 유기적 성장을 보완·가속시킬 수 있다.

기업의 유기적 성장은 최근 어려움을 겪고 있는데, 2013-2017년의 기간 중에 실질 GDP의 연평균 성장률 2.8%에도 미치지 못하는 연평균 1.7%에 그쳤다. 이런 어려움의 배경에는 소비자와 경쟁자 차원의 문제가 있다. 소비자 차원에서는 특히 밀레니얼세대와 Z세대(Zers)의 기호가 급격히 변화한다는 점이고, 경쟁자 차원에서는 이러한 소비자 기호 변화의 급진성에 민첩한 반응을 보이는 디지털 감각이 뛰어난 신생기업에 비하여 기존 대기업은 둔감하다. 신생기업은 낮아진 진입장벽 덕분에 유통점포의 선반과 소비자의 마음에 용이하게 다가설 수 있고, 제조와 공급망관리는 아웃소싱으로 대체할 수 있다.

유기적 성장을 보완·가속시켜주는 M&A도 갈수록 성사 건수가 줄어들고 있다. 소비재 기업을 상대로 한 M&A 건수는 2007년 2300 건에서 2018년 1800건으로 줄어들었다. 이러한 M&A에는 크게 세 가지 유형이 있는데, 자사가 활동하는 분야에서 M&A, 급속 성장세를 보이는 도전자 기업 M&A, 필요한 경우 핵심역량을 벗어나 주변 분야에서 이루어지는 M&A가 바로 그것이다.

제1의 유형(expanding portfolio)은 규모경제의 달성이 그 목표이고 자사의 핵심제품 카테고리의 경합업체를 M&A하여 포트폴리오를 확대하는 것이다. 제2 유형(snapping up challengers)은 자사의 핵심제품 카테고리에서 강력한 성장세를 구가하는 도전자 업체를 M&A하는 것이다. 제3 유형(betting on adjacencies)은 포트폴리오의 다각화와 성장을 목표로 자사의 핵심제품 카테고리를 넘어서서 새로운 고객, 새로운 제품 세그먼트에 접근하는 M&A이다.

이들 세 가지 유형의 2013-18년 주주총수익률(total shareholder return: TSR=주가시세차익+배당금/주식매입가격. 주가시세차익을 자본소득:capital gain이라 하고, 배당금을 current income이라 함)은 각각 3.3%(88개 기업), 6.3%(22개 기업), 0.4%(9개 기업)를 보였다(중위값 4.3%. 119개 기업은 북미, 유럽, 한국, 일본, 호주, 중남미기업이고, 소매업과 의류업, 내구소비재는 제외). 화장품업체 에스티로더(Estée Lauder)는 젊은 층 소비자에게 강력한 호소력을 지닌 여러 브랜드를 M&A하여 유통시스템을 재설정하면서(백화점에서 전문소매점: specialty retailers으로 이동), 역동적 성장을 지속하고 있다. 초대형 M&A(megadeal, big bang. 인수기업의 시가총액의 30%를 초과하는 인수가격을 지불한 M&A)는 5% 이상의 마이너스 성장을 보이기도 하였다(2013-18년에 초대형 M&A를 행한 33개 기업 중 14개 기업). 그 이유는, 초대형 M&A의 목적이 성장보다는 비용절감에 그 목적을 두기 때문이다.

(출처: McKinsey & Co. Consumer packaged goods practice: The next wave of consumer M&A-Searching for growth. McKinsey Quarterly, Oct.2019)

험하기만 해도 구매 브랜드를 교체할 생각을 갖게 될 것이라고 말하였다. 또한 미국인의 70%는 탁월한 서비스를 제공하는 기업의 제품을 구매하는데 더 많은 지출을 한 것으로 밝혀졌다. 서비스는 차별화의 여지가 가장 많은 자산이다.

가격은 멀티브랜드 점포보다는 단일브랜드 점포에 소비자를 방문하도록 유인하는 데 조금 더 중요한 역할을 한다. 고객은 점포가 제공하는 체험이 상당히 차별화된다면 오프라인과 온라인 간에 가격 차이를 수용할 의사가 있다.

마지막으로 편리성은 오프라인과 온라인 채널 간에 매끄러운 연결(seamless switching), 배송 옵션의 유연성, 점포의 입지 등을 포함하는데, 이에 대해 소비자들은 가장 중요한 구매 요인이라고 말하면서도, 실제로 보여주는 행동은 다르다는 점에 기업은 유념해야 한다. 즉 다섯 가지의 핵심 자산 중에서 소비자를 유통채널에 유인하는 역할이 가장 낮다는 것이다.

4. 맞춤형 옴니채널 마케팅

표 6 온라인과 오프라인의 맞춤형 마케팅

고객과의 접촉단계	온라인 맞춤형 활동	오프라인 맞춤형 활동
방문 전 (인지)	*표적맞춤형 진열 광고 *맞춤형 이메일 발송	*만인 대응형 진열
방문 중 (전환)	*추천기능 제공 *고객의 검색 활동 추적	*만인 대응형 점포에 고객 도착 *고객 도착 사실 미인식(종종)
방문 후 (관여)	*카트에 담지 않은 상품 추적 및 추후 다시 보여주기	*미구입 시 데이터 수집 불가 *최종 구매에서 고객정보 입수

자료: McKinsey, Feb 2020, p.2

물리적 유통망(오프라인)과 온라인 유통망을 연계하는 옴니채널에서 고객 체험을 맞춤형으로 제공하게 되면 기업의 매출이 5-15% 증가할 것으로 예측된다. 아직도 소매 판매의 80%가 오프라인에서 이루어진다는 점을 고려하면, 점포 마케팅의 디지털화가 최종 관문이 된다.

옴니채널(O2O)의 개별맞춤형(personalization)을 기업들이 필요하다고 생각하면서도 실행에 옮기지 못하는 데는 몇 가지 장애요인들이 있다(McKinsey, Feb 2020, p.3).

첫째는 대규모 기술투자를 요하므로 투자수익률을 거두기가 요원하다고 생각하는 점이다. 하드웨어와 소프트웨어를 작동시키려면 시간과 자원을 엄청 투입해야 할 것 같은 생각이 드는 것이다.

둘째는 매끄러운(seamless) 고객체험을 전달하고 종업원 교육을 시키는 일이 어렵다고 생각하는 점이다. 고객의 물리적 체험을 직관적이고 단순하게 만드는 일, 가령 키오스크에서 서명하는 일, 앱을 다운로드하여 사용에 익숙해지는 일, 현장감 있는 상호작용 속에서 종업원에게 정보를 제공하는 일 등의 장벽이 높다는 점이다.

셋째는 조직과 그 문화가 변신하는 일이 복잡하다고 생각하는 점이다. 그러한 변신은 결과에 걸맞은 인센티브가 주어지고, 성과 측정이 O2O를 가로질러 이루어질 때 가능하다. 문제는 전통적으로 기업들이 오프라인 채널과 온라인 채널의 목표, 전략, 성과의 소유 등을 제 각각 독자적으로 운영한다는데 있다. 한쪽 유통망이 다른 유통망을 지원한다고 해도 인센티브가 주어지지 않고, 각 유통망 전용 담당 팀들은 다른 유통망에서 일어나는 일에 대한 시야가 부족하다보니 의미 있는 협업도 이루어지지 않는다.

따라서 옴니채널의 개별맞춤형이 이루어지려면 다음과 같은 조치가 이루어져야 한다.

첫째는 그 전략과 학습 일정을 작성해야 한다. 최고의 기업들은 고객과의 접촉 단계(방문 전-중-후)별로 고객 여정에서 영향을 미치는 핵심 순간들을 투명하게 이해하고 있다.

신규 입지에 대한 신규 고객들의 방문 전 인지(awareness)를 가속화하기 위하여 미국의 유통소매업체 호울푸즈(Whole Foods)는 고객이 자사 점포 혹은 경쟁사 점포 근처에 있을 때 자사 점포로 방문을 가속화하기 위하여 위치정보를 이용한 알림 서비스를 전개하였다. 그런 알림 통지를 받은 고객 중 5%가 실제 점포를 방문한 것으로 밝혀졌다. 이런 서비스를 전개하는 미국 유통소매업체는 전체의 25%에 못 미치는 것으로 드러났다. 물론 이런 팝업 알림 서비스를 전개할 때는 메시지의 희석과 고객 불만족을 유발하지 않도록 각별히 유념해야 한다.

방문 중 전환을 높이기 위하여 맥도날드는 드라이브스루 메뉴 게시판에 의사결정 엔진 기술을 적용하였다. 이는 하루의 시간대, 유행 품목, 매장의 입지, 날씨 등에 기반을 둔 메뉴를 맞춤형으로 제공하는 것이다. 고객들은 자신이 원하는 메뉴를 보다 용이하게 찾을 수 있고 추가로 추천된 품목을 구입하게 됨으로써, 주문 체험이 훨씬 더 편해지고 전환율이 상승하고 구매액이 증가하는 결과를 가져왔다.

방문 후 관여를 높이기 위하여 세포라(Sephora: 화장품소매체인점)는 위치기반 정보를 활용하여 앱 사용자들에게 점포에 들러야 하는 이유를 상기시켰다. 최근의 마지막 방문 이후 시간의 경과 및 고객의 선호 소통매체를 감안한 맞춤형 알림이다.

둘째는 오프라인의 매장에서 개별맞춤형 체험을 활성화하는데 도움이 되는 다섯 가지 디지털 접점을 언급해야 한다. 이들 접점이 고객에게 주는 영향을 체계적으로 평가하면, 기업은 고객행동을 이해하고 효과적인 쌍방형 소통전략을 전개할 수 있다. 그 이전에 신원 확인 또는 디지털 확인을 통하여 고객을 정확하게 확인(identify)해야 한다. 신원확인은 공개적으로 해야 하는데, 가령 이메일주소 혹은 전화번호 묻기를 하되 그 반대급부로서 개별맞춤형 상품제안(offer), 와이파이 혹은 휴대폰충전과 같은 무료서비스 제공, 판촉 제공 등을 하도록 한다. POS에서는 회원카드에 포인트 축적, 전자영수증 받기 등의 대가로 고객에게 신원확인을 독려할 수 있다.

표 7 점포와 고객 간 디지털 접점

		디지털 접점				
고객과의 접촉단계	목표	모바일 앱	디지털 화면	상호작용 스크린	기술무장 종업원	POS
방문 전 (인지)	유입 증대	맞춤형 위치기반 알림	맞춤형 맥락특유 광고	-	-	-
방문 중 (전환)	전환 증대	점내안내, 증강현실 체험	스마트 선반 및 역동적 화면	검색,비교추천 받기, 가상시착, 증강현실	검색안내, 제품추천	-
	구매 증대	점내추천, 계산대의 보완제품	스마트 선반 및 역동적 화면	구매행동 기반의 선택번들 추가	구매이력 기반의 보완제품 제안	이전구매재보충 및 선택 추가
방문 후 (관여)	유지·재구매	점내행사 환기	-	-	-	구매 및 향후주문 followup

출처: McKinsey, Feb 2020, p.4

셋째는 옴니채널의 의사결정 엔진을 사용하여 고객에게 체험을 전달하고 성과를 측정해야 한다. 성과 측정은 온라인과 오프라인이 가져온 효과 모두를 측정해야 하는데, 가령 기술로 무장한 종업원과 대화를 나눈 뒤 실제 구매는 개별맞춤형 추천이 담긴 후속 이메일을 수신하고 나서 이루어진 예를 들 수 있다.

넷째는 기민한 작동 관행(agile operating practices)을 실행해야 한다. 기민한 마케팅 팀에는 성과측정을 위한 데이터분석가, 가설 검증을 위한 마케팅인력, 실행을 지원할 마케팅 기술전문가, 오프라인 유통망 직원들(모바일 앱, 키오스크, 상호작용 스크린 등의 접점 전담 상품 리더들), 현장인력의 교육을 주도하는 현장활동 관리자, 기술적 해결을 언급할 소프트웨어와 하드웨어 기술자 등이 합류·협업하여 옴니채널의 개별맞춤 서비스의 성과를 성취해야 한다. 이렇게 기능횡단 팀을 결성하면 단일 부서 단위로 각자 맡은 격리된 접점에 대해서만 책임을 지는 것과 비교할 때, 고객의 소비여정(customer journey)에 대한 공동 책임의식을 조성하는 효과를 가져 온다.

다섯째는 현장에서 옴니채널의 개별맞춤형 제공을 활성화시켜야 한다. 현장인력들이 개별맞춤형의 가치를 인식하고 디지털 활용법을 터득하여 완벽한 옴니채널의 체험을 고객에게 전달하는 일이 중요하다. 어느 소매업체는 점내 인력들에게 태블릿으로 판매지원 도구를 제공하고, 그 도구를 활용하여 고객지원과 판매를 증대시킬 수 있는 교육을 시켰다. 결과는 고객의 평균 구매액(basket size)이 시범점포(test stores)에서 평균 5% 늘어났다. 최고의 성과를 거두는 기업들은 적어도 분기별로 온라인·오프라인 교육을 종업원들에게 제공하며, 지속적 피드백으로 보완한다. 물론 인센티브는 접촉 고객 수, 그 중 구매한 고객 비율, 추가 판매품 등과 같은 핵심성과지표(KPI: Key Performance Indicators)와 연계하여 지급된다.

이상의 옴니채널 개별맞춤형 마케팅은 완벽한 시스템을 구축할 때까지 지체할 것이 아니라, 가장 효용가치가 높은 경우에 대하여 기존 접점에서 작게 시작하는 것이 바람직하다. 디지털 유통과 물리적 유통을 강화하여 고객의 소비여정에 기여하는 사례로서 호텔 투숙객의 예를 들어보면 다음과 같다.

예약하자마자 고객은 본인의 과거 선호 항목들에 기초하여 방의 시설을 선택할 옵션을 제공받는다. 호텔 도착 직전에 고객은 푸시형 알림을 받고 룸서비스를 통하여 저녁식사를 주문할 수 있다. 체크인에서 호텔 직원은 고객의 성명을 부르고, 과거 투숙하였을 때 이용했던 편의용품들을 요청할지를 묻는다. 고객이 방에 들어가면 사전에 주문한 편의용품들이 갖추어져 있고, 가장 최근에 투숙하였을 때 시청한 시리즈물의 차기 방영편이 TV에서 나온다. 호텔의 모바일앱을 이용하여 고객은 개별 메시지 기능으로 접수 직원들과 대화하면서 필요로 하는 것들을 물어볼 수 있다. 호텔의 모바일앱을 이용하여 고객은 접수 직원으로부터 유용한 개별맞춤형 정보를 소개하는 푸시형 알림을 전달받는다. 한마디로 요약하면, 고객 도착 전에 편의용품을 제공하여 서비스 제공속도를 높이고, 방 정리를 개별맞춤형으로 하고 이벤트 제공도 표적고객에 맞는 것으로 하며, 모바일 체크인과 체크아웃, 접수직원과의 상호작용을 통하여 효율성을 제고하고, 모바일 요청과 상호작용을 통하여 데이터를 수집하는 것이다.

5. 미국 소매업의 옴니 채널 전략

미국에서는 쇼핑몰에 2-4개의 백화점을 유치하고 전문점을 배치하는 원스톱 쇼핑 전략으로 자동차를 몰고 고객들이 방문토록 유도해오고 있다. 백화점은 기본적으로 식료품이나 가전제품 등은 취급하지 않아서 원스톱쇼핑에 맞지 않고, 판매 후 남은 상품은 납품업체에게 반품하지 않으며, 머천다이징은 본부 주도이면서도 각 지점별로 독자적인 고객 응대를 전개한다. 그러다 보니까 한 지점을 방문하여 구입하려던 상품이 품절인 경우, 해당 점포에서는 인근 지역의 다른 지점에 재고 여부를 문의하지 않아서 방문고객은 그냥 발길을 돌리게 되고, 결국에는 고객만족의 저하와 판매기회의 상실로 이어졌다. 고객 서비스보다는 판매사원의 실적에 신경을 쓰다보니까 생기는 현상이었다. 그런 와중에 월마트를 비롯한 할인점들은 저가 판매를 통하여 저소득계층을 흡수하는데 성공하였다. 물론 백화점의 표적고객이 원하는 상품구색을 백화점만큼 갖춘 소매 업태는 없었기에 매출은 현상유지를 할 수 있었다.

Evernote 29 디지털 시대의 모던 마케팅

모던 마케팅이란, 고객에게 최고의 체험을 제공하여 기업 성장을 이끌 목적으로 조직이 보유한 모든 능력을 총동원하는 능력을 일컫는다. 이는 마케팅의 기능을 바꾸자는 것이 아니라, 마케팅의 수행 방식을 변경하자는 것이다. 즉 마케팅 부서는 속도와 협업, 고객초점에 맞추어 방식을 바꾸어야 한다는 점이다. 이러한 모던 마케팅이 제대로 이루어진다면 기업 성장은 5-15% 추가로 달성될 수 있고, 마케팅 비용은 10-30% 절감될 수 있다. 그러나 모던 마케팅의 성공은 다음의 세 가지 마음가짐의 변화 없이는 손에 넣을 수 없다.

첫째, 통합자 마음가짐(unifier mindset)이다. 마케팅 부서의 책임자는 영업, 제품혁신, 재무, 기술, 인사 등 사내의 다양한 부서와 협업을 해야 한다. 임원급(C-suite)의 다른 부서 책임자와 협업을 한 마케팅 담당 임원은 그렇지 않은 마케팅 담당 임원보다 기업 성장을 더 끌어올릴 수 있다. 협업의 의미는 다른 부서 임원들의 언어와 마음가짐을 채택하고, 마케팅 부서가 그들을 도울 수 있다는 점을 명확히 하고, 마케팅의 역할을 다른 부서가 제대로 이해하게끔 작업하는 것을 말한다. 물론 마케팅 담당 임원은 그의 관장 하에 있는 부하 직원들도 다른 부서의 동급 직원들과 매끄럽게 협업하는 일에 관하여 역할모범을 보여주고 기대치를 설정해야 한다.

둘째, 고객중심의(customer-centric) 마음가짐이다. 고객 욕구를 충족시키는 일이 기업에게 부가가치와 경쟁우위를 가져다준다는 것은 두말할 나위 없다. 그러나 고객중심의 마음가짐은 그 복잡성과 규모 면에서 갖추기가 쉽지 않다. 고객의 아픈 구석(pain points)과 충족되지 않은 욕구를 풀어주기 위한 디자인사고의 접근(design-thinking approach), 고객과의 모든 가능한 접점에서 수집된 고객에 대한 통합적 관점을 지닌 데이터 플랫폼의 중앙집중(centralization), 고객의 소비 여정에 대한 분석을 통한 끊임없는 통찰력의 창출, 고객이 관여하는 모든 것의 측정, 이러한 통찰력을 고객과 어울리는 체험으로 변환할 수 있는 능력을 지닌 유능한 인재의 채용과 개발 등 매우 복잡하고 규모가 큰 작업들을 감당해야 한다.
이를 위한 첫 단계는 고객 세분화가 생각보다 심도 있게 미세한 마이크로 세그먼트들로 분할된다는 점을 깨닫는 것이다. 그런 깨달음을 통하여 기업에게 가장 소중한 고객층의 동기와 행동을 더 잘 이해하고 나아가서는 고객 충성도를 더 높일 수 있게 된다.

셋째, 투하자본수익률(ROI)의 마음가짐이다. 이는 활동에 투하하는 자본이 마치 자신의 돈인 양 생각해야 한다는 점을 의미한다. 즉 투자를 면밀하게 감시하고, 가치 창출을 하지 못하는 투자를 찾아낼 기준을 확립하고, 저조한 성과의 투자는 철수시킨다는 책임의 문화를 조성하는 것이다. 그럼으로써 마케팅이 성장의 동력으로 작동한다는 점을 보여줄 뿐 아니라, 재무담당 최고책임자(CFO)의 신뢰를 얻어서 추가 투자를 이끌어내며, 마케팅이 회사 전체에 가치를 부여한다는 점을 과시할 수 있게 된다.

이상의 마음가짐이 행동으로 이어지려면 조직설계와 조직문화가 실질적으로 지원사격을 해주어야 한다.

첫째, 협업의 성과 지표가 실행되어야 한다. 앞서 언급한 대로 마케팅의 성과는 다른 부서들과의 기능 횡단적 협업을 필요로 하므로, 이들이 공유한 목표를 어느 정도 달성하였는지를 측정하는 지표가 개별성과를 측정하는 지표와 연계되어야 한다.

둘째, 고객중심과 투하자본수익률의 두 가지 마음가짐을 염두에 둔다면, 고객 통찰과 고객 분석은 마케팅의 지원기능이 아니라 주요 기능으로 자리를 잡아 마케팅담당 최고책임자(CMO)에게 직접 보고가 이루어져야 한다.

셋째, 인적자원의 발탁을 좌뇌와 우뇌의 겸비 인물에 중점을 두도록 한다. 데이터와 창의력을 성공적으로 결합하는 기업들은 S&P 500대 기업의 평균 수입(revenue)보다 2배의 수입을 거두는 것으로 나왔다. 모던 마케팅의 조직은 사람을 관리할 관리자를 필요로 하는 게 아니라, 결과를 관리하고 성과를 추적할 관리자를 필요로 한다.

넷째, 데이터 관리를 집권화(centralization)하도록 한다. 마케팅은 전통적으로 고객의 과거 행동에 대한 통찰을 파헤치는 후방(backward) 시야를 가져왔다. 그러나 모던 마케팅은 데이터 관리를 전방(ahead) 시야를 갖고 행한다. 즉 미충족된 고객 욕구를 예상하고, 그 존재를 미처 인식하지 못했던 기회를 확인하고, 고객의 미묘한(subtle) 아픈 구석을 드러내는 일에 집중한다. 이런 일을 하려면 데이터 관리는 중앙집권화하여 접근이 용이해야 한다. 예전처럼 IT부서가 데이터 관리를 주도하는 것이 아니라, 마케팅부서와 IT부서가 비전의 공유를 통하여 주도적으로 해야 한다.

조직설계와 조직문화에 이어서 마케팅의 활동이 민첩성(Agile)으로 전환되어야 한다. 고도의 집중된 과제를 수행하려면 20-40명 정도로 구성된 작은 팀(squad)이 동일 공간에서 작업을 하면서 의사결정 권한을 보유해야 한다. 물론 이 팀은 법무, IT, 재무, 외부 파트너 등으로부터 지원을 받을 필요가 있다. 그래야만 제한적 영향력만을 지닌 소규모 파일럿 프로젝트에 국한되는 한계를 벗어날 수 있다.

(자료: McKinsey & Co. Modern marketing: What it is, what it isn't, and how to do it. March 2020.)

백화점의 오프라인 점포 간 협력도 부실하였지만, 오프라인과 온라인 간에도 완전히 남남인 양 사업이 진행되었다. 즉 상품조달과 판매, 배송이 양자 간에 독자적으로 분리 운영된 것이다. 따라서 동일 백화점이라도 온라인에서 구매한 상품의 A/S는 오프라인 매장에서 받아주지 않았다. 드디어 2009년 부동산 서브모기지 사태 이후 실적이 크게 곤두박질치고 나서야 미국 백화점들은 전략 전환에 임하게 되었다. 조직 횡단적인 고객 유통망으로서 옴니 채널 본부가 신설되었다.

백화점 판매사원은 고객이 시착하겠다는 상품에 붙은 바코드를 태블릿으로 스캔하면 자세한 상품정보 및 재고 정보가 화면에 뜬다. 고객이 원하는 사이즈와 색상의 상품재고가 있다고 나오면 그 자리에서 보관창고 담당자에게 출고 지시가 송신된다. 원하는 사양의 상품 재고가 없는 경우에는 다른 지점과의 정보 공유를 통하여 해당 지점의 판매 담당자에게 상품 출고의 지시가 전달된다. 물론 고객이 원하는 배송 장소로 지시도 이루어진다(近藤公彦·中見真也, 2019: 35).

메이시스(Macy's) 백화점은 여기에서 한 발 더 나아가 고객의 스마트폰에 백화점 앱을 깔아두면 굳이 내점할 필요 없이 점포의 재고 유무를 확인하여 주문할 수 있다. 직원의 실적 평가는, 점포를 방문하였으나 재고가 없어서 다른 점포의 재고를 판매하게 된 경우에는 방문 점포 사원이 70%, 재고 판매 점포 사원이 30%의 실적을 인정받는다. 온라인에서 주문한 상품을 오프라인 매장에 와서 고객이 수령한 경우에는 온라인 판매 담당자 80%, 수령 점포 담당자 20%의 실적을 인정받으며, 오프라인 점포를 쇼루밍으로 활용하여 최종 구매를 온라인에서 고객이 한 경우에는 점포 담당자 70%, 온라인 판매 담당자 30%의 비율로 실적이 인정된다. 물론 이러한 비율 배분은 고정적인 것이 아니라, 고객 동향에 맞추어 정기적으로 변경된다.

6. 물류업계의 공유비즈니스모델

미국 조지아공대의 '공급망·로지스틱스 연구소'에서 수행 중인 연구주제에 피지컬 인터넷(physical internet)이 있다. 물리적 공간인 물류에서 인터넷을 활용하자는 취지이

다. 지금까지는 대도시에 있는 중심거점망(hub)에 모든 물류를 집하시킨 뒤에 각 지점망(spoke)에 배송될 물류를 여기서 분류하는 것이다. 바로 미국 최대의 물류업체인 페덱스(Fedex)의 창업주 프레드 스미스가 고안해낸 Hub&Spoke의 물류 개념이다(NIKKEI BUSINESS. フィジカルインターネット. 2019.09.16.).

이에 반하여 최근 물류의 신개념으로 등장한 것은, 각 기업이 자체 보유하고 있는 창고, 트럭 등의 시설·설비를 개방하여 다른 사업자들과 공유·연대하자는 개념이다. 위에서 소개한 피지컬 인터넷의 핵심이 바로 개방·공유·연대이다. 미국의 아마존닷컴이 이를 실천하고 있다. 아마존닷컴은 익일배송(next-day delivery)을 실현하기 위하여 미국 전역의 소비자에게 근접한 장소에 물류센터를 정비해두었는데, 이를 외부기업들에게도 개방하고 있다(아마존닷컴은 이미 AWS=Amazon Web Service라고 하는 클라우드서비스를 개방). 아마존닷컴은 2019년6월 항공화물의 운송계약을 종료한데 이어 8월에는 미국 내 육상배송 계약마저 끝내고 자체 물류센터를 이용한 배송 업무를 하고 있다. 신시내티 공항의 항공화물센터는 독일의 최대 물류업체인 DHL과 공유하고 있는데, DHL은 항공기의 야간 착발(着發)이 많고 아마존닷컴은 주간에 주로 사용한다.

Hub&Spoke의 물류체제는 대형 트럭이 허브센터 간을 왕래하므로 한 번에 대량의 화물을 처리할 수 있다는 장점을 지닌 반면, 배송 거리가 아무리 가까운 지역 간이라 하더라도 직접 배송할 수 없고 일단은 허브로 가야 하므로 이동거리가 길다는 단점이 있다. 보다 신속한 속도로 정확한 시간 내에 화물을 수령하고 싶다는 이용자 욕구에 기민한 반응을 보이려면, 배송의 이동거리를 단축해야 한다.

피지컬인터넷은 화물관리 센서와 GPS로 실시간 가시화를 가능케 하였고, AI와 클라우드로 개별 고객의 시간·가격 측면의 욕구에 맞은 최적 배송을 가능케 하였다. 물류센터의 공유에 의한 효과를 시뮬레이션 해 본 결과, 프랑스의 대형 소매업체 까르푸와 카지노의 물류비용이 1/3로 떨어지고, CO_2 배출은 40% 수준으로 낮아진다고 한다. 피지컬인터넷에 의해, 높은 요금을 지불하더라도 정확한 시간에 배송 받고 싶은 이용자와 저렴한 비용을 지불할 수 있다면 배송 시간은 개의치 않는 이용자의 욕구 모두를 충족할 수 있다. 피지컬인터넷은 제조업체에도 영향을 미친다. 물류 공간의 유효한 활용을 극대화하려면 화물의 크기를 규격화해야 하는데, 컨테이너에 효과적으로 적재할 크기, 팔레트(pallet)에 용이하게 적재할 크기, 작업자가 취급하기 편리한 크기를 세계 공통의 규격으로 만들 필요가 있다.

유럽에서는 프랑스의 화장품업체 로레알과 스웨덴의 자동차제조업체 볼보, 유럽에서 활동하는 미국일용잡화업체 P&G 등 50개의 기업과 단체가 가맹한 ALICE (Alliance for Logistics Innovation through Collaboration in Europe.유럽물류혁신협력동맹=ETP: European Technology Platform)가 피지컬인터넷을 가동하고 있다. 이는 유럽 소비자들의 환경 인식이 높아서, 비효율적인 물류가 주는 환경 부담을 엄격하게 감시하고 있기 때문이다. 피지컬인터넷의 활성화에 장애요인으로는 기업들이 자체 물류시설을 구비하여 마음대로 사용하고 싶다는 사고방식이 자리 잡고 있다. 실례로, 영국의 식품배송 트럭의 가동률은 14%에 그치고 있다.

일본의 경우도 트럭의 평균 적재율이 1980년대 60%에서 현재는 40%로 대폭 줄어들었다. 배송기사의 장시간 노동이 만성화하면서 저임금을 기피하는 젊은 인력들로 인하여 고령화가 진행되고 있다. 택배 물량은 2007년 32.3억 만개에서 2017년 42.5억 만개로 늘어났지만, 중량 기준으로는 57.8억 톤에서 47.8억 톤으로 감소하였다. 이는 온라인 판매의 보급으로 소량 택배의 빈도가 높아졌다는 것을 의미한다. 소량 택배 비중이 늘어날수록 운송과 하적의 소요시간이 늘어나기 때문에, 당일배송과 같은 서비스의 업무부담은 가중된다. 따라서 획일적 화물을 대량 취급하는 Hub&Spoke의 물류체제로는 감당하기 힘들다. 일본에서는 택배차량의 주행거리의 25%는 재배송이 차지하고 있다. 아지노모토, 하우스식품, 카고메, 닛신푸즈의 대형 식품제조업체들은 2019년4월에 F-LINE이라는 공동물류회사를 설립하였는데, 그 덕분에 배송트럭의 평균 적재율이 77%에서 88%로 상승하고, 1일 필요 배차량이 74대에서 20% 감소하는 효과가 나타나고 있다.

영국으로 넘어가 보면, 전체 상거래 중 전자상거래(EC)의 비중은 19.3%, 2018년 온라인판매액은 13.5조 엔(전년대비 10% 증가), 인구밀도는 268명/㎢로 인구밀도가 높아서 택배 서비스의 효율성이 높다. 대표적 온라인업체로는, 오프라인 점포도 없이 순전히 온라인 전문 판매를 하는 소매업체 오카도(Ocado.골드만삭스 출신 팀 스테이너가 2000년 창업)

Evernote 30 M&A의 상승효과

기업의 인수합병이 가져오는 상승효과는 수입보다는 비용 차원에서 평가하기가 용이하며, M&A 후 곧장 나타날 수 있다는 장점이 있다. 반면 수입 혹은 성장의 상승효과는 훨씬 복잡하고 달성하는데 걸리는 시간도 길다. 그렇지만 수입(성장)의 상승효과는 M&A 거래가 주주의 기대에 부응한다는 것을 확증하는데 불가결하다. 이러한 수입의 상승효과를 실현하는 강력한 방법이 바로 M&A를 이룬 두 기업이 자사의 고객에게 타사의 제품·서비스를 판매할 수 있게 하는 교차 판매(cross-selling)이다.
이러한 교차판매는 수입의 상승효과 중 20%를 차지한다. 유감스럽게도 교차판매 목표치를 달성한 경우는 조사대상 기업의 19%에 그치고 있다. 또한 기대했던 수입의 상승효과 중 80%를 달성하는데 소요되는 기간은 3-5년이다. 이러한 달성율에 영향을 미치는 요소로는 두 기업 간 제품·서비스의 보완성(complementarity: 기존제품을 신규고객에게 연계할 수 있는 가능성 및 신제품을 기존고객에게 연계할 수 있는 가능성), 고객 관계의 강고함(connection), 교차판매에 노력을 기울일 수 있는 영업의 여력(capacity: 이는 기존의 영업 우선순위, 제품 구색, 영업 계획 등의 요인들을 교차판매라고 하는 신규 프로그램의 도입이 가져다 줄 혜택과 비교해야 알 수 있음), 교차판매에 관한 영업의 능력(capability: 거래적 행동에서 상담적 행동으로, 제품 소개에서 해결책 제시로, 계정관리에서 계정획득으로의 전환을 요함), 교차판매에 대한 조직의 적절한 보상(compensation), 교차판매에 대한 조직의 몰입(commitment: 첫째, 조직이 존경을 받는 상위 리더를 교차판매 책임자로 임명하고, 관련 사업부서들로부터 전적인 지원을 받아가며 해당 리더가 의사결정을 내릴 수 있는 권한을 부여하는 일, 둘째, 교차판매를 성과시스템에 삽입하여 최고경영진이 월간 실적표를 직접 챙기는 일, 셋째, 교차판매에 필요한 일체의 지원절차를 구축하는 일)이다.
이들 중 4개 이상의 요소에 집중한 조직은 1개 이하의 요소에 집중한 조직과 비교하여 교차판매의 달성률이 20%p 더 높았다(95% vs 75%). 교차판매에서 최고의 성과를 거둔 기업은 이들 요소 가운데 보완성이 가장 중요하다고 말한다. 미디어(케이블 TV) 업체가 모바일 통신서비스 업체를 인수하고 나서 보니까, 모바일 사업의 고객관계 형성이 더 까다롭다는 점을 깨달았다. 케이블TV 가입 고객들에게 모바일 서비스 상품을 판매하려고 고군분투하였지만, 고객은 케이블 서비스에 비하여 모바일 서비스의 가입 이동(switch)을 훨씬 꺼려하였다. 어느 음료업체는 기존 제품의 영업 능력이 단기 거래에 초점을 맞추고 있었는데, M&A로 추가된 신제품의 영업 능력은 장기 거래와 재무 능력을 요하는 것이라는 점을 파악하고서는 그런 능력을 구비한 특수팀을 투입하여 교차판매의 성공률을 높일 수 있었다.

(자료: McKinsey & Co. Capturing cross-selling synergies in M&A. Feb.2020)

가 있다. 40파운드 이상 구매를 하면 배송비는 2파운드 이내, 월 10.99파운드의 스마트 패스를 지불하면 무제한 배송료 무료이다. 배달 시간은 당일 지정은 안 되지만, 주문 다음날부터 1시간 단위로 선택 가능하다. 72만 명의 회원을 보유하고 있고, 2018년 매출액 16억 파운드(전년대비 12.3% 증가)이다. 오카도의 영국 내 물류센터 세 군데는 AI가 제어하는 1600대의 집하 로봇이 통신네트워크로 연결되어 레일 위를 시속 14km로 달린다. 집하에 소요되는 시간은 6분이고, 출하 작업은 현재 시험 중인데 팔이 달린 로봇이 상품의 크기와 개수를 판단한 뒤에 점검과 출하 작업을 완성하는 것을 목표로 삼고 있다. 오카도는 이런 선진적인 온라인판매시스템을 전세계의 슈퍼마켓체인점들과 제휴하여 구축 서비스를 제공하면서 수수료 수입을 거두고 있다.

영국의 소매업체 막스앤스펜서(M&S)는 오카도와 50:50의 공동출자로 합작법인을 설립하여 일부에 국한한 온라인 판매를 거의 전 품목으로 확대하여 전체 매출의 1/3을 온라인 경유로 할 계획이다. 특히 식품 부문은 온라인판매의 집하와 배송비용에서 이윤을 잡아먹기 때문에 물류센터의 효율화가 성과의 관건을 쥐고 있다. 식품의 신선도와 온도를 관리하는 전용 시스템을 오카도가 보유하고 있기 때문에, 일반상품에만 초점을 맞춘 아마존닷컴도 영국의 식품시장에서는 점유율이 작다.

오카도는 미국에서도 유통소매업체 Kroger와 제휴하여 물류시스템의 정비를 통한 온라인판매의 증가를 목표로 삼고 있다. 미국은 국토가 넓어서 식품의 온라인판매에 부적합하다고 생각하기 쉽지만, 다수의 대도시 거주 소비자를 공략한다면 얼마든지 승산이 있다. 오카도는 온라인 매출액에 비례한 성과급을 제휴 비용으로 받기 때문에, 협력 상대와 장기의 동반자 관계를 구축하려 한다.

온라인 전용 의류판매업체 boohoo(2006년 창업)는 신상품별 초기 생산량을 조절하면서 SNS 상의 소비자 반응에 따라 생산량의 유연성을 꾀하고 있다. 특히 의류는 소비자의 기호 변화가 심한 상품이라서 재고를 안는 비즈니스모델로는 수익성 창출이 매우 어렵다. 핵심 고객층인 젊은 여성층은 SNS를 통하여 끊임없이 유행을 점검하는 소비자행동을 보이고 있다. 지하철 광고를 통한 브랜드 인지도 향상에도 노력을 기울이고 있다. 2019년2월 결산기 매출은 8.6억 파운드(전년대비 48% 증가)로서 2014년에 비하면 무려 8

배의 증가를 보인 수치이다. 2019년8월에는 영국의 여성의류브랜드 Karen Millen(지하철역 근처의 high street에 주로 점포 운영)의 온라인사업부문을 인수(1820만 파운드)하였다.

7. 물류의 미래 혁신 '드론'

무인택배 수단으로 드론, 소형로봇(droid), 이동라커(자동차 위에 장착) 등이 거론되고 있다. 드론의 경우 물류창고에서 출발하기보다는 주거지 근처에 트럭이 여러 대의 드론을 내려놓으면 각자 배달 장소로 이동하는 식으로 배달의 규모경제를 이룰 것이라는 예상도 있다. 심지어 중국에서는 지하 터널을 이용하여 물품을 대형 아파트의 지하까지 쏘아 보냄으로써 일체의 교통적체를 겪지 않은 구상도 논의되는 상황이다(McKinsey & Co. The future of parcel delivery: Drones and disruption. Dec. 2019).

이처럼 미래의 택배 혁신이 이루어진다면, 동네 구멍가게(mom-and- pop stores)는 택배의 최종순간을 마무리 짓는 역할을 맡게 될 것이다. 동네 사람들을 훤히 알고 있는 이들 구멍가게는 효율성을 극대화시킬 것이다. 인도에서는 젊은 층 인구가 많아서 이들이 등하교 하는 시간 이외에 택배 알바로 인력 공급을 해 줄 수 있다. 중국의 택배업체 SF Express는 중국의 600개 도시에서 5년 후에 12시간 배달 서비스가 하나의 표준으로 자리 잡을 수 있을 것으로 내다보고 있다. 또한 교외지역이나 농촌지역은 운송 인프라를 구축하기가 도시보다 용이하고 토지 구입비용이 저렴하며 무인 택배수단(unmanned vehicles)의 전개도 더 수월하며, 그 비용도 감당할 수준으로 떨어지기 시작하고 있다.

동사(同社)는 다른 기업의 인수를 제1 우선순위로 보고 있고, 그 다음으로 파트너십을 염두에 두고 있다. 파트너십의 경우, 활동, 재무, 리스크 관리의 여러 차원에서 데이터 공유가 이루어져야 하고, 동일한 재무관리체제를 갖추어서 협력사의 단기자금 흐름에 어려움이 발생할 경우, 자사가 재무 지원을 해줄 수 있어야 하는 조건을 달고 있다. 이 기업의 수익 가운데 50%는 이러한 재무지원서비스에서 창출되고 있다. 중국에

Evernote 31 제품 포트폴리오 관리

미국의 General Electric 그룹은 ROI(Return On Investment: 투자수익률)에 근거하여 각 사업 본부의 성과를 측정하였다. 그러다 보니 사업본부는 신규사업보다는 기존사업 관리에 치중하는 병폐가 발생하였다. 기존사업은 분모 값인 투자를 크게 늘리지 않은 채 분자값인 이익을 올리기만 하면 ROI가 향상하기 때문이다. 기업의 장기 성장이 지장을 받는다는 점에서, 도입기의 사업과 성장기의 사업 간에는 투입자금과 회수자금의 크기에 커다란 차이가 난다는 점을 감안하여 도입된 개념이 바로 BCG의 제품 포트폴리오 관리(Product Portfolio Management: PPM. 혹은 Business Matrix라고도 함)이다.

시장성장률과 자사의 상대적 시장점유율을 양축(각각 High와 Low)으로 스타, 캐시카우, 문제아(혹은 의문부호), 패자(dog)의 네 가지 셀로 구분하는데, 추후에 GE와 맥킨지컨설팅은 시장성장률 대신 업계의 매력도(industry attractiveness: 시장규모, 시장성장률, 이익률, 경쟁 정도, 수요의 계절변동성, 수요의 순환성, 업계의 비용구조 등)를, 상대적 시장점유율 대신 사업단위의 경쟁지위(competitve position. 혹은 자사의 강점 business strength)를 양축(각각 High, Meium, Low와 Strong, Average, Weak의 3단계)으로 채택하여 총 9개의 셀로 구성된 전략사업기획 그리드(Strategic Business Planning Grid)를 만들었다. GE의 전 회장 잭 웰치는 이 그리드에 입각하여 '선택과 집중'이라는 전략을 실행하였다.

PPM의 문제점으로는 첫째, 사업단위의 범위와 관련된 점이 있다. 가령 청소기 제품을 소형가전사업 단위로 할 것인가 아니면 가전사업 단위에 포함시킬 것인가에 따라서 시장성장률이 달라질 수 있다. 분석 담당자의 의향이 개입될 소지가 있다. 둘째, 시장점유율의 측정과 관련된 점이 있다. 국내시장을 기준으로 할 것인가 아니면 글로벌 시장을 기준으로 할 것인가에 따라서 분모 값이 크게 달라진다. 셋째, 시장성장률은 향후 3-5년의 예상치를 이용하는데, 실제로는 과거 5년간의 연평균 성장률(compound average growth rate: CAGR)을 이용하는 점과 관련되어 있다. 과거의 성장률을 미래에도 이어나간다는 암묵적 전제에 관한 회의를 갖지 않을 수 없으며, 설령 과거 5년간을 기준으로 한 CAGR이 동일하더라도 가령 100-140-180-170-150의 데이터와 100-110- 120-130-150의 데이터는 전혀 달리 해석해야 한다. 또한 시장성장률의 지표로서 업체의 매출성장률, 업계의 평균성장률 등을 채택할 수 있는데, 후자의 경우에는 업계의 경계선이 불분명한 사업에서는 왜곡을 가져올 수 있다. 넷째, 전략 설정에서 사업 간 시너지를 고려하지 않는다는 문제점을 안고 있다. 가령, 패자 사업과 스타 사업 간 시너지를 무시한 채 패자 사업에서 철수하여 스타 사업의 약화를 초래할 수도 있다. 다섯째, 제품의 시장지위와 카테고리에 따라서는 PPM의 적용이 부적절할 수 있다는 점이다. 가령 예전의 애플사가 만든 매킨토시 브랜드의 컴퓨터는 틈새자의 시장지위(디자이너 소비자 계층에 열렬한 지지를 받음)를 지닌 제품으로서 PPM 기준으로는 문제아(problem child 혹은 question mark)에 속하지만 높은 판매가격의 설정으로 얼마든지 이익을 창출할 수 있었다. 제품 카테고리 중에서는 법률사무소, 회계법인, 컨설팅업체, 병원 등과 같이 경험곡선이 효과를 발휘하지 못하는 업종에서는 PPM의 효용이 떨어진다.

(출처: 山田英夫, 2019, 72-84)

서 택배 사업의 미래에 걸림돌은 인력 문제이다. 건설 노동자의 평균연령이 2012년 40세에서 2020년 46세로 노후하였고, 2030년에는 50세로 될 전망이다. 젊은 층은 장시간 근무를 싫어하여 이들에게는 유연근무제도를 적용해야 할 것이다. 물론 서두에서 언급한 무인택배 수단이 노동력을 일부 대체할 수 있는 기술력의 진전도 기대되고 있다.

11 가격

가격 책정은 구매자에게 득템의 기분을 안겨주는데 있다. 가격탄력성은 매출총이익률의 역수라고 한다(小川孔輔, 2019, p. 3). 가령, 매출총이익률이 33% (0.33)라면, 그 역수인 1/0.33=3이 된다. 따라서 가령 5%의 가격할인을 한다면 판매수량은 15% 증가한다. 식품의 경우, 소매점에서 유통기한이 경과하여 폐기하는 비율이 전체 매출의 2-3%에 달하는데, 가격할인을 통하여 이를 0.5-1% 정도로 낮추는 추가효과를 거둘 수 있다. 반면 광고의 매출탄력성은 0.1 이하로 보고 있다. 즉 광고 예산을 5% 늘려도 매출은 0.5%의 증가에 그치고 만다. 그렇다면 동일한 크기의 가격할인과 광고증액 간에는 30배(15% vs 0.5%)의 효과 차이가 발생한다. 결국 매출 혹은 매출이익률의 96.8%([30÷{30+1}])는 가격할인 덕분인 셈이다.

1. 일물일가 법칙의 붕괴

일본에서 아마존을 통한 온라인 주문의 실례를 보면, 애완견의 먹이를 13,423 엔에 주문하고 열흘 뒤 판매가를 확인하니 8,021 엔, 다시 며칠이 지나고 나니 5,360 엔, 그러다가 24시간 후에 점검하니까 20,000 엔에 근접. 이처럼 일물일가(一物一價)의 법칙은 여지없이 무너지고 있다. 물론 이전에도 가격할인으로 그때마다 가격차이가 발생했지만, 아마존은 치밀한 데이터 분석을 토대로 보다 빈번하게, 보다 세밀하게 가격변동의 자동화를 행하고 있다는 점에서 과거와는 상대가 되지 않는다.

이를 두고 동태적 가격책정(dynamic pricing)이라고 한다. 재고가 줄어들면 희소성에 입각하여 가격인상이 이루어지고, 주문 빈도가 많아지면 상품가치의 상승으로 가격인

Evernote 32 Forecasting과 Backcasting

포캐스팅은 현재 상황을 분석하고, 과거의 데이터를 활용하여 실현가능한 목표를 하나하나 실현해 감으로써 최종 목표에 도달하는 것으로서, 현재의 연장선상에서 미래를 그려나가는 방식을 말한다. 이에 비하여 백캐스팅은 미래의 목표를 먼저 설정한 뒤에 이를 달성하기 위해서는 그 이전 단계에서 무엇을 이루어야 하고, 그 전 전 단계에서는 다시 무엇을 획득해야 하는지를 역산(逆算)하는 것으로서, 현재의 연장선상이 아닌 비약적 미래상을 구축하는 방식을 말한다(渡我部一成, 2019: 75).

상이 이루어지는 식이다. 온라인쇼핑몰에 입점한 업체들은 평균 수 만 개에서 수백 만 개의 상품을 갖추고 있는데, 수동으로 가격의 최적화를 이루기는 무리라서, 자동 가격 설정 도구의 도입으로 소비자에게는 매력적으로 받아들여질 만한 가격, 기업에게는 이익 증대로 이어질 가격의 양립을 추구할 수 있다(NIKKEI BUSINESS, 2019.03.18.).

2. 가격 변동과 소비자 반응

일본 프로축구 경기장 입장료가 서포터들을 위한 자유석의 경우에 가격이 2,000 엔, 2,500 엔, 2,800 엔 등으로 구입 시간에 따라 천차만별이다. 이는 과거 5년간의 판매 실적을 날씨, 상대팀, 예매발매 후의 판매추이 등을 바탕으로 분석하여 최적 가격을 추출해내는 것이다. 이후 완판될 때까지 가격변동의 조정이 이루어진다. 지정석 중에서 S석은 당초 5,500 엔이었던 판매가가 7,030 엔까지 상승한 적이 있고, 지정석 중 SS석은 최종 판매가가 9,800 엔까지 상승하여, 최고가 좌석인 'Celeb Rate Seat'의 최초 설정 가격보다도 높았다. 이와는 반대로 가령 일기가 불순하여 관람객이 적을 것으로 예상되는 경우에는 가격인하가 이루어진다(NIKKEI BUSINESS, 2019.03.18.).

서비스의 경우에는 제품에 비하여 재고가 없다는 특성상 동태적 가격책정이 보다 익숙한 방식으로 받아들여진다. 일본항공(JAL)의 경우 동태적 가격책정으로 2018년에는 고객단가가 58,054 엔이 되어 전년보다 4,000 엔 늘어났고, 유료 객석이용률도 81.8%로서 전년보다 1%포인트 상승하였다.

Evernote 33 일본 소매산업의 변화

일본의 소매업은 GDP의 22%이고, 규모로는 1992-2016 중에 128조 엔→112조 엔으로 줄어들었다. 동 기간 중에 GDP가 3% 증가(24년간이므로 거의 정체 수준)한 점에 비추어 볼 때, 소매업 축소에는 몇 가지 원인이 있다(近藤公彦·中見真也, 2019: 23). 하나는, 디플레이션 경제의 진행으로 상품이 범용품(commodity)으로 전락하면서 저가 경향을 띠게 된 점이고, 다른 하나는, 저가 판매를 내세운 전자상거래의 신장세가 시장 규모를 줄어들게 만들었다. 반면에 미국의 소매업은 위의 기간 중에 시장규모가 133조 엔→357조 엔으로 2.7배의 성장세를 보였다. 이는 소위 GAFA(Google, Apple, Facebook, Amazon)를 비롯한 IT산업 및 금융산업의 발전에 힘입은 결과이다. 또한 소비인구 측면에서도 1인당 소비액이 일본의 103만 엔→88만 엔에 비하여 미국은 52만 엔→110만 엔의 대조적인 추이를 보였다.

3. 가격과 수익성

기업이 수익우선과 매출우선의 전략 가운데 어느 것을 채택하는 것이 바람직한 것인가 하는 문제는 내실(이익)과 외형(시장점유율) 간의 선택의 문제이다. 기업을 흔히 Going Concern이라고 하는데, 이에 비추어 보면 기업은 장기 이익의 극대화를 이루어야만 지속적 발전과 존속이 가능하다고 말할 수 있다. 그런 점에서 독일의 경영학자 Hermann Simon의 다음 연구는 많은 점을 시사하고 있다(世界の最新経営論,NIKKEI BUSINESS, 2021.05.03.).

전 세계 기업 중 이익을 가장 많이 구현한 상위 20개 업체를 보면, Saudi Aramco(1100억 달러, 에너지), 애플(595억 달러), 중국공상은행(450억 달러), 삼성전자(398억 달러)의 순이다(원전: Visual Capitalist com, The world's 20 most profitable companies, 2018). 파레토법칙(혹은 20대80의 법칙)보다 더 충격적으로 이익 기준으로는 상위 10% 업체가 전 세계 기업 이익의 80%를 차지하며, 상위 1%의 업체가 36%를 점하고 있다. 그리고 시가총액을 기준으로 하면 애플, 사우디아람코, 마이크로소프트, 아마존닷컴의 순으로 되어 있다(원전: companiesmarketcap.com, 2021년4월6일 기준). 가령, 애플사의 시가총액은 독일의 주가지수

DAX(프랑크푸르트 증권거래소에 상장된 다임러벤츠, BMW, 바이엘 등 30개 업체의 주가지수)의 시가총액보다 많다. 그런데 현재 기업 활동에 영향을 미치고 있는 투자자와 펀드들은 ESG(환경·사회·지배구조)로 대변되는 장기 성장으로 강조점을 옮기고 있다. 뿐만 아니라 미국의 비즈니스 라운드테이블(2019년8월 개최된 회의에 미국대기업 188개사의 CEO참가)에서는 기업의 목적이 이익추구가 아니라 모든 이해관계자에 대한 책무라고 선언하였다(181명의 CEO가 찬성). 허먼 사이먼 교수는 배척해야 할 대상이 기업이익이 아니라 단기이익의 추구에 있으며, 장기이익의 추구는 기업이 추구해야 할 목적이라고 언명하였다.

그렇다면 위에서 소개한 극단적인 고수익을 획득하는 극소수의 기업들이 지닌 특징은 무엇일까 하는 궁금증이 따른다. 하나는 낮은 고객획득비용, 다른 하나는 낮은 자본비용의 사업모델이다. 도요타자동차가 자동차 판매량을 늘리기 위하여 생산공장 증설과 영업활동에 수십 억 달러의 자본투자가 필요한 반면, 페이스북이 사용자 한 명을 늘리는데 들어가는 서버 증설 비용은 미미하다. 물론 물류거점을 요하는 아마존닷컴은 다른 소매기업들과 마찬가지의 수익성에 그치고 있기는 하다. 이케아의 경우에는 고가격이 아니라 적정가격에 판매를 하고 있지만 높은 수익을 거둘 수 있는 근간은, 상품을 공장에서 조립하여 출하하는 다른 가구업체들과는 달리 상품을 구입하는 고객이 자택에서 조립한다는 사업모델에 있다. 독일의 하드할인소매업체 Aldi는 다른 식품소매업체보다 20-30% 저렴한 판매가격을 실행하면서도 이익률은 역으로 그들의 1% 수준보다 높은 3% 정도를 실현하고 있다. 가격차별화로 경쟁에서 승리하려면 해당 가격대에서 이익을 확보할 수 있는 방안을 마련해야 한다. 이는 극단적인 규모경제를 전제로 한다.

이와는 반대로 낮은 수익을 보이고 있는 기업의 특징은 시장점유율 지상주의라고 하는 사고에 집착한다는 점이다. 소니는 CEO의 교체와 더불어 시장점유율 우선정책에서 이익중시 정책으로 전환하였고, 도요타자동차도 2016-19년 중 판매량 면에서 독일의 폭스바겐에 밀렸지만 이익액은 폭스바겐의 2배에 달하였다. 폭스바겐의 역대 CEO들은 한결같이 세계최대의 자동차기업이 되겠다는 시장점유율 중심의 경영목표를 강조하였다. 흥미로운 통계를 보면, 가격과 비용절감, 판매량의 세 가지 변수별로 한 단위 증가가 가져오는 이익승수(이익탄력성)은 각각 10, 6, 4라는 점이다. 가격 인상이 다른 두 변수보다 월등히 높은 수익향상을 가져온다는 점을 의미한다.

결론은 고가격이든 저가격이든 가격 수준 그 자체가 중요한 것이 아니라, 소비자의 지지를 받으면서 생존해갈 수 있는 이익을 확보할 수 있는 전략을 성공적으로 추진하게 되면 시장점유율은 저절로 따라오는 부수물이라는 점이다. 오로지 시장점유율 지상주의에 매몰되어 이익을 희생하는 저가격 전략은 기업의 사회공헌에도 부정적인 결과를 가져올 뿐이다. 피터 드러커 역시 이익과 기업의 사회적 책임은 상반되는 관계에 있지 않다고 하였으며, 노벨경제학상을 수상한 프리드만 교수가 1964년에 말한 "주주가치를 기업의 유일한 목표로 삼아야 한다."는 문장은 단기 이익이 아니라 장기 이익을 통한 기업 목표로 바꾸어야 할 것이다.

Evernote 34 일본의 비즈니스호텔의 고객만족

비즈니스호텔 체인점 '수퍼호텔'은 도쿄를 중심으로 사업을 전개하고 있는데, 1박 요금이 3980엔(조식 포함)으로 다수의 반복 투숙객을 맞이하고 있다. 수퍼호텔이 대형호텔들을 제치고 고객만족도 조사에서 높은 점수를 받는 배경에는 소비자가치의 구성 요소 중에 비용가치와 상징가치 면에서 뛰어난 점이 있다. 위에서 언급한 저렴한 투숙비는 철저한 비용 절감 덕분이다.
우선 접수데스크에 직원이 1명뿐이라서 인건비 절감이 크다. 자동체크인 기기를 설치하여 투숙비용을 결제하면 열쇠 대신에 방의 비밀번호가 적힌 용지가 출력되어 문의 개폐가 가능토록 하였고, 비즈니스맨이 주요 표적고객층이라서 방에는 유선전화기가 없고 고객은 자신의 스마트폰을 이용토록 하며, 방의 정리정돈과 청소에 소요되는 시간도 작업 효율화로 단축시켰다(욕조 모양이 사각형이 아니라 원형).
상징가치 면에서는 LOHAS (Lifestyle Of Health And Sustainability)를 고객에게 호소하고 있다. 욕실에는 절수 장치가 욕조와 샤워기에 설치되어 있고, 면도날과 치약도 필요한 고객에 한하여 접수데스크에서 들고 올라가도록 하여 낭비를 최소화한다.
그 대신 투숙객이 선호하는 베개를 선택할 수 있는 서비스의 제공과 충실한 조식(유기농 인증 채소와 수제 드레싱과 빵)의 제공을 통하여 편익의 제고를 노린다. 경험가치 면에서는 체크아웃 시에 정산을 거칠 필요 없이 바로 나갈 수 있다는 점이 접수데스크 앞에서 대기시간을 생략해버리고, 비즈니스맨의 오전 일정을 지체 없이 시작할 수 있게 해주는 경험을 제공한다.

(출처: 小川孔輔, 2019, pp. 118-123).

12 제품

1. 인기상품의 진화

신상품의 성공확률은 1000개 중에서 3개가 될 정도로 지극히 희박하다. 제품수명주기(Product Life Cycle: PLC)가 짧아지면서 장수인기상품을 창출하는 작업은 갈수록 힘들어지고 있다. PLC 단축의 원인으로는 고객 니즈의 변화가 빠르다는 점(53.5%), 기술혁신 속도의 가속화로 기술 진부화가 빠르다는 점(20.7%), 업계가 과당경쟁에 빠져있다는 점(15.9%)의 순으로 되어 있다(NIKKEI BUSINESS, 2019.07.22.). 닛신(日清)식품의 컵누들, 오츠카(大塚)제약의 포카리스웨트와 같은 장수인기상품은 내용물과 디자인을 고수하는 것이 아니라 점증적인(incremental) 혁신을 통하여 개선을 이룸으로써 고객층을 확대해 나가는 특징을 보이고 있다.

❶ 카오의 부직포청소기

일본의 일용잡화업 1위인 카오(花王)는 부직포청소기 제품시장에서 1994년 출시 이후 줄곧 1위를 차지하고 있다. 주부 소비자들이 갖고 있는 청소기에 대한 불만, 즉 전기청소기는 무겁고, 렌탈용 대걸레청소기는 액체기름이 번지고, 걸레는 몸을 굽혀야 하는 불편을 각각 갖고 있다. 카오의 부직포청소기는 가벼우면서 튼튼한 알루미늄 파이프로 되어 있고, 360도 회전이 가능하며, 피아노 밑에도 들어갈 정도로 두께가 얇은 머리 부분의 특징을 구비하여 이러한 소비자 불만을 단숨에 해소시켜주었다.

그러나 카오는 이에 만족하지 않고 점진적 개선을 끊임없이 추구하여 경쟁사의 추격을 따돌릴 수 있었다. 1994년 출시제품은 바닥이 평평하고, 접속부분은 나사로 되어 있었다. 1997년에 바닥에 요철을 만들어서 일본 주택의 다다미식 방바닥에 붙어 있는 먼지를 달라붙기 쉽게 개선하였고, 2004년에는 손잡이 부분이 미끄러지지 않고 잡기 쉬운 모양으로 개선하고, 접속부분도 나사가 아니라 너트접합식(joint lock)으로 바꾸어 느슨해짐을 방지하였다. 2011년에는 바닥면을 나선형으로 하여 먼지와 머리카락을 모으기 쉽게 하면서, 지저분해진 바닥을 긁어내는 무수히 많은 돌출물을 바닥에 붙였으며, 좁은 틈에 들어가기 쉽게 머리 부분의 두께도 40% 줄였다.

❷ 카루비의 포테이토칩스

카루비의 포테이토칩스는 시장점유율 70%의 독점적 지위를 누리고 있는데, 3년 주기로 맛과 포장의 개선을 반복하고 있다. 맛을 좌우하는 소금은 아이치현 마츠야마시의 하카다(伯方)산 소금과 오키나와현의 이시가키지마(石垣島)산, 세토나이카이(瀬戸内海)산 소금 등 시대별로 소비자의 호응을 얻는 소금만을 사용하고, 2019년 6월에는 건강지향의 사회적 추세에 맞추어 염분량을 5% 줄였다. 시제품을 200가지 유형으로 만들어서 수십 명의 개발인력이 직접 시음하면서 내린 결정이다.

문제는 고객의 반응인데, 짠맛을 바꾸게 되면 장수인기상품에 해를 끼칠 수도 있다. 그래서 짠맛을 유지하며 건강지향성을 강조하기 위하여 소금알의 굵기를 가늘게 하였다. 거친 입자는 입 안에서 녹는데 시간이 걸리고, 그만큼 짠맛을 바로 느낄 수 없다. 반면에 입자를 곱게 하면 금방 입 안에서 녹기 때문에 짠맛을 바로 느낄 수 있다.

❸ UCC 밀크커피

UCC우에시마커피(上島珈琲)의 'UCC밀크커피'는 1969년 발매 이래 캔커피 중 최장수 상품으로 2018년 7월에 기네스 세계기록에 등재되었다. 발매 50주년을 맞이하여 10번째 점진적 개선으로 내놓은 커피는 원두를 통째로 바꾸었다. 밀크맛은 살려두되 단맛과 쓴맛의 뒤끝이 전혀 없는 깔끔한 맛을 강조하였다. 이를 위해 쓴맛이 강한 로부스터 원두를 아라비카 원두로 교체하였다. 또한 직전의 9번째 개선에서는 진한

출처: https://www.ucc.co.jp/eng/product/drink/

맛을 내기 위해 분유만을 사용했으나, 이번의 10번째 개선에서는 우유를 첨가하여 상큼한 맛으로 하였다.

패키지 디자인에서는 50년간 일관되게 사용해왔던 원두 사진을 없애고 상품명의 글자크기를 축소하여 보다 스타일을 살렸다. 그러나 막상 마셔보면 미미한 차이를 느끼기가 쉽지 않다. 그만큼 오랜 세월에 걸쳐 애용해온 소비자들이 눈치 채지 못하게 소비자의 심층 심리에 호소하는 노력을 기울인 것이다.

❹ 맨담의 세안티슈

2018년 리뉴얼된 남성세안용 페이퍼 매출1위 상품
출처: https://www.mandom.co.jp/release/nr2018121001.html

장수인기상품을 새로 만들기 위해서 필요한 작업은 소비자의 아무렇지도 않은 듯한 행동에서 힌트를 찾아내는 일이다. 맨담이 세안티슈(1996년)와 보디티슈(1998년)를 개발한 것이 그 좋은 예이다. 120억 엔의 시장규모(2018년)에서 60%를 웃도는 점유율을 자랑하고 있다. 개발담당자가 찾아낸 힌트는 음식점의 남성 손님들이 점포가 제공하는 종이물수건으로 얼굴을 닦는 모습에서였다. 얼굴을 닦다가 종이찌꺼기가 수염에 남는다든가 닦는 도중에 종이가 찢어지지 않기 위해서 100종류 이상의 소재를 시험한 끝에 메쉬형 부직포가 낙점되었다. 그 후 개선이 지속되어 닦고 난 뒤에도 시원한 느낌이 남아도는 제품도 판매되고 있다.

앞서 소개한 장수인기상품들이 미묘한 개선을 끊임없이 추구하여 소비자의 심층 심리에 호소한 것과는 반대로 변함없이 동일한 가치를 제공하는 장수인기상품도 있다. 그런데 동일가치의 지속적 제공은 미묘한 개선 이상으로 수고를 요한다.

⑤ 야마하 오토바이

일본의 야마하발동기가 1978년 출시한 399cc 오토바이(모터사이클) SR400은 중형 오토바이 시장에서 연간 1000대가 판매되는 상품이다. 최근의 오토바이 시장은 취미로 상품을 구매하는 소비자층이 많아서 배기량을 크게 하고, 전자제어장치를 탑재하여 승차감을 높이는 모델이 인기를 모으고 있다.

그러나 SR400은 불필요한 장비와 장식을 다 제거하고 단순한 고전 스타일을 고집한다. 대부분의 오토바이는 버튼 하나로 엔진 시동을 거는데, SR400은 킥페달의 수동 방식에 의존하고 있다. 70년대 후반에 일본에서는 경주용 오토바이를 모방한 'Racer Replica' 붐이 일었다. 따라서 빠른 속도로 달리는 것이 유행인 당시에도 SR400은, 기계가 주는 따스함을 느끼면서 일상의 속도감으로 마음 편히 경쾌하게 달리는 것을 즐길 수 있는 성숙한 오토바이 이미지를 내세웠다.

시대가 변하면서 새로운 색상의 투입, 일부 장비의 변경은 있었지만, 브랜드의 정체성을 말하는 구동장치와 의장(모양새)은 철저히 고수했다. 공랭 단기통(부릉부릉 하는 소리가 나는 고전적 특징) 엔진을 노출시킨 Naked Style, 제조와 가공에 수고와 비용이 드는 철제 펜더(흙받기)는 이어나갔다. 헤드라이트의 소재를 유리에서 수지로 교체하려 했으나, 질감의 차이로 유리소재를 지켜나갔다.

일본의 현재 보안기준에 맞추려면 렌즈의 구조를 바꾸어야 했는데, 수지처럼 세밀한 성형이 힘든 유리를 조명제품 납품업체 코이토(小糸)제작소와 협력하여 새로운 유리헤드라이트 개발에 성공하였다. 또한 배기가스 규제에 대응하기 위하여 소음기(muffler)도 정화 촉매량을 늘리고 내부구조도 복잡하게 하였다. 이렇게 하면 소음기가 엄청 두꺼워지기 마련이지만, 사쿠라 공업과의 협업으로 금속가공기술을 총동원, 소음기의 실루엣을 그대로 유지할 수 있었다.

1978년 첫 출시 당시의 디자인을 고수한 SRCafe 모델
https://www.yamaha-motor.co.jp/mc/lineup/sr400/

❻ 롤렉스시계

장수 인기비결의 하나는, 품질 수준을 유지하면서 저렴한 비용으로 생산한다는 점이다. 롤렉스는 여러 모델을 내놓고 있지만 케이스나 무브먼트의 종류는 결코 많지 않다. 즉, 적은 종류의 모델을 대량생산함으로써 생산비용을 억제하되 품질은 높인다는 점이다. 예를 들면, 롤렉스의 '904L' 스테인리스 소재는 알레르기와 흠이 잘 생기지 않은 장점이 있지만, 가격이 비싸고 가공도 매우 까다롭다. 그러나 롤렉스는 대량생산으로 일반 제품라인의 모델로 채택하는 데 성공하였다. 품질에 더하여 대량생산 시계에 개성까지 덧붙였다는 점도 중요하다. 시계는 케이스나 무브먼트가 같아도, 문자판을 바꾸는 것만으로도 완전히 다른 시계로 보인다. 또한 모델에 '서브 네임'을 마련하였는데, 비슷한 외견의 모델에 "바이셀로이", "로열", "스피드킹"과 같은 서브네임을 부여함으로써 서로 다른 인상을 주는 것에 성공하였다.

둘은, 정교한 마케팅 전술이다. 1940년대 이후 롤렉스시계는 실용성에 더하여 라이프 스타일과의 연관성을 내세웠는데, 이는 1969년의 쿼츠(Quartz: 태엽 방식이 아니라 석영의 진동을 이용한 전자 방식) 시계의 출현에 충격을 받고 70년대 롤렉스가 기계식 시계에 주력하게 된 이후 더욱 두드러졌다. "다이빙하러 갈 때면 롤렉스를, 비즈니스에서도 롤렉스를, 모터스포츠를 할 때도 롤렉스를" 이라는 캠페인은 롤렉스가 높은 범용성의 브랜드라는 이미지를 소비자에게 각인시키는데 기여하였다. 당시에는 경쟁사들이 브랜드 이름과 제품, 그리고 가격 정도만 강조했던 광고 전술에 비하면 획기적이었다.

셋은, 판매점을 아군으로 만든 수리 체제의 충실이다. 지금은 각 시계 제조업체가 수리 체제를 갖추게 되었지만, 일본을 예로 들면, 롤렉스시계는 이미 1950년대부터 사내에 수리 체제를 갖추어, 고장이 나도 제대로 고쳐주는 시계를 판매하였다. 이에 판매점은 안심하고 고객에게 시계를 판매할 수 있게 되면서, 롤렉스는 모든 판매점으로부터 환영받는 존재가 되었다. 이제 여러 경쟁업체가 같은 방법을 쓰려고 하지만, 선도자인 롤렉스의 우위는 당분간 흔들릴 것 같지 않다(LEON, 2019.8.12.).

Evernote 35 온라인영어회화학원의 가격차별화와 국가 간 시차

일본의 영어회화교육사업에서 파격적인 가격차별화 전략으로 주목을 받고 있는 업체가 80만 명의 회원을 확보한 일본의 '레어잡(rarejob.com)'이다. 일상영어회화 코스의 경우, 월 8회 수업(회당 25분, 20회 반복 가능, 월 4200엔-회당 525엔)과 매일 1회 수업(25분, 월 5800엔-회당 187엔) 두 가지가 있다. 가격차별화의 우위는 필리핀현지강사를 확보한 점에 있다.
Global English사(2019년 Learnship. com이 인수) 가 발표하는 '비즈니스영어지수'에서 필리핀은 영어를 모국어로 하지 않는 국가 중 세계 1위의 영어실력을 자랑한다. 일본 국내에 체류 중인 외국인 강사가 시급 2000엔(영어 모국)-1500엔(영어 비모국어)인데 비하여 필리핀 현지강사는 이들의 1/15-1/12 수준에 불과하다.
또 다른 가격차별화의 원천으로는 필리핀 현지강사와 일본의 수강생 간에 무료 인터넷전화인 스카이프로 수업을 진행하므로, 이 회사는 예약시스템 구축에 최소한의 투자로 족하다. 수업 공간도 인터넷 시설만 갖추면 되기 때문에, 기존의 영어회화학원처럼 도심의 비싼 임대료 사무실을 이용할 필요가 없다.
필리핀인의 영어발음이 원어민과는 다른 억양을 쓴다고 하지만, 고학력의 필리핀인들 중에는 영어발음이 원어민에 손색없는 사람들이 많고, 필리핀 경제의 어려움으로 필리핀 현지에서 실업상태에 놓인 사람들이 많아서 강사 수급에 곤란이 없다는 점이다. 게다가 필리핀현지인을 강사로 채용하는데는 시차라고 하는 요인이 있다. 일본과 필리핀의 시차는 1시간에 불과하기 때문에, 일본에 있는 수강생과의 생활시간 면에서의 간극이 없다는 점이다.

(출처: 小川孔輔, 2019, pp. 150-152).

2. 제품 혁신

무지(ignorance) 혁신이 새로이 주목을 받고 있다. 미국의 컬럼비아대학에서 2006년부터 신경생물학자인 스튜어트 파이어슈타인(Stuart Firestein)교수가 'Ignorance' 라는 과목을 강의하고 있다. 그에 의하면, 과학자가 씨름을 해야 할 과제는 기지의 것이 아니라 미지의 것, 즉 무지(無知)야말로 과학의 원동력이라고 한다.

IDEO(아이데오)라는 세계 최대의 디자인회사는 혁신을 끊임없이 추구하는 것으로 유명하다. 어느 날 스위스인 직원이 산길을 걷다가 도꼬마리(털이 많은 식물)를 온 몸에 붙인 채로 회사로 돌아왔다. 그 모습을 본 한 직원이 흥미를 느껴 뭔가에 활용할 수 없

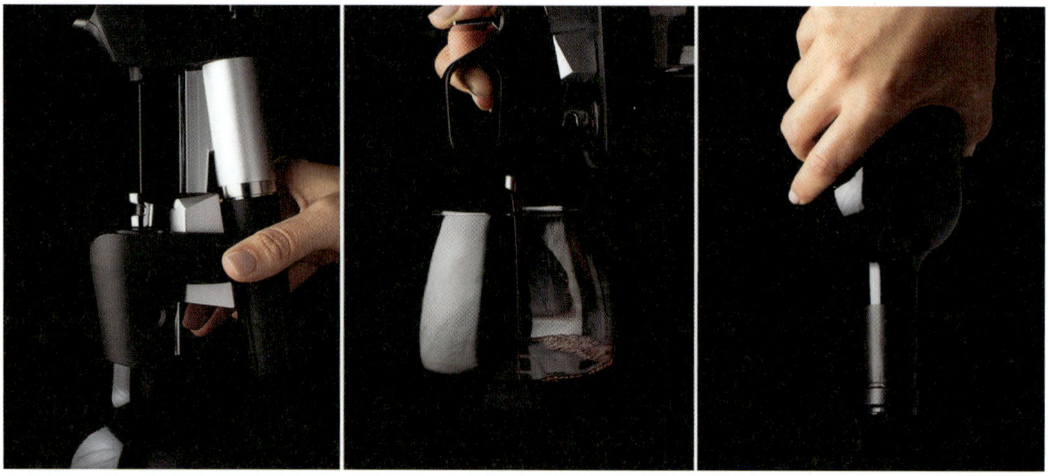

회사 웹사이트에서 다른 디자인 제품을 발견. 소속 디자이너 Greg Lambrecht가 고안한 와인 오프터는 가느다란 바늘을 코르크에 삽입하여 와인을 따름으로써, 와인의 산화를 방지하는 혁신을 가져왔음.
출처: https://www.ideo.com/case-study/an-ingenious-way-to-preserve-wine

을까 아이디어를 짜냈다. 그 결과물이 바로 탈착 가능한 매직테이프이다.

낯선 해외시장에 진입할 때도 이 무지의 사고방식이 필요하다. 본국 시장의 활동을 통해 이미 알고 있는 것을 해외 시장에서 재현하는 것이 아니라, 현지 시장에 대해서는 아는 게 없다는 점을 전제로 하여 새로운 시장을 개척해나가는 것이다. 가령 전력공급이 부족한 인도 시장에서, 전기라고 하는 인프라 부족의 환경을 기회로 삼아서 호기심을 발휘하여 전기를 사용하지 않는 냉장고를 개발한 일이 바로 해외시장에 대한 무지로부터 탄생한 혁신이다. 호기심은 인간이 알지 못하는 미지의 것을 찾아낼 수 있는 센서 역할을 한다(馬場久美子, 2019).

한편, 개방형 혁신에는 인바운드 유형, 아웃바운드 유형, 연계 유형의 세 가지가 있다. 인바운드 유형은 조직 외부에 있는 기술이나 아이디어를 흡수하는 것으로서, 삿포로맥주는 키치하이크(벤처기업)와 공동으로 새로운 수제 맥주 시연 파티를 개최하였다.

수제맥주의 제조는 삿포로맥주가 맡고, 개발은 일반소비자가 담당하고 있다. 2018년 10월에 시작한 삿포로맥주의 "Hoppin' Garage"는 독창적인 맥주를 만들고 싶은 소비자들을 웹사이트에서 모집하여, 제안된 아이디어 중에서 선정된 것을 아이디어 제안자와 삿포로맥주가 공동으로 개발을 추진하고 있는데, 제안된 아이디어들을 압축하여

출처: https://www.hoppin-garage.com/product/

시제품 생산을 선정하는 일은 삿포로맥주와 키치하이크, 디자인회사에서 총 8인이 모여 합의제로 결정한다. 시음 이벤트에 참가할 사람들을 모집하고, 여기서 10종류의 신상품이 탄생하는데, 이 중 일부는 2019년 10월에 일반 판매를 개시하였다. 소량한정판매이기 때문에, 1인의 소비자가 지닌 감성에 맡기는 방식이 낫다고 판단한 것이다.

아웃바운드 유형은 조직 내부에 보유한 기술과 노하우를 노출하여 외부 조직과 협력을 도모하는 것으로서, 후지필름은 50개 정도의 첨단기술 테마를 보유하고 있으면서 외부 조직의 기술총책임자, 연구소장 등을 초대하여 논의를 거쳐 개방형 혁신의 목표를 설정한다. 이 때 사전에 외부조직이 관심을 가질 만한 테마를 검토하여 10개미만으로 압축하여 소개한다.

카오(花王)가 2018년 3월에 미용실 전용 브랜드로 염색 제품을 발매한 것이 성공사례의 하나인데, 산화제를 사용하는 기존 염색약은 색상의 표현이 풍부하지 못하다는 단점을 지니고 있다. 이에 카오는 염료를 사용하여 염색을 발본적으로 바꾸고 싶다는 상담을 후지필름에 제안하였고, 2000년에 매출이 정점을 찍으면서 신사업을 모색해야 했던 후지필름은 사진에서 축적한 염료 기술을 살릴 수 있는 절호의 기회로 판단하였다. 그런데 머리카락 틈으로 염료를 침투시키려면 그 분자가 작아야만 하는데, 분자 구조를 간단하게 만들면 기능마저 단순해지는 어려움에 봉착하였으나, 오랜 시간 상호

Evernote 36 제품수명주기

제품수명주기(product life cycle: PLC)는 도입기, 성장기, 성숙기, 쇠퇴기의 네 단계로 이루어져 있다. 도입기(introduction stage)는 제품이 시장에 도입된 지 얼마 안 된 시기로서 제품개발과 생산, 마케팅활동에 투입된 비용에 비하여 매출이 턱없이 부족하여 이익이 적자를 보인다. 기업의 마케팅활동은 소비자들에게 제품을 인지시키는 일에 초점이 맞추어져 있다. 성장기(growth stage)는 제품이 소비자에게 신속히 수용되어 매출이 급증하면서 이익이 흑자로 전환되고 경쟁기업이 후속으로 진입한다. 기업의 마케팅활동은 제품 인지(awareness)에서 시장침투(market penetration)로 전환하고, 경쟁사 브랜드와 비교하여 자사 브랜드를 소비자들이 선호하도록 하는데 초점을 맞추고 있다. 성숙기(maturity stage)는 매출 규모는 성장기보다 크지만 증가세가 크게 꺾이게 되면서 경합 업체 간 경쟁이 치열해진다. 마케팅활동은 차별화를 통한 시장점유율의 방어 혹은 탈취에 있다. 쇠퇴기(decline stage)는 수요의 감퇴로 매출 규모가 하락세로 반전하고 이익도 축소되지만, 마케팅활동의 중심이 생산성 향상에 맞추어지면 퇴출당하지 않고 잔존에 성공한 기업은 가격 인하의 압력에서 벗어난다.

그런데 기업이 특정 제품이 현재 수명주기의 어느 단계에 와 있는지는 사후적으로만 알 수 있을 뿐이다. 가령, 일본의 칼피스라는 유음료는 1919년 발매 이래 '첫사랑의 맛'이라는 이미지를 통하여 줄곧 인기 상품으로 자리 잡았으나, 1980년대에 이르러 매출 증가율의 정체로 성숙기에 접어들었다. 그러나 1991년에 캔음료 '칼피스워터'로 리뉴얼하면서 외출 시에도 마실 수 있는 음료로 재탄생하면서 성장기로 돌아갈 수 있었다. 따라서 1990년의 시점에서 칼피스의 수명주기가 어느 단계이었는지는 사후적으로(현 시점)밖에 판단할 수 없다. 일본의 위스키 시장 역시 2008년에 이르러 매출이 정체·감소하면서 쇠퇴기에 이른 것으로 여겨졌다. 그러나 2009년에 캔 형태의 하이볼이 발매되면서 예상을 웃도는 판매 추세로 인하여 원액 부족이라는 사태까지 일어났다. 위의 두 상품은 음용 방식의 변경이 수명주기의 소생을 가져온 셈이다.

(출처: 山田英夫, 2019, 108-112)

신뢰 속에서 마침내 원하던 기능의 신제품 개발에 성공하였다.

연계 유형은 단기간 집중적으로 아이디어를 검토, 검증하는 Ideation, 대기업이 창업초기 기업에 투자하는 CVC(Corporate Venture Capital) 등이 그 예이다.

대기업이 명확한 목표 설정도 없이 자금이 부족한 중소기업이나 벤처기업에게 공동 작업을 권하는 방식은 추진이 제대로 되지 않는다. 게다가 공동 작업에서 얻은 결과물을 대기업이 일방적으로 착취하는 행태도 걸림돌로 작용하고 있다(NIKKEI BUSINESS, 2019.07.15.)

❶ 작업복 제조업체 '워크맨'

건설·토목 현장인부들이 착용하는 작업복 제조업체 워크맨(workman. co.jp)이 일반 소비자에게까지 표적고객의 범위를 넓혀가고 있다. 작업복이 지닌 방수, 방한의 뛰어난 성능을 활용하여 스포츠의류, 아웃도어의류로 상품 구색을 확장하였다. 방수 의류는 자전거동호인들이 착용하기 시작했고, 음식점 주방 근무자들을 위하여 미끄럼 방지 바닥을 한 여성용 신발은 임산부에게 최적이라는 입소문으로 일반 여성고객까지 사용하게 되었다. 보온성이 뛰어난 양모 '메리놀'을 소재로 한 양말이 작업용(580엔)으로는 고가라는 불평이 나왔지만 등산용(경쟁제품 2000엔)으로는 저렴하다는 호평을 받았다.

유행을 좇는 상품이 아니므로 기본적으로 매장에서 5년 정도는 판매가 계속되고, 색상과 문양의 확대, 조임(fastener) 기능 강화 등의 미조정은 이루어지지만, 소재와 기본 형태는 5년 간 변화가 없다. 품질을 강조하다보니 제조원가가 판매가에서 점하는 비중은 일반의류업체의 20- 30%보다 훨씬 높은 64%에 달한다. 그러나 작업복은 일단 거래처가 정해지면 반복 구매확률이 높아서 매년 일정한 판매량을 확보할 수 있다. 즉 미판매 재고를 할인 처분해야 하는 일이 거의 없어서 할인판매 비율은 전체의 2%에 불과하다.

2021년 신상카탈로그. 좌측은 작업복("상하좌우 자유자재로 늘어나는 스트레치"라는 문구), 우측은 아웃도어용
출처: https://www.workman.co.jp/feature/2021ss

점원 입장에서도 근무환경이 양호한데, 매일의 점포 매출 실적을 정산하는 일은 다음 영업일 오후2시에 하기 때문에, 영업 종료 후 5분이 경과하면 점원들은 퇴근한다. 점포 회전율도 양호해서, 평일 오전과 저녁에는 작업자 고객들이 내점하고, 평일 점심과 휴일에는 일반 고객들이 방문한다.

워크맨이 실시하고 있는 마케팅은 이른바 대사마케팅(ambassador marketing)이라는 것인데, 반복 구매의 충성형 고객을 활용한다. 이들 영향력 있는 블로거들을 상대로 한 상품발표회를 빈번히 개최하기도 하고, 블로거들이 구매한 의류를 SNS에 투고하면 이를 점포의 POP 광고로도 사용하기도 한다. 앞으로 스포츠의류, 아웃도어의류 카테고리의 판매를 한층 강화하기 위해서는 캠핑, 자전거, 낚시 등에 정통한 직원들을 채용해야 하는데, 일본 소매업 전체가 인력 부족에 애를 먹고 있는 상황에서 그 해결책이 과제로 남는다(週刊東洋経済. ファストファッション新時代. 2019. 11.23.).

❷ 나이키의 트리플 더블 혁신

포브스가 발표했던 '세계에서 가장 가치 있는 100대 브랜드'에서 나이키가 14위, 아디다스가 61위를 차지하였다. 캐나다 투자은행인 카나코드제뉴이티(Canacord Genuity)는 2019년 3월, 미국에서 스포츠 의류 브랜드를 구입한 소비자 1400명을 대상으로 조사한 결과, 나이키가 남녀 모두에서 가장 혁신적인 브랜드로 선정(남자의 42%, 여성의 39%가 지지)되었고, 2위 이하는 여성과 남성에서 엇갈려서, 여성은 언더아머(29%), 아디다스(17%), 루루레몬(9%)을, 남성은 아디다스(35%), 언더아머(18%)의 순이고, 루루레몬을 꼽은 사람은 불과 4%이다.

나이키가 혁신 영향력, 상품의 시장투입 속도, 고객과의 직접적 유대의 3가지를 2배로 늘리겠다는 "트리플 더블 전략"(2017년 발표)이 효과를 발휘한 셈. 혁신성은 특히 남성의 고소득층(연봉 15만 달러 이상)에서 주효, 나이키를 혁신적 브랜드라고 인지하는 소비자의 비율은 38%에서 44%로 상승(2018년 12월 조사)하였다. 또한 나이키에 대한 이 같은 시각은 25~34세, 35~49세 여성 사이에서도 확산되고 있고, 아디다스를 혁신적이라고 보는 여성이 감소하였다.

여성용 의류 매출이 나이키 전체 매출액의 25%이므로, 나이키는 이 시장 세그먼트를 중시하고 있다(여성용 의류 시장 전체의 규모는 남성용의 1.5배). 조깅, 코트, 필드, 요가스튜디오에서 패셔너블하게 보이는 것은 스포츠 의류 브랜드의 매출 증대에 또 다른 중요 요소인데, 이 분야에서도 성별을 가리지 않고 소비자의 지지를 얻으려 했던 나이키의 노력은 성공을 거두어, '패셔너블한 브랜드'로 거론한 나이키의 비율은 남성의 42%, 여성의 31%로 타 경쟁 브랜드를 압도하고 있다. 다만 여성에 국한할 경우, 패션성이 높은 스포츠웨어 브랜드로 루루레몬이 특히 24~34세의 연령층에서 20%→31%로 증가하였다(여성 전체로는 26%). 남성 소비자들이 패셔너블하다고 본 브랜드 2위는 아디다스(37%가 지지), 특히 18~24세, 25~34세의 남성층에서 높은 인기를 누리고 있다. 반면, 아디다스는 패션성 면에서 여성(25~34세)의 지지를 잃으면서 26%→ 16%로 감소하였다(전체 여성에서는 19%).

"향후 6개월 이내에 어느 브랜드 상품을 구입할 가능성이 가장 높은가?"라는 질문에 응답자의 40%가 나이키, 31%가 아디다스를 꼽았다. 남성은 나이키(41%)에 이어 아디다스(39%), 여성은 나이키(38%)와 아디다스(22%)의 격차가 더 크고, 그밖에 언더아머 18%(남성 15%, 여성 22%). 루루레몬(여성 7%, 남성 3%)의 순이다. 조사 결과에서 알 수 있듯, 나이키가 소비자에게 가장 중요한 혁신성과 패션성에서 더 높은 지지를 얻은 점이 소비자의 구매 의욕 향상으로 이어지고 있다(Forbes Japan, 2019.5. 28.).

❸ 켈로그의 성장 혁신

켈로그는 2019년 초에 맥거크(Monica McGurk. 1970년생)를 성장최고관리자(Chief Growth Officer: CGO)로 임명하였고, 2020년에 식물을 이용한 고기대체식품 시장에 Incogmeato와 Leaf Jerky라는 두 브랜드를 출시하였다. 아침식사 대용인 시리얼 브랜드 'Corn Flakes'로 잘 알려진 기업이지만, 미국에서 시리얼 시장이 수년간 정체 상태에 놓여 있고, 실제로 켈로그의 매출에서 시리얼은 더 이상 주력제품이 아니다. 매출의 55%는 다른 스낵 제품이 차지하고 있다. 여기에 식물단백질 식품, 냉동식품(와플 Eggo), 음료(쉐이크 Special K)까지 가세하고 있다. 물론 세계 시장을 놓고 보면, 켈로그

Evernote 37 점포의 대기 시간과 매출 간 상관관계

맥도날드햄버거에서는 카운터에서 주문 접수 후 3분 이내에 메뉴를 제공하는 것을 원칙으로 한다. 그 시간을 1초 단축하면 매출이 8억 엔 증가한다는 것이다. 대기 시간이 길게 되면 급히 주문을 받아야 하는 고객이 포기하고 돌아가기 때문에 판매 손실이 초래된다. 또한 대기하던 고객들도 만족도가 저하하여 재방문 비율이 떨어지고 만다. 대기 시간이 1초 연장되면 고객 2천 명 중에 3명꼴로 구매를 포기하고 돌아가게 되어 매출의 0.15% 감소를 가져온다. 이것을 금액으로 환산하면 위에서 나온 8억 엔이다.

백화점 지하 식품코너의 점포에서는 고객의 구입률과 가장 높은 상관성을 보인 대기 인원이 계산대 한 대당 1.5명으로 나왔다. 그래야만 백화점 손님들은 점포의 식품이 맛있을 것이라고 생각하기도 하고, 무슨 가게이기에 사람들이 줄을 서 있나 하여 시선을 끌게 된다. 그러나 2명을 초과하면 줄 서는 것을 싫어하는 고객들이 구입을 포기하고 돌아가고 만다.

(출처: 小川孔輔, 2019, pp. 210-212)

의 시리얼 포트폴리오는 성과 개선을 지속하고 있다(McKinsey & Co. Reviving the center aisle: An interview with Kellogg's chief growth officer. Feb. 2020.)

식물성 단백질 식품은 종교, 문화, 건강, 지속발전, 정부규제 등의 변수가 국별로 다르므로 그 수요 또한 나라마다 상이할 것이므로, 유연성을 갖추어 모든 종류의 식물성 단백질 식품을 준비할 필요가 있다. 여기에 100% 순수한 식물성이 아니라 동물성 단백질과 혼합한 대체식품을 만드는 기업들도 있다. 그 중 육포(dried-meat snacks) 제품으로 켈로그는 식물성 육포인 Leaf Jerkey를 2020년 초에 출시하였다. 많은 벤처기업들이 이 분야에 뛰어들고 있지만, 공급망 관리의 중요성을 과소평가하여 애를 먹고 있다.

켈로그의 혁신은 벤처캐피탈의 설립으로 높은 잠재력을 지닌 기업들에 투자를 하고, 첨단분석학과 행동과학에 대한 연구로 소비자 자신도 표현하지 못하는 욕구를 들춰내는 통찰력에 크게 의존하고 있다. 이를 통하여 개발한 신제품이 Joyböl이다. 콤팩트 형태의 휴대용 제품인데, 스무디와 비슷하여 사무실에 출근하여 책상에서 먹을 수 있는 조식이다. 첫 출시품에 대해서는 엄청난 비난이 들어왔지만, 개선을 거듭한 후속 제품의 출시가 이루어졌고, 6개월 만에 소매점 점포의 좋은 자리에 놓이게 되었다.

출처: https://www.kelloggs.com/en_US/brands/joybol.html

주) 과일, 견과류, 씨 등 자연 그대로의 재료로 구성된 그래놀라 스무디 제품으로서, 찬물이나 우유를 넣어 섞기만 하면 된다는 설명이 있음

요약하기

이 장의 내용을 요약, 정리해봅시다. 양서를 보면 저자가 깔끔하게 요약해놓은 걸 볼 수 있지만, 다 차려놓은 밥상에 숟가락 하나 얹는 일은 고교 때까지로 끝냅시다. 예비 사회인인 대학생이라면 자력으로 모든 걸 정리할 능력을 구비해야 할 것입니다.

소감쓰기

이 장을 읽고 본인이 느낀 소감을 써봅시다. 어떤 자료가 주어지든 그 자료가 함의하는 바를 나름대로 말하고 써내려가는 것이야말로, 주어진 답을 작성하는 것이 아니라 자기만의 답을 만들어가는 역량일 것입니다.

PART 4

패션산업의 시장과 마케팅

현재의 패션 기업들(의류, 신발, 운동복, 가방, 시계, 보석의 6개 제품 카테고리)은 좋든 싫든 아날로그보다는 디지털 사고방식으로 중무장하여 시장에 신상품을 출시하는 속도를 앞당기기 위하여 민첩하게 행동해야 하는 환경에 직면하였다.

세계 패션 시장 중 그나마 성장세를 이끄는 것은 지역 기준으로는 아시아의 신흥국 시장(emerging markets)이고, 가격 기준으로는 명품 의류이다(BOF and McKinsey Co., 2019: 11). 패션업계에도 파레토 법칙(20:80의 법칙)은 적용되어, 상위 20개 업체(대부분이 명품업체)가 이익의 97%(2010년에는 70%)를 가져가는 양극화(polarization)가 일어나고 있다(가격 기준으로 명품, 지불가능한 명품, 프리미엄, 중간시장, 가치지향, 할인품의 6개 세그먼트). 이들을 슈퍼 승자(super winners)라고 칭한다. 지난 10년 간 상위 20개 업체 리스트에 줄곧 이름을 올린 기업은 12개인데, 나이키, LVMH, 인디텍스가 그 예이다. 각각 스포츠웨어와 명품, 패스트패션을 대표하는 업체들인데, 이들은 브랜드에 대한 투자와 활동의 효율성이 사업모델의 지속성을 보장하는 구동력임을 여실히 보여주고 있다. 반면 북미지역의 백화점업체들은 상위 20개 업체 명단에서 탈락하고 말았는데, 이는 전통적인 소매업의 사업모델이 지닌 연약함을 드러낸 것이다.

한 가지 주목할 점은, 신흥 온라인사업체들이 상위 20개 업체 명단에 단 한 군데도 이름을 올리지 못한 채, 상위 20%에 겨우 2개 업체만이 올라갔다는 점이다. 이들은 일반 패션업체들의 성장률보다 4배나 높은 수치를 달성함으로써 기업가치의 승수(valuation multiples)에서는 업계 평균의 2배인 반면, 수익성은 여전히 뒤처지고 있다. 즉 규모가 여전히 중요하다는 반증이기도 하다. 브랜드 파워를 통한 규모를 구가하든가 아니면 활동의 효율성을 통한 민첩함을 보이든가, 양자택일이 요구된다.

명품 세그먼트가 가장 경영성과를 드높이게 된 것은, 아시아태평양 시장의 급속한 성장과 글로벌 여행 붐의 지속에 기인한다. 가치지향 세그먼트도 가장 뛰어난 실적을 보였는데, 세계적으로 가치명제가 강력하게 작용하였기 때문이다. 반면 프리미엄과 중간시장(mid-market) 세그먼트는 가치지향 및 할인 세그먼트와의 치열한 경쟁 및 시장포화의 증대로 가장 어려움을 겪고 있다. 제품 세그먼트 기준으로는 신발이 젊은 소비자층(cohorts)의 강력한 수요에 힘입어 우수한 실적을 달성했고, 가방(handbags & luggage)

은 식을 줄 모르는 세계 여행 붐 덕분에 강세를 지속할 것이다. 그에 비하여 보석과 시계 세그먼트는 전통적인 판매방식을 대여(rental) 모델이 대체하면서 힘겨운 상황을 맞이하게 될 것이다. 의류 세그먼트에서 지속성의 이슈는 일부 시장에서 저성장의 요인으로 작용하겠지만, 신흥시장의 성장세가 이를 상쇄할 것이다.

미국과 중국 간에 벌어지고 있는 첨예한 무역 전쟁과 영국의 브렉시트 현상 등으로 대변되는 국제시장의 불확실성과 변동성은 업계에 불어오는 가장 커다란 시련이다. 시장 내부에서는 옴니채널이 부상하고, 이른바 모바일 중독(mobile-obsessed)으로 소셜미디어가 위력을 떨치면서 소규모 브랜드가 폭발적 성장의 과실을 맛보고 있기도 하다.

이런 상황에서 다수는 아니지만, 조사대상 업체의 17%는 매출 증대보다는 비용절감에 초점을 맞추겠다고 하는데, 이는 매출액 대비 제조원가 비중이 0.5%p 증가한 점이 압박 요인으로 작용한 것으로 보인다(BOF and McKinsey Co., 2019: 20). 비용 절감 수단의 하나로 상품구색(product assortment)의 복잡성을 줄이는 방안도 거론되고 있다.

랑방(현존 最古의 프랑스패션업체. 대만 미디어그룹의 거물<magnate> Shaw-Lan Wang<1941년 중국 충칭 태생>이 2001년 인수)과 Fosun(復星) 패션그룹의 회장인 Joann Cheng은 제품 구성의 다양성뿐 아니라 시장의 지리적 다양성과 소비자의 인구통계상의 다양성을 강조하였다. 그녀는 패션업체가 이러한 다양성을 소화하려면 의류 디자인 팀을 제대로 구성하여 브랜드의 DNA를 재해석하는 일을 제1의 우선순위로 꼽았다.

13

인도의 의류패션 시장

인도의 중산층은 2018-22년 중에 연간 19.4%로 늘어날 것으로 예측되는데, 이는 중국과 멕시코, 브라질의 추세를 앞지르는 수치이다(Economist Intelligence Unit). 같은 기간 중에 GDP 성장률도 연평균 8.0%로서, 중국의 6.1%, 터키 3.7%, 멕시코 3.0%, 브라질 2.3%, 러시아 1.5%를 웃도는 예상치를 보이고 있다. 이렇게 된다면 2022년 인도의 의류시장은 593억 달러로서 영국 650억 달러, 독일 631억 달러에 이어 세계 6위에 자리 잡게 된다. 그러다 보니 300개가 넘는 국제 패션브랜드가 향후 2년 안에 인도 시장에 점포를 개설할 것으로 예상된다. 그러나 재래식 점포가 다수를 이루는 소매시장 환경에 비추어 볼 때, 제대로 형식을 갖춘 소매점의 구성 비율은 35%(2016년)에서 45%(2025년)로 늘어나는데 그칠 것이다.

따라서 인도의 의류 소매업체들은 의류판매의 동력을 높이기 위하여 디지털 마케팅의 전개, 계산의 효율성 제고 등으로 점포 내 체험을 강화하려는 혁신적 노력을 기울이고 있다. 가령 Madura Fashion & Lifestyle은 증강현실을 이용하여 고객의 복장 차림새를 보여주는 'Van Heusen Style Studio'를 개시하였다. 이런 배경에는 12억 명의 인도 인구 가운데 스마트폰과 인터넷 이용자 수가 각각 500만 명과 4,500만 명(2008년)에서 3억 5,500만 명과 4억 6,000만 명(2017년)으로 늘어났다는 점, 2022년에는 다시 2배로 증가하게 될 것이라는 추세가 자리 잡고 있다(BOF and McKinsey Co., 2019: 26). 이제 인도의 의류패션산업의 명제는 최대의 상품구색을 고객에게 제공하는 것이 아니라, 각각의 고객에게 최적의 상품구색을 제공하는 것으로 바뀌어 가고 있다.

그러나 인도시장에 진입하려는 외국의 의류패션업체들은 이러한 시장 기회뿐 아니라 도전과제도 해결해야 한다.

우선 기후와 기호 측면에서 인도는 다양하고 이질적인 성질들의 집합체(모자이크)라는 점이다. 인도를 지리적으로 동·서·남·북의 네 개 지역으로 구분하면, 겨울철(8주간)을

Evernote 38 중국 알리바바의 Alipay

알리패이의 수수료가 낮은 이유는, 결제 수익보다는 이용자의 결제정보 수집에 주안점을 두기 때문이다(近藤公彦·中見真也, 2019: 176). 아마존닷컴의 AmazonPay는 개별 온라인판매 사이트에서 소비자들이 회원등록할 필요도 없고, 결제 처리가 결제대행사에 접속 않고서 이루어져서 결제카드 정보를 입력하는 번거로움이 없다는 편리성과 안전의 혜택을 누리게 되면서, 고객여정의 도중에 구매를 포기하는 일을 방지할 수 있다(近藤公彦·中見真也, 2019: 183). 중국의 뉴리테일 동향은 이제 결제의 전자화에 그치지 않고, 사회 인프라와 결제의 통합으로까지 발전하고 있다. 공공요금의 납부와 급여계좌 연계를 통하여 개인 소비자의 경제 신용도를 수치화하고 있다(近藤公彦·中見真也, 2019: 185).

가지고 있는 지역은 북부인도뿐이다. 게다가 선호하는 의류 색상, 디자인, 맞춤형도 가지각색이다. 물론 여성의류의 경우, 전통 의상은 전체 판매액의 70%(2017년)를 차지하여 압도적 비중이며, 이는 2023년에 가도 65%로 큰 감소는 없을 것이다(India Business of Fashion Report 2018: The Blending of the Worlds, Images Group, 2018).

또 다른 도전과제는 사회간접자본이 열악하다는 점이다. 인도 도로망의 40%(2016년 기준)가 비포장이어서 상품 배달을 어렵게 하고, 소매점의 재고물량도 기대 이하의 수준이다.

세 번째 도전과제는 부패 문제인데, 부패 인식 수준이 세계 180개 국가 중에서 81위에 그치고 있다(Transparency International. 참고로 중국은 77위). 시장에 신규로 진입하려는 업체들에게 요구되는 인허가 서류가 상당하다는 점은, 행정 처리에 들어갈 협상 작업이 얼마나 복잡할지를 말해준다. 현행 규정상, 외국기업은 자사 단독의 브랜드 판매를 위한 소매점 운영을 100% 단독투자로 할 수는 없다.

그럼에도 불구하고 인도시장이 제시하는 매력적 기회를 물리칠 수 없는 외국기업들은 세 가지 진입 방안 중 하나를 선택하게 될 것이다.

하나는, 기존의 전자상거래 플랫폼 업체와 제휴하는 것이다. 브랜드 인지도가 낮고 투입 자본이 부족한 외국기업에게는 수요와 고객 선호를 검증하는 가장 적합한 선택안이다.

둘은, 프랜차이즈 사업 모델인데, 이는 현지시장에 대한 지식은 부족한데 신속하게 시장에 진입하려는 외국업체가 오프라인의 매장을 개설·전개하는 일을 말한다.

셋은, 현지시장에 대한 지식과 자본이 풍부한 외국업체가 선택하는 방안으로서, 100% 단독투자에 의한 점포 운영이다.

14

의류무역 2.0

의류제품의 국제교역은 신규 무역장벽, 교역 긴장, 불확실성과 같은 환경의 위협과 더불어, 남남교역의 증대, 무역협정의 재협상과 같은 환경의 기회로 인하여 변모할 수도 있다.

미국시장에서 패션산업은 수입액의 6%에 불과하지만, 수입관세의 51%를 차지하고 있기 때문에, 관세율은 중차대한 관심사이다(BOF and McKinsey Co., 2019: 31). 미국정부가 타국정부와 벌이는 무역 긴장으로 인하여 샘소나이트와 Gap 등의 미국 제조업체들은 중국에서 생산한 제품의 미국수입에 부과되는 관세율의 인상으로 소비자 판매가격을 인상할 계획을 고려중이다. 반면 중국정부의 수입관세율 인하로 LVMH 그룹은 중국시장에서 판매되는 일부 제품의 소비자가격을 3-5% 인하하였다.

짧은 리드타임에 의존하는 패스트패션 업체는 특히 전략 수정을 고민하게 될 것이다. 가령, 국제조달처를 지금보다 본국과 근접한 지역으로 바꾸는 near-shoring 내지 심지어 본국에서 조달하는 on-shoring까지도 대안으로 삼을 수 있다. 명품 의류업체들은 가격인상과 이윤축소 중 하나를 선택하게 될 것이다. 루이뷔통의 'Speedy 30 핸드백'은 2016년 이래 매년 19%의 가격 인상을 보였다. 생산의 속도 문제는 소셜미디어와 빅데이터 시대를 맞이하여 그 중요성이 더해가고 있다. 리드타임의 단축은 현 시즌의 판매 실적을 판독하는데 도움이 되고, 미판매 재고량 감축에도 기여하기 때문이다. 출하 지연을 막으려면 의류 생산지를 소비지와 더 근접시켜야 하고, 전체 공급망을 총괄해야 한다. 그런 차원에서 로봇 기술과 3D 인쇄는 시간 압박의 해소와 소비자 맞춤형 서비스의 제공이라는 일석이조의 효과를 가져다 줄 수 있다. 결국 리드타임 단축이라는 대과제는 의류교역의 감소와 현지화(생산과 소비의 근접 내지 동일지역화)를 재촉할 것이다.

남남교역은 국제교역의 25%를 점하고 있는데, 2030년까지는 30%로 늘어날 전망이다. 중국의 일대일로 정책(One Belt, One Road initiative)은 남남 간 교역로 개발에 대규모 투자를 하여 남남교역 비중의 증대에 한 몫을 할 것이다. 일례로, 중국은 에티오피아의 수송 및 물류 기반시설에 100억 달러 이상을 투자하였다. 환태평양경제동반자협정(Comprehensive and Progressive Agreement for Trans-Pacific Partnership: CPTPP. 11개국 가입=아세안4개국+일본+호주+뉴질랜드+캐나다+멕시코+페루+칠레. 미국 탈퇴, 한국 미가입)과 역내포괄적동반자협정(Regional Comprehensive Economic Partnership: RCEP. 16개국 가입=아세안10개국+한국+일본+중국+호주+뉴질랜드+인도)도 아시아 역내 및 아시아와 남미 간 자유무역의 증대에 기여할 것이다. RCEP 회원국은 연간 4,050억 달러의 섬유를 수출하는데, 이는 국제교역 총액의 절반을 넘는 규모이다.

섬유무역의 가치사슬(value chain)의 변천을 보면, 1970년대부터 2004년까지는 다자간섬유협정(Multi Fiber Arrangement: MFA)이 섬유무역을 지배해왔다. MFA에 의하여 특정 섬유·의류의 양국 간 수입에 제한이 가해졌다. 그 덕분에 방글라데시와 같은 국가가 보다 생산성이 높은 중국, 인도와 경쟁이 가능해졌다.

2005년에 섬유 수입쿼터가 완전히 폐지되면서 섬유생산은 중국으로 몰리기 시작했다. 중국은 세계섬유 생산량의 47%를 담당하였고, 미국은 불과 3%에 그쳤다. 이탈리아도 5%에서 3%로, 일본은 11%에서 1%로 줄어들었다. 그 덕분에 미국소비자의 경우, 1995년에 비하여 44%의 실질구매가격 인하의 혜택을 보았다(BOF and McKinsey Co., 2019: 35).

그러나 중국의 역할은 저비용의 생산 공장에서 고부가가치의 생산 기지로 탈바꿈해가고 있다. 아울러 중산층의 증가가 괄목해지면서 의류소비 시장으로서 중국은 가장 가파른 성장세를 보이고 있다. 그 파급효과로서, 섬유·의류의 무역집중도(trade intensity=세계교역량÷세계생산량)는 2000 -2017년 중에 1/4이나 감소하였다.

중국의 소비규모를 뒷받침하는 통계 하나를 거론한다면 중국의 광군제(光棍節.Guanggun Jie. 11월11일. 독신들을 위한 날 Singles Day) 하루에 거래된 전자상거래 금액이 250억 달러로 추정되는데, 이는 미국의 Black Friday(11월 넷째 주 목요일의 추수감사절 다음 날인 금요일)와 Cyber Monday(추수감사절 다음 주 월요일)의 합산 판매액을 능가한다.

따라서 중국에서 생산한 완제품 의류 중에서 수출되는 의류의 비중도 2005-2017년 중에 71%에서 47%로 감소하였다. 이는 달리 말하면, 중국 소비자의 3/4이 의류와 신발 부

Evernote 39 틈새자 기업

Kotler가 제시한 '시장에서의 경쟁지위(competitive market position)'는 기업의 보유자원과 독자적 역량을 기준으로 선도자(leader), 도전자(challenger), 틈새자(nicher), 추종자(follower)의 네 가지 유형으로 기업을 분류하고 있다. 이 중에서 틈새자의 정의를 정확하게 기술하면 다음과 같다.
틈새(niche)는 원시 시대에 인간이 동굴에서 거주할 때, 소중한 석상을 동굴의 벽에 장식해두었는데, 가끔 곰이 들이닥쳐 석상을 갖고 가는 일이 발생하였다. 이를 막기 위해 인간은 동굴 벽에 움푹 파인 벽감을 만들어서 그 안에 석상을 두었다. 이것이 niche의 어원이다. 따라서 틈새에는 '커다란 덩치의 적이 들어와도 빼앗기지 않는' 이라는 뉘앙스가 담겨 있다. 생물학에서는 특정의 종(species)이 점유하고 있는 서식지 단위를 말하고, 경영학에서는 대기업과 경쟁하지 않고서도 이익을 향유할 수 있는 상품이나 서비스를 일컫는다. 이는 대기업이 틈새자 전략을 모방하여 동질화를 취하기 어렵기 때문이다.
틈새자 기업의 원조로 미국의 저가항공사 사우스웨스트항공을 꼽을 수 있다. 미국의 항공운수업계에는 아메리칸항공, 델타항공, 유나이티드항공의 3대 대형항공사가 있는데, 이들은 거대한 허브공항(다수의 목적지로 비행하는 거점 공항)을 중심으로 다수의 노선을 확보하는 Hub & Spoke(자전거의 구조) 체제를 갖추고 있다. 노선마다 탑승객 규모가 상이하므로 보유 항공기 기종도 각양각색이다. 이에 비하여 사우스웨스트항공은 미국의 지방공항 간을 1시간 정도의 소요시간에 직항하는 Point to Point 운항 체제를 갖추었다. 기장은 운항 기종별로 별도의 면허증을 취득해야 하는데, 사우스웨스트항공은 단일 기종이라서 기장의 운항 배치가 용이할 뿐 아니라 부품 정비의 착오를 일으킬 일이 없다. 아울러 기내식 제공 안하기, 지정좌석제 없애기, 환승 화물 취급 불필요(직항) 등으로 착륙한 항공기가 재이륙하는데 소요되는 시간이 15분에 불과하여 상품(비행기) 회전율을 극대화시킬 수 있다는 최고의 경쟁우위를 누리고 있다.

(출전: 山田英夫, 2019, 119-121)

문에서 외국브랜드보다 자국브랜드를 선호한다는 조사 결과와도 일맥상통한다. 그 결과, 완제품과 중간재의 섬유제품의 1995년-2014년-2018년 세계교역 규모도 3,650억 달러-8,600억 달러-7,400억 달러로 변동을 보였다(BOF and McKinsey Co., 2019: 36). 중국의 수출세가 주춤하면서 방글라데시, 베트남, 에티오피아의 의류수출은 2010년 이후 연간 두 자릿수의 증가세를 기록하고 있으며, 터키도 대유럽 의류수출의 주된 국가로 부상하였다.

그러나 원료와 직기(weaving)는 자본집약적 부문이라서 이들을 다른 개도국으로 이전하는 일은 비용이 많이 들고 자칫 파멸적 결과를 초대할 수도 있다. 따라서 중국에서 다른 개도국으로의 공장 이전은 이전비용이 가장 적게 들고 노동집약도가 가장 높은 가치사슬 부문(전형적으로 단순가공의 cut,make,trim:CMT 과정)이 된다.

15

소비자 행동의 변화

다채로움(새로움에 대한 갈증), 지속가능성, 지불가능성(affordability)에 대한 소비자 욕구의 증대로 새로운 소유모델이 등장하고 있다. 그 중 하나로 향후 20년 이내에 중고의류 재판매 시장이 패스트 패션 시장보다 커질 것이라는 전망까지 나오고 있다(ThredUP 2018 resale report, 2018, https://cf-assets-tup.thredup.com).

오늘날 소비자들은 15년 전에 비하여 의류 구매량을 60% 늘린 반면, 보관 기간은 50% 단축시키고 있다. 심지어 영국의 젊은 여성의 1/3은 의류를 한두 번 입어보고는 오래되었다고 여긴다. 대여와 중고 재판매, 수선의 사업모델은 제품의 수명주기를 연장시켜 줄 뿐 아니라, 소비자가 갈구하는 새로움을 제공해주는 기능을 한다. 또한 중산층조차도 명품 가격의 인상에 부담을 느껴서 할인점과 같은 대체 구입처를 물색하고 있다.

그러한 대체 구입 방식의 하나를 'The RealReal' 이라는 업체가 제공하고 있다. 깔끔하게 사용한 적이 있는 '중고' 명품 의류가 탁송 방식(consignment model)을 통하여 소비자에게 최대 90%의 할인된 가격으로 판매된다. 실례로, Stella McCartney(1971년생, 영국, 비틀즈의 매카트니 딸)는 2017년에 이 업체와 파트너십을 체결하여 자신이 디자인한 제품을 업체의 플랫폼에 탁송한 고객에게 100달러의 상품권을 주기도 했다. Richemont(까르띠에,몽블랑 등의 브랜드 소유 스위스 기업)는 재판매 혹은 렌탈 사업체를 곧바로 인수하여 중고시장(secondary market)에서 자사 제품이 판매되는 상황을 주도적으로 관리하고 있다. Eileen Fisher(1984년 설립. 미국. 면 원료의 70%가 유기농)는 'Renew' 프로그램을 가동하여 곱게 사용한 중고 의류를 소비자로부터 기부 받아서(대가로 5달러 상품권을 줌), 수선하여 재판매하거나 또는 원료로 사용하여 신제품 제조에 투입한다. 이러한 기업들의 운동은 순환경제를 촉진하는 기능도 한다.

'Rent the Runway'의 CEO인 Jennifer Hyman(1980년생. 2009년 공동창업. 1100만 명의 회원에 구독료 방식의 대여 사업)은 앞서 언급된 The RealReal 이나 thredUP과 같은 기업들을 렌털 사업체로 하나로 엮어서 보고 있다. 즉 소비자가 애당초 The RealReal에 재판매할 생각으로 핸드백을 구매했다면, 그는 사실상 그 핸드백을 6개월 간 대여한 것이나 다름없기 때문이다.

이처럼 세계의 소비자들은 의류를 여러 번 사용하기 위하여 구매한다는 생각에서 한 번 사용하고 마는 품목이라는 생각으로 전환을 하고 있다. 1980년대만 하더라도 미국에서 패션상품의 70%는 백화점에서 구매가 이루어졌지만, 2010년대에는 28%로 뚝 떨어졌다(BOF and McKinsey Co., 2019: 43). 그 대신 아마존, 월마트, H&M, 타겟, 자라 등에서 저렴한 의류를 구매하여 한두 번 입고 말자는 구매 의도가 소비자에게 스며들고 있다.

구독료 방식의 의류 렌탈 서비스에 소비자들이 호응을 보이는 이유는 가지가지이다. 어떤 이는 평생 한 번도 입어보지 못할 옷을 구독료 지불만으로 몸에 걸칠 수 있는 행운을 누리고 싶어서, 또 어떤 이는 시간을 절약해서 효율적이라고 생각하기 때문에, 다른 이는 매일 직장에 다니면서 입을 옷차림(outfit)이 필요해서 그런 서비스를 선택한다. 그러다보니 의상 디자이너들은 자신이 다른 디자이너와 경쟁하는 것이 아니라 아마존이나 자라와 경쟁하고 있음을 깨닫고 있다. 이러한 렌탈 사업은 쉽게 모방하기가 여의치 않은데, 그 이유는 사업모델의 구축에 요구되는 기술장벽과 물류장벽, 소요자본에 있다.

Rent the Runway의 미션은 저질 패션을 업계에서 추방하는 일이다. 저질 패션업체들은 디자이너들의 지적재산권을 수십 년 간 모방해왔다. 지속가능성의 관점에서 본다면, 매립지를 이런 정크 의류로 매워야 할 이유가 없다. 매년 H&M의 제품 1/5이 매립지에 버려지지만, 루이뷔통의 제품 1/5이 매립되는 것이 아니다.

아마존, 우버, 넷플릭스, 딜리버루(Deliveroo. 음식배달앱서비스업체) 등의 기술선도 기업들은 속도와 편의성이라는 편익 차원에서 고객의 기대치를 높였다. 상품배달과 택시탑승, 영화관람, 음식배달에서 즉시성(immediacy)을 누릴 수 있게 된 것이다. 영국의 조사기관에 따르면, 음식배달(takeaway food delivery)의 도착시간으로 45분을 상한치로 정한 응답자가 61%, 앱을 통한 택시이용 대기시간으로 5-10분을 설정한 응답자가 20%라고 한다("The instant gratification nation", Fetch, Oct. 2017, https://marketing.wearefetch.com/content/2017/10/Fetch_2017_October_ Whitepaper_InstantGratification.pdf). 구글에서 점포 검색을 할 때 '영업시간(store hours)' 검색 건수는 감소한 반면, '지금 영업 중(open now)'의 검색 건수는 지난 2년 간 3배로 급증하였다(www.forbes.com/sites/ briansolis/im-at-ence-is-a-virture-how-the-on-demand-economy-is-making- mobile-consumers-impatient).

그러나 의류업계는 이러한 소비자 의사결정 여정을 깔끔하게 간결화 하는 작업(streamlining)에서 뒤쳐져 있다. 의류 소비자들은 잡지를 통해서 혹은 점포 직원을 통해서 브랜드의 영감을 얻는 것보다(20%), 소셜미디어, 셀럽, 인플루언서, 거리에서 본 멋진 옷차림 등을 통해서 브랜드 영감을 얻는 경우가 더 많다(41%). 결국 소비자가 영감을 받고 나서 상품 구매로 이동하려고 할 때 그들은 의류업계의 기술 발달 미비로 인하여 찰나적 희열을 맛보지 못하며, 업체는 판매기회의 증발이라는 손실을 보게 된다. 특히 모바일 수단을 통한 전환률(conversion rate: 영감을 얻은 소비자가 실제 구매로 이어지는 비율)은 데스크톱 PC의 경우보다 떨어진다(0.9% vs 3.2%).

'21 Buttons(2016년 설립. 인플루언서가 자신의 착용 의류를 포스팅하면, 회원들이 이를 태그할 경우 곧바로 판매사이트로 연결되고, 매출이 발생할 경우 인플루언서는 소정의 수수료를 받음. Pinterest, Instagram 등과 경쟁관계)'와 같은 소셜네트워크는 이음새 없는 쇼핑가능성(seamless shoppability)이라는 체험을 제공하고 있다. Forever 21은 Donde Search와 파트너십을 체결하여 'Discover Your Style'을 가동하여 비주얼 검색을 가능케 하고 있고, eBay는 인공지능을 이용하여 소비자가 사진으로 원하는 품목을 검색할 수 있게 해주는 앱을 구동하여 분기별로 10억 달러의 추가판매 실적을 거두고 있다. 아마존의 'Echo Look'은 소비자의 개별 스타일을 학습하여 그에 맞는 상품 추천을 하는 기능을 갖추고 있다.

밀레니얼 소비자(millennials: 굳이 더 분리하자면, 1980년대 중반-90년대 중반 출생의 밀레니얼 세대, 90년대 중반 이후 출생의 Z세대)의 행동이 특이하다는 점에 주목할 필요가 있다. 아직 우리나라에서는 부각되고 있지 않지만, 미국과 유럽지역의 동향으로 눈여겨볼 만하다고 여겨진다. 이들 밀레니얼 세대는 기업이 사회적, 환경적 이슈에 보다 관심을 기울여 줄 것을 기대하는데, 이들 소비자 군집(cohort)은 미국에서만 3,500억 달러의 구매력을 갖고 있다고 한다(Cone Gen Z CSR study: How to Speak Z, 2017, www.conecomm.com/2017-cone-gen-z-csr-study-pdf). 이들 중 절반은 열정에 넘친 행동주의자라고 자칭하는 반면, 나머지 반은 그런 이념에 빠지지 않고 처해진 상황에 맞게 결정을 다듬는다.

그러다보니 기업들도 "깨어라(getting woke: 소셜미디어에서 인기를 얻은 '사회의 불공정에 예의 주시하기<alert to injustice in society>)"에 귀를 기울이고 있다. 가령, 나이키는 미식축구선수들이 보여준 국가제창에 무릎을 꿇고 시위한 행위(anthem protests)를 지지하였고, 리바이스는 총기 폭력사건에 반대하는 캠페인을 내세웠고, 구찌도 마찬가지로 총기규제의 강화를 촉구하는 학생들의 시위에 지지를 보냈다. H&M은 LGBTQ+를 지지하는 'Pride collection'을 2018년에 개최하였다.

글로벌 비영리기관인 B Lab이 인증하는 b-corp certification(사회적 역할과 경제적 역할 간의 균형을 취하고 있는 기업에 대한 인증마크)을 취득한 기업은 150개 업종에서 2,600개 업체에 달한다. 패션, 의류, 미용업에 국한해서 보더라도 2010-2018.4 기간에 7개에서 200개 업체로 대폭 늘어났다. LVMH는 2020년까지 경영진의 남녀 비율을 같게 하겠다는 목표를 설정하였다.

반면 Primark는 2018년에 'pride-themed t-shirts(LGBTQ+ 인 것을 자랑스러워하는 표시가 담긴 티셔츠)'를 발매하면서 여론의 호된 비난을 받았다. 이유인 즉, 유럽에서 성소수자 평등지수가 하위 3번째인 터키에서 제작했다는 점이다. 시민사회단체들(civil society groups)은 개도국의 공급업체에서 일하는 노동자들이 공정한 임금을 받고 있는지를 확인해달라고 나이키에 압력을 가하고 있다.

패션 브랜드들이 지지하는 모든 사회적, 환경적 이슈가 보편적인 호응을 얻는 것은 아니며, 경우에 따라서는 상당한 위험을 수반할 수 있다. 심지어 브랜드가 보내는 메시지와 행동에 일관성이 결여될 경우에는 위선적이라는 평가를 받을 수도 있다. 그렇기 때문에 논란의 소지가 있는 이슈에 기업이 의견을 낸다는 것이 일부 소비자를 외면하게 만들 수도 있지만, 나머지 소비자들이 보여주는 충성도가 훨씬 소중하다는 결론이다.

신뢰성은 의류업계가 고민해야 할 또 다른 과제이다. 소비자들은 상품이 어디서 어떻게 제조되는지, 디자인의 출처(provenance)와 품질에 이르기까지 폭넓은 정보를 알고 싶어 한다. 소비자의 20%가 어느 브랜드를 신뢰해야 좋을지 모른다는 조사도 나왔다(BOF and McKinsey Co., 2019: 60). 구매 전에 배경 정보를 알아보는 소비자 비율이 베이비부머 세대의 41%에 비하여, 밀레니얼 세대 52%, Z세대 45%이다. 사용후기와 기사가 세대 간 공통의 정보원 역할을 하고 있다. 다른 경쟁사의 디자인을 베껴서 상품을 출시하는 업체(copycat)들을 고발하는 인스타그램 계정인 @DietPrada에는 83만 명의 팔로워들이 있다. 영국의 The Economist는 주류 문화가 소수 문화의 것을 차용하거나 사용하는 일을 두고 문화 전용(cultural appropriation)이라고 했는데, 이는 본래의 맥락에서 대상물만을 쏙 빼내기 때문에 결례를 범하는 것이다.

공급망의 상류(upstream)부문에서도 투명성이 강조되고 있다. 공정 노동, 지속가능한 자원 제공(resourcing), 환경 등의 이슈에 대한 소비자 관심이 제고되고 있다. 지속가능한 상품에 가격을 더 지불할 용의가 있다는 소비자도 66%에 달한다. H&M이 새로 시작한 프리미엄급 소매점 Arket(카페 병설 운영)은 각 상품의 제조국과 제조공장 정보를 상품에 표기하는 일을 2017년부터 시작하였다. 여성 디자이너 마틴 자를가드(Martine Jarlgaard. 잡지 Forbes가 기술 선구자로 칭찬)는 블록체인 기술을 활용하여 원재료에서부터 의류소비에 이르는 전 경로를 추적하고 있다. 블록체인은 네트워크의 모든 결절(node)이 거래의 전 이력을 살펴볼 수 있다는 점에서 투명성에 기여한다. 세계 최대의 다이아몬드 제조업체인 De Beers는 원석이 채굴되어 소유권이 바뀔 때마다 원석을 추적하는 블록체인 기술을 채택하여 다이아몬드의 진품을 확보하고, 반군세력 등의 자금으로 악용될 수 있는 분쟁지역(conflict zones)에서 채굴된 것이 아니라는 점을 보장할 수 있는 프로그램을 2018년에 실시하겠다고 하였다. 의류소매업체 Reformation(www.thereformation.com. 섬유를 A-E까지 5등급으로 분류. 자사 제조 의류의 75%를 A 또는 B 등급 원료로 만드는 것을 목표로 삼고 있음)은 "RefScale" 이라는 도구를 활용하여 제조 과정에서 발생한 이산화탄소와 물의 양이 환경에 미치는 영향을 측정하고 있다. 미국의 의류업체 Everlane은 원재료비, 노동비, 운송비, 관세, 판매마진, 제조공장 등 일체의 정보를 공개하여 소비자의 투명성 요구에 부응하려고 노력하고 있다.

이러한 투명성의 강조는 식품유통업에서 선도적으로 이루어지고 있다. 유럽에서는 100% 소고기라고 선전한 우육이 실은 돼지고기, 말고기 등과 혼합된 고기라는 스캔들이 2013년에 터졌다. 이는 글로벌 공급망이 복잡해질수록 발생하기 쉬운 사기와 실수의 결과물이다. 그로 인해 영국의 소매유통업체 테스코의 가치는 수억 달러 하락하였고, 막스앤스펜서(Marks&Spencer: M&S)는 모든 우육에 대한 추적시스템을 도입하였다. M&S는 소고기 패티가 어떤 종자와 나이, 이름의 소에서 만들어진 것인지를 도살장에서 입수한 DNA 프로파일을 기초로 작성된 문자와 숫자로 확인하고 있다. 물론 도살장에서 입수한 정보는 원래의 사육농가로 거슬러 추적하여 얻어낸다. M&S는 아일랜드의 기술기업 Indentigen과 협력관계를 맺고 유전자 표본추출 기법을 활용하고 있다. 이 기법으로 고기의 작은 표본이 레이저와 접촉을 할 때 방출하는 연기에서 분자지표(molecular signature)를 분석한다.

그런데 흥미로운 사실은 예전에는 의류 공급망의 투명성 결여는 해당 기업의 경쟁우위로 여겨졌다는 점이다. 제품 생산지가 어디인지, 어떻게 제조되는지를 알 길이 없다면, 경합 업체들은 해당 회사와 동일한 의류를 만들 재주가 없었던 것이다. 이를 두고 패션 문화의 총체적 배타성(total exclusivity)이라고 말한다. 특히 명품 브랜드에 문제가 많은데, 사람들은 가격이 비싼 만큼 최고로 만들어졌을 것이라는 점을 의심치 않기 때문이다. 그런데 2018년 여름, 버버리가 브랜드 가치를 보전하기 위하여 팔다 남은 재고 의류와 액세서리를 염가에 처분하지 않고 소각한 규모가 3,760만 달러에 달한다는 뉴스가 소비자들을 경악시켰다. 대중의 분노와 언론의 부정적 시각에 결국 버버리의 CEO는 완제품 소각을 '현대적'이지 않은 일로서 앞으로 중단하겠다는 사과를 발표하게 되었다.

2013년에 방글라데시 의류공장에서 붕괴사고가 일어났을 때, 서방 세계의 소매업체들에 대한 공급망 투명성의 압박이 도덕성과 지속가능성을 강조하는 소비자들 사이에 절정에 달하였다. 이런 사태가 발발하게 된 배경에는, 상당수의 소매업체가 자체 제조시설을 보유하는 대신, 하도급이나 중개인 제도와 같은 간접 조달(indirect sourcing)에 의존하기 때문에 공급망 전체를 감시하는 일이 어렵다는 점이 있다. 의류업체가 1-2천 개 정도의 공급업체와 계약을 맺고 있다고 하더라도, 이들이 다시 재하도급을 주기 때문에 실제로는 2-5만 개 공급업체와 거래를 하는 셈이다. 1차 하도급업체는 자사의 가동능력을 초과한 물량을 주문받아서, 이 중 일부를 발주업체 브랜드를 알려주지 않은 채 다른 공장에 재하도급 준다. 그런데 2차, 3차 하도급 업체가 미등록업체일 경우 노동조건과 안전조건 위반이 발생하게 된다. 특히 의류업종은 공급망 관계에 변화가 심하고 급변하는 특징을 지니고 있다.

이에 Global Fashion Agenda(미션은 '다음 시즌을 넘어선 세계를 위하여: For a world beyond next season')는 나이키, 아디다스, 리바이스, 갭 등의 대기업들이 자사의 모든 공급업체명을 공개하겠다는 '2020 지속가능성 표적(sustainability targets)'에 동참을 유도하는데 성공하였다. 이런 일련의 노력들이 결실을 거두려면 분권화의 노력을 기업이 해야 한다. 즉 종업원들에게 의사결정을 맡기는 일인데, 종업원 스스로가 자신의 작업환경을 클라우드에 기반한 플랫폼에 업로드할 수 있도록 허용해준다면, 기업의 노력이 보다 진정성 있게 받아들여질 것이다. 그렇지 않고 발주업체가 공급업체 공장을 방문하여 감사를 벌인다고 한다면, 공급업체는 눈 가리고 아웅 식으로 실상을 은폐하려 할 수도 있다. 투명성은 그 자체가 목적이 아니라 지속가능성으로 향하는 수단일 뿐이다.

그런데 여기서 소비자의 해결되지 않은 고민거리가 있다. 설령 기업 측에서 그런 정보들을 제공한다고 치더라도 그걸 갖고 소비자가 무엇을 할 수 있느냐 하는 점이다. 즉 구매하려는 의류 태그에 공장명이나 원료의 출처가 명기되었다 하더라도 구매 시점에서 소비자가 이런 정보에 입각하여 해당 상품이 윤리성을 준수한 것인지를 판단할 수 없다는 점이다. 공장명과 원료 출처를 다시 검색해서 사회적, 환경적 문제를 제대로 준수하였는지를 확정짓는 작업을 추가로 해야 하기 때문이다.

또 한 가지 문제점은, 어느 정도의 규정 준수를 해야 충족되었다고 볼 것이냐는 점이다. 가령 티셔츠나 청바지 제조 공장이 80%의 준수율을 보였다면, 해당 상품을 소비자가 구매해야 하는지 아니면 포기해야 하는지 선명한 판단이 어렵다는 것이다.

세 번째 문제점은, 기업 정보를 과도하게 대중과 공유함으로써 영업 비밀과 정보,

프라이버시 등을 보호해야 할 필요성과 상충될 수 있다는 것이다. 가령 동일한 공급업체가 발주업체별로 상이한 공급가격을 청구하는 것이 공개된다면, 영업 비밀이 노출되는 것이다. Bruno Pieters가 휴고보스의 디자인 총책임자에서 물러나 자신의 브랜드인 Honest by Pieters를 2012년에 출시하였을 때, 그는 섬유 원료는 물론 지퍼, 단추, 실, 태그의 안전핀 가격까지 일일이 공개하였다. 그런데 2018년 10월에, Honest by Pieters가 문을 닫을지도 모른다는 보도가 나왔다. 투명성에 일체의 타협을 하지 않고 패션 사업을 이끌어간다는 것이 얼마나 어려운가를 단적으로 보여주는 예라고 할 수 있다.

발렌시아가의 CEO인 세드릭 샤르비트(Cédric Charbit)는, 소비자가 특정 브랜드의 의상을 착용할 때는 그것이 그 사람의 사회적 지위를 상징하는 것은 아니라고 말한다. 그는 고객 대신 청중(audience)이라는 호칭을 사용하면서, 가령 발렌시아가 로고가 들어간 의류를 입는다는 것은 해당 소비자가 발렌시아가 커뮤니티의 일원이 됨으로써, 가치를 공유하는 것을 의미한다는 점이다(BOF and McKinsey Co., 2019: 49).

Balenciaga가 스니커즈에 손을 댄 이유는, 창의적 비전이라는 점과, 고급 의상(couture dress)을 만들 때의 디자인, 제품개발, 의사소통의 관점과 일치한다는 점의 두 가지에 있다. 가령, Triple S 신발에는 세 가지 다른 종류의 밑창이 사용되었는데, 세 가지가 하나로 밀착된 것이 아니라 그저 조립되었을 뿐이다. 이를 위하여 투입된 작업량은 고급 의상의 제작에 투입된 작업량과 동일하다는 점이다. 정규상태에서 벗어나면서도 메가급 판매량을 창출하고, 독특하면서도 진보적인 디자인을 갖춘 신발에는 발렌시아가의 DNA가 듬뿍 담겨 있다. 스니커즈는 뾰족구두(stilettos=spike heel)로 상징되는 직장의 고정적 이미지를 캐주얼화 시켰다는 점에서 사람들에게 지극히 의미 있는 것이 되었다. 스니커즈는 하나의 유행 추세가 아니라 관련성 있는 하나의 카테고리를 형성하였다.

이런 가운데 일부 지역에서는 의류 제품을 패션으로 중시하는 분위기와는 반대의 조짐도 보이고 있다. 스웨덴의 패션기관이 8월 예정인 '스톡홀름 패션 위크' 중단을 2019년 6월 28일 발표하였다. 코펜하겐(덴마크), 헬싱키(핀란드)의 패션위크는 예정대로

Evernote 40 로저스의 소비자 세분화

미국의 사회학자 Rogers는 The Diffusion of Innovation(1962)에서 신제품 채택의 속도라고 하는 행동을 기준으로 소비자를 혁신자(innovators), 조기 채택자(early adopters), 전기 다수(early majority), 후기 다수(late majority), 지체자(laggards)의 네 세그먼트로 세분화하였다. 혁신자는 모험심이 강하고 기술적 지식도 풍부하며 리스크를 감수할 경제적 여력도 지니고 있는데, 전체 소비자의 2.5%를 차지한다. 조기 채택자는 타인의 구매에 영향력을 미칠 오피니언 리더로서의 자질을 가장 잘 갖추고 있는데, 전체 소비자의 13.5%를 차지한다. 전기 다수는 신중을 중시하고, 후기 다수는 의구심이 강한데, 이들은 각각 34%의 소비자를 차지한다. 마지막으로 지체자는 전통을 중시하고 변화를 거부하는데, 전체 소비자의 16%를 점한다.

신제품 채택 속도를 기준으로 한 시장세분화(segmentation)는 한계보급률의 설정에 애를 먹는다. 한계보급률은 어떤 상품이나 서비스가 전체 소비자에게 수용되는 100%의 침투를 보일 수 없다는 점에 기인한다. 즉 로저스가 제시한 네 가지 소비자계층의 어디에도 포함되지 않는 소비자들이 존재하며, 이들은 최후의 순간까지도 해당 제품을 구매하지 않기 때문에 한계보급률이 등장하는 것이다. 즉 비구매자의 비율을 임의로 가정해야 한다. 한계보급률을 잘못 설정하면 어느 시점에서 제품을 구입한 소비자들을 어느 세그먼트에 속하는 소비자라고 규정짓는 일을 그르칠 수 있다. 가령, 한계보급률을 70%로 설정한다면(전체 소비자의 30%가 구매하지 않을 것으로 가정), 신상품이 히트를 치기 위한 조건인 16%(혁신자 2.5%+조기채택자 13.5%)를 넘어서기 위해서는 11.2%(70%x16%)의 소비자들을 공략하는데 성공해야 한다. 그런데 사후에 확인한 결과, 한계보급률이 80%인 것으로 확인되었다면, 신제품은 11.2%가 아니라 12.8%의 소비자 계층을 확보해야만 인기상품으로 등극할 수 있었다는 사실을 놓치고 만 셈이다. 즉 조기 채택자 세그먼트를 완전하게 포섭하였다고 착각한 것이다.

신제품 채택 속도가 갖는 또 다른 문제는 보급률의 단위에 있다. TV의 보급률은 가구를 단위로 하였지만, 일본에서는 1975년에 가구의 TV 보유대수가 1.0대를 넘어섰다. 그러다가 최근에는 1인가구가 증가하고 이들 중에는 TV를 보유하지 않는 경우가 늘어나기 시작하면서 가구를 단위로 하는 보급률 계산이 현실을 제대로 반영하지 못하게 되었다. 휴대전화 역시 직장용과 개인용으로, 또는 공식용과 비공식용으로 2대를 사용하는 소비자가 생겨나면서 인구를 보급률의 분모값으로 삼는 적절성에 문제가 제기된다.

(출처: 山田英夫, 2019, 123-126)

열릴 전망이지만, 오슬로(노르웨이)의 "Oslo Runway"도 올해 2월 행사를 중단키로 한 것이다(鐙麻樹, 北欧でファッションウィーク苦戦の背景とは, 2019.7.1.).

패션위크는 원래 패션 트렌드를 전하는 미디어 관계자와 상품을 구매하는 바이어 등이 귀한 고객으로 여겨져 오다가, 그것만으로는 화제가 되지 않자 SNS 팔로워 수가 많은 인플루언서들을 초대하기 시작했다. 그런데 주목받는 것은 전시회장 밖에서 무표정하게 포즈를 찍고 있는 인플루언서들뿐이고, 이들은 패션쇼의 맨 앞 열에 진을 치기도 하여, 업계 관계자에겐 마음에 들지 않는 권력 구도가 형성된 셈이다. 패션 미디어, 프리랜스 사진가들의 촬영 대상은 인플루언서(도항비 등은 주최국 부담의 경우가 많음)에 쏠려 있다.

북유럽의 기존 언론은 정부 보조금의 사용 내역, 마른 몸매의 백인 여성 투성이인 모델 등에 관한 비판 보도를 하였다. 북유럽 사람들은 일상의 패션에 돈을 쓰지 않고 자연에 둘러싸인 지리적 여건으로 아웃도어 패션에 우선적으로 금전을 지출한다. 평등정신이 강한 북유럽에서는 성역할이나 외모를 의식하게 만드는 압력은 바람직하지 않은 것으로 간주하는데, "나는 저 사람처럼 될 수 없다." "나도 성형수술을 할까" 하는 생각의 젊은이들이 늘어나자 노르웨이 정부까지 대책을 마련하게 되었다.

H&M 등 저가 패션으로 장롱이 넘쳐나는 사람이 많고, 중고의류점에는 H&M, Cubus, ZARA, Gina Tricot가 많다. 계절이 바뀔 때마다 옷을 구매하지는 않으며, 기껏해야 50~70%의 세일기간에 구매하는 소비 행동이 두드러진 북유럽은 인구도 적고 물가도 비싸서, 사업 환경이 열악하다. 패션위크가 없어지면, 비판을 포함한 일체의 보도가 사라지기 때문에 일반 소비자들은 패션업계의 변화에도 무지하고 가뜩이나 낮은 자국 패션 브랜드에 대한 자부심도 더 떨어질 것으로 보인다. 북유럽은 환경 의식이 강하므로, 향후 살아남을 수 있는 것은 노동자나 환경을 배려한 윤리패션(ethical fashion)이겠지만, 이는 패션위크를 필요로 하지 않는다는 점에서, 북유럽풍의 새로운 패션 이벤트의 개혁과 제안이 요구되는 시점이다.

16

유통점포의 변신

미국 백화점 메이시(Macy's. 본사 오하이오 주 신시내티)의 CEO 제프 제넷(Jeff Gennette. 2018년 총수입 1270만 달러=기본급 130만 달러+보너스 370만 달러+스톡옵션 580만 달러 등. 이사회가 전년도에 설정한 9개 성과지표 중 고객충성도 프로그램을 제외한 8개 지표 달성으로 18% 인상의 대우를 받음. 메이시 종업원의 급료 중위값의 582배에 해당. 출처:www.wcpo.com/Macy's CEO Jeff Gennette gets 18 percent raise for profitable growth, April 04, 2019)은 의류점포가 이제는 단순한 거래 장소 이상의 의미를 지녀야 한다고 말한다. 즉 백화점과 같은 유통점은 커뮤니티 기능을 하여 사람들을 불러 모아야만 내점객들이 머무르고 돌아다니고 물건을 사고 한다는 것이다. 가령 가상현실 기술을 도입하면 가구상품의 모든 구색을 갖추는데 요구되는 공간 면적이 560평에서 140평 정도로 줄어들더라는 것이다. 기술과 체험의 합체가 가져오는 새로운 결과물이다.

이러한 기술 도입은 보안성과 비용 효율성을 동시에 제공하는 클라우드의 이용으로 가속하고 있다. 메이시의 점포들은 거의 쇼핑몰에 입점해있는데, 개발업자가 쇼핑몰에 투자를 하지 않거나 혹은 주변에 보다 강력한 입지가 있어서 더 이상 무의미해진 몰들은 지역사회에 의미를 주지 못한다고 판단하여 이들에 입점한 점포들은 폐점하였다. 살아남은 점포들은 소비자들의 심장을 두근거리게 만드는 오감 만족의 행선지가 되는 것이 회사의 희망이다.

대대적인 투자를 단행하고 있는 부동산개발업자들은 쇼핑몰의 입점 점포 구성에서 의류와 액세서리를 줄이고 식음료와 엔터테인먼트 업종을 늘리고 있다. 주문 고객들은 배송 선택(fulfillment options)이 가능한데, 사무실이나 자택에서 받을 수도 있지만 상당수의 고객들은 점포에 직접 들러서 인수한다. 그런데 흥미로운 점은 점포에서 주문 상품을 인수하는 고객의 20%가 점포에 진열된 상품(주문 상품과 동등 가격 내지 상위 가격)을

Evernote 41 매슬로의 욕구단계설

매슬로는 욕구단계(needs hierarchy)를 생리 욕구, 안전 욕구, 귀속 욕구, 존경 욕구, 자아실현 욕구로 계층화하면서, 저차원의 욕구가 충족되어야 고차원의 욕구를 충족하려는 동기가 부여된다고 말하였다. 그러나 80세에 에베레스트 등정에 성공한 일본의 등산인 미우라(三浦雄一郎), 2018년에 24.38미터의 파고에서 서핑에 성공한 브라질 선수 등 자아실현의 욕구를 이룬 사람들의 공통점은 안전 욕구를 희생했다는 점에서 위의 욕구차원 이동의 주장은 설득력을 잃는다. 그런데 재미있는 의외의 사실은, 인간의 욕구를 계층으로 표현한 것이 매슬로 본인이 아니라 그의 대변인 역할을 하던 고블 (Goble, G. The Third Force: The Psychology of Abraham Maslow, 1970)이라는 점이다.

추가로 구매하더라는 점이다. 이를 두고 방사성 판매(放射性 販賣: radiated sales)라고 한다(BOF and McKinsey Co., 2019: 56).

유통점에게 주어진 최대의 기회는 추천 엔진을 활용하여 개개 소비자들의 욕구를 충족시킬 수 있는 것을 제공할 수 있다는 점이다. 가령, 어떤 고객이 특정 브랜드를 선호하지만 세일 기간에만 구매하는 성향이 있다는 점을 간파하면, 추천 엔진은 세일 기간이 시작될 때 이를 해당 고객에게 통지하는 것이다. 아마존이 편리성과 가격 차원에서 엄청난 일을 해낸 것은 사실이지만, 오프라인과의 접점(brick-and-mortar interface)이 없다는 점에서, 매장을 보유한 메이시의 차별화한 경쟁 모드가 될 수도 있다. 노드스트롬과 같은 백화점은 기존의 'heritage, established, proven' 브랜드의 공간을 'young, hot'이라는 이미지의 소규모 브랜드로 대체하고 있다(공간 믹스의 13%에 해당. 2018년 추가 브랜드의 31%가 소규모 브랜드).

17

패션 시스템의 대변신

패션업계의 자아 혁신(self-disruption)을 야기하는 2가지 핵심요인이 있는데, 참신함을 좇는 젊은 소비자들의 취향과 디지털 기술 및 소셜미디어의 진보가 바로 그것이다. 소셜미디어는 한쪽으로 기울어진 경기장을 평평하게 해주어(level the playing field) 도전자 기업들이 선도자 기업에 맞서 시장을 파열할 수 있는 기회를 마련해주고 있다. 덕분에 인스타그램의 광고 지출이 연평균 50%의 성장세를 구가하고 있기도 하다. 앞서 언급한 의류브랜드 Reformation은 110만 명의 인스타그램 팔로워를 거느리고 있다. 인스타그램에 Gia라는 이름의 페르소나 잇걸(It-girl)을 만들어낸 또 다른 파열의 브랜드 I.AM.GIA는 60만 명의 팔로워가 있다. 이 두 회사는 두 자릿수의 매출 증가세를 과시하고 있다. 소셜미디어의 활용도 측면에서 기존 선도 브랜드들은 이들 신생 도전자 브랜드들에 한참 처진다. 팔로워 수 대비 '좋아요'의 비율을 측정하면, Supreme과 Everlane, I.AM.GIA의 비율이 각각 1.9, 1.4, 1.3인데 비하여 Louis Vuitton과 Dior, Zara, Ralph Lauren, Prada는 각각 0.5, 0.3, 0.2, 0.1, 0.1에 그치고 있다(BOF and McKinsey Co., 2019: 73).

소셜미디어의 막강한 힘은 곧 패션 동향을 소비자가 만들어갈 수 있게 되었다는 점을 의미한다. 소비자의 변화무쌍한 요구와 그를 충족시키기 위한 맞춤형 제작이 의미를 지닌다. 이제는 의류제조업체의 예측, 감에 의한 푸시형 마케팅이 아니라, 실제 수요에 입각한 시장중심의 풀(pull) 마케팅이 대세로 자리잡아가고 있다. 그러다보니 기업의 마케팅부서의 유행 설정 능력이 많이 약화된 것도 사실이다.

슈퍼마켓형 사업모델이 의류업계에 스며들어서, 이제는 일단 생산된 의류가 소진되고 나면 재고를 보충하는 방식이 등장하고 있다. 이러한 온디맨드(on-demand) 생산방식은 장단점을 지니고 있다. 장점으로는 자본투자 규모와 재고수준의 절감, 유연성과 민첩성 제고로 지속가능한 소량생산주기를 가져다준다. 단점으로는 소량 생산으로 인한 생산비 및 물류비의 증가가 있다. 현재 Zara, Boohoo, Asos가 근거리 혹은 원거리 국가에 생산기지를 설치하여 온디맨드 방식을 전개하고 있다.

생산기지를 소비지와 보다 근접한 곳으로 이전시킨다면, 당일 생산-익일 배송이 실현되어 풀 마케팅은 더욱 드세어질 것이다. 의류업체의 조달부문 관리자의 60%는 2025년까지 원료 조달의 20%가 근거리 지역에서 이루어질 것(nearshoring)이라고 한다. 중국의 노동비용은 미국의 노동비용의 1/10(2005년)에서 1/3(2017년)로 그 격차가 상당히 좁혀졌다(BOF and McKinsey Co., 2019: 86). 그 결과, 제조업의 평균 노동비는 중국보다 멕시코가 저렴해졌다. 위의 기간 동안 터키 제조업의 시간당 노동비는 중국의 5배에서 1.6배로 크게 줄어들었다. 여기에다 운송비와 수입관세까지 포함하면 근거리 조달(nearshoring)은 경우에 따라서 경제적 효용성을 갖추게 된다. 중국에서 터키로 조달처를 변경할 경우, 데님의 가격을 3% 인하할 수 있게 해준다.

무엇보다도 근거리 조달은 리드타임의 단축으로 과잉재고를 해소시켜주고 정가판매(full-price sell-through)를 가능케 해준다는 점이 가장 큰 매력이다. 물론 제품의 품질과 노동생산성, 생산 용량 면에서 근거리 조달지역이 원거리조달의 중국보다 뒤쳐져있다는 점은 대량 생산 의류(mass market↔upmarket)의 조달 변경에서 해결해야 할 과제이다. 이 과제를 해결하려면 해당 근거리 지역의 지자체와 의류업계가 선진 제조에 필요한 스킬과 역량을 노동자들에게 교육시켜야 한다. 지금까지 이 점이 소홀하게 여겨진 이유는, 의류업체가 핵심 아시아 생산국의 상대적으로 저렴한 노동비용에 의존해왔기 때문이다.

게다가 봉제 기술의 전면 자동화는 최근에 이르러서야 완성된 점도 자동화 채택이 늦어진 이유이다. 의류 제조 공정에서 노동시간을 가장 많이 요하는 단계가 바로 봉제인데, 2017년 기준으로 전 공정의 52%(19분)를 차지하며, 연마가 뒤를 이어 23%(8분)이다(BOF and McKinsey Co., 2019: 88). 향후 자동화에 필요한 모든 핵심기술이 완성된다면 노동시간의 40%(드레스, 재킷류와 같은 복잡한 의류)-70%(단순 의류)가 단축될 것이다(물론 개개 제품과 디자인 형태에 따라서 자동화의 정도는 천차만별). 70%의 단축이 실현된다면, 중국에서 미국 본토로 생산기지를 옮기더라도 생산비 차이가 소멸한다. 경제성 차원뿐 아니라, 자동화와 근거리생산은 과잉생산의 축소와 운송과정의 탄소배출량 감축으로 사회적, 환경적 편익까지 가져다준다. 특히 대량시장을 공략하는 의류업체가 선발자 우위를 누릴 것이고, 공급망의 모든 관계자들, 즉 원료 공급업체, 의류제조업체, 소매업체, 기술개발업체, 투자기관의 유기적 파트너십이 요구된다.

자동화(automation)는 원료 조달을 본국 근접지역에서 하는 것이 가져다주는 불이익을 상쇄시키는 기능을 한다. 디지털 기술, 레이저 프린팅, 3D 편직 등의 기술은 노동집약도의 감소, 맞춤형 증대, 신뢰성 제고, 공정시간 단축 등의 효과를 몰고 온다. Softwear라든가 Sewbo와 같은 기술업체 덕분에 로봇을 이용한 완전한 재봉자동화가 이루어지고 있고, Sharecloth와 같은 소프트웨어 업체 덕분에 의류소매업자가 제품 생산이 이루어지기 전에 주문을 넣을 수 있는 스타일의 자동화를 이룩하여 온디맨드 발주에 기여하고 있다.

또 다른 기술로는 마이크로공장이 있는데, 이는 디자인 스튜디오에 설치하여 시제품 제조과정의 속도를 올리거나, 작업실 바닥에 설치하여 맞춤형 생산의 제고, 원료 낭비의 제로 등을 이끌 수 있다. 스타트업들이 이런 기술 발전을 유용하게 활용하게 있는데, 독일 베를린에 본사가 있는 Lesara는 제품의 90%를 자체생산(in-house)하고 있고, 10일의 회전시간(패션 트렌드 확인에서 상품 출시까지 소요기간)을 약속한다. Superdry(極度乾燥. 영국의류업체. 미국스타일의 빈티지룩에 일본풍 그래픽을 가미)는 한정판 컬렉션인 Superdry Preview를 론칭하였는데, 디자인에서 배송까지 소요시간을 단 6주로 마무리 지을 계획이다. Fast Retailing(유니클로 브랜드 업체)은 3D 편물(knitting) 기술을 보유한 島精機(Shima Seiki)와 제휴하여 니트웨어를 대량으로 온디맨드 생산할 계획에 있다. Zozotown은 Zozosuit라는 신체 스캐너를 이용하여 청바지와 티셔츠, 수트의 맞춤형 치수를 측정할 수 있게 되었다. Adidas는 Speedfactories(미국 애틀랜타와 독일 소재)의 가동을 통하여 런닝화를 연간 100만 켤레 생산한다는 목표를 2020년까지 실천하려고 한다. 스타트업에 비하여 기존 업체들은 급격한 공급망 혁신이 가져올 수 있는 높은 비용과 파열을 고려하여 단계적 전진을 취하고 있다.

선도 브랜드들도 자아 혁신에 나서고 있는데, 1차적으로는 브랜드 손보기(brand makeovers)를 하고 있다. 버버리의 경우, 크레에이티브 총괄 책임자 리카르도 티시(Riccardo Tisci)의 지휘 하에 로고와 모노그램을 쇄신하였다. 길거리 의류 브랜드

(streetwear brands)에 영감을 얻어 브랜드를 손보는 업체들도 있는데, 루이뷔통은 2018년에 자아혁신의 길거리 브랜드 Off-White로 유명해진 버질 아블로(Virgil Abloh)를 크리에이티브 디렉터로 지명하였다. 이런 움직임은 2017년에 길거리패션과의 협업을 통하여 브랜드 정체성에 유연함을 부여하는 일에서 이미 시작되었는데, 이런 경향은 현재 임계치(critical mass)에 도달하였고, 향후에도 꾸준히 이어질 것으로 기대된다.

이 밖의 자아혁신으로는 배타성, 속도, 신규 유통망을 꼽을 수 있다. 재래의 패션 캘린더에서 벗어나서 길거리패션이 애용하는 잦은 빈도의 소량 신상품 출시 패턴을 모방하여 희소성의 가치를 낳으면서 기대치를 높이고 있다. 몽클레르(Moncler's. 프랑스에서 이태리로 소유주 변경)의 Genius Project, 버버리의 B Series(매달 17일에 신상품 출시)가 그 예이다. 또한 디지털 유통망을 1차적 수단으로 삼고 있으며, 필요에 따라서는 이를 배타적으로 쓰고 있다. 꼼데가르송(Comme des Garçons)은 Warby Parker, Everlane을 추종하여 2018년에 소비자와의 직거래(direct-to- consumer: D2C)에 의해서만 판매하는 신상품을 출시하여 고객 기반을 확장하려는 노력을 펼치고 있다.

아울러 인수·합병보다 유연하면서 위험성이 낮은 접근법으로서 액셀러레이터 혹은 인큐베이터 방식을 채택하는 선도자 기업들도 있다. 케링(Kering. 프랑스 의류그룹. 2003년 구찌 주식의 60% 매입. 구찌, 발렌시아가, 입생로랑, 보테가베네타 등의 브랜드 보유)의 'Plug and Play'는 지속가능성에 초점을 둔 액셀러레이터이며, LVMH 그룹은 2018년에 La Maison des Start-Ups라는 액셀러레이터 프로그램을 프랑스 파리의 Station F 캠퍼스에서 가동하였는데, 매년 50개의 신생기업에게 작업장과 지원을 제공하겠다는 약속이다. 선도자들이 이러한 신생 혁신자들을 지원함으로써 혁신자들이 만들어내는 관행과 아이디어를 흡수 내지 각색할 수 있을 것이다. 모 브랜드(parent brand)의 진정성을 유지하면서 동시에 다양한 실험을 가능케 해줄 하위 브랜드(sub-labels)는 풍성한 출현을 하게 될 것이다. 브랜드의 정체성을 상실하지 않으면서 변화를 항시 추구하는 일이 선구자 브랜드의 과제이자 유념 사항이다.

70년대 유행했던 표현에 'Small Is Beautiful'이 있었다. 중소기업을 미화한 표현이었는데, 이게 지금 세계 의류업계에 번져나가고 있다. 규모가 소비자에게 호소력을 지니는 시대가 지났기 때문에 골리앗도 자사 내에 다윗을 찾아내는 노력을 기울여야 한다. 미국과 유럽의 일용품(FMCG: Fast Moving Consumer Goods) 시장에서 소규모 브랜드의 매출 비중은 2017년도에 19%와 33%이었는데, 전년대비 성장률은 각각 53%와 59%이었다(McKinsey Start-up and Investment Landscape Analysis).

소비자의 기호와 소매점의 욕구가 소규모 브랜드를 선호하다보니 자연스럽게 자금조달도 몰리고 있다. 지난 10년 간 4,000여 소기업이 창투사로부터 조달받은 투자액이 98억 달러인데, 그 중 72억 달러가 최근의 4년간에 이루어졌다. 그 결과 모든 제품 카테고리에서 틈새도전자의 성장이 가능하게 되었다. 의류와 신발업계에 대한 창투사의 투자규모는 4350만 달러(2007년)에서 5억6000만 달러(2017년)로 늘어났다(중위 투자액은 화장품업계의 1/3인 50만 달러).

소규모 브랜드의 괄목할 성장의 동력은 밀레니얼 세대의 취향, 디지털 마케팅, 차별화와 마진을 얻기 위한 소매점의 요건이라고 하는 세 가지에 있다(BOF and McKinsey Co., 2019: 74-75).

밀레니얼 세대는 베이비부머 세대보다 식품 대기업의 제품 구매를 회피하는 성향이 4배 높은 반면, 신흥 브랜드를 낫거나 보다 혁신적인 것으로 여기는 성향은 3배 높으며, 패션을 선택할 때도 전도유망한(up-and-coming) 디자이너를 선호하는 성향이 2배 높다. 그러다 보니 이들 밀레니얼 세대의 선호가 다른 세대에도 파급효과를 보이고 있다.

디지털 기술 덕분에 소규모 브랜드는 스마프폰과 인터넷에 폭 빠진 소비자와 관계를 맺을 수 있는 용이한 방법을 얻고 있다. 전자상거래는 TV광고나 점포방문에서 볼 수 있는 수보다 많은 브랜드를 대할 수 있는 막힘없는 통로(endless aisle)를 제공한다. 가령, 영국에서 슈퍼마켓은 160개 품목(SKUs)의 시리얼을 진열하는데 그치지만 아마존은 1,000개의 시리얼을 나열하고 있고, 샴푸는 전자가 80개인데 비하여 후자는 2,000개를 보여준다. 유통경로 차원에서도 디지털 기술은 소규모 브랜드에게 비용 절감의 신규 유통망을 제공한다.

미국의 의류소매업체 중 1위를 향해 치닫고 있는 기업이 아마존(8% 점유율)이다. 급속한 성장세 속에서 제법 상당한 수익은 거두고 있지 못한 외화내빈의 최근의 상황과는 대조적으로, 성장과 수익 모두를 손에 넣을 수 있는 플랫폼이 등장하고 있다. 지금까지 전자상거래업체들의 수익률(EBITDA)은 4%로서 전통적인 오프라인업체들의 절반에 불과하다. 1억 달러 이상의 매출을 거둔 전자상거래업체 중 가령 Yoox Net-a-Porter는 35.6%의 매출증가율에 비하여 -5.2%의 영업이익률을 보였다(2017년). 아직 증권시장에 등록되지 않은 업체의 경우에도, 가령 Farfetch가 각각 74%와 -14%를 기록하였다(2017년). 그 결과, 중소 의류업체의 기업가치평가(valuation)도 떨어져서 Fab.com은 한때 9억 달러의 가치를 보였지만, 1500-3000만 달러에 매각된 것으로 보도되었다(2015년 PCH에 매각됨). Gilt Groupe도 한때 10억 달러로까지 평가받았지만 1억 달러 이하로 매각되었다(2018년 Rue La La가 인수). 평균적으로는 온라인 소매의류업체의 시가총액(market capitalization) ÷ 순익(EBITDA)은 20.0으로 일반 의류업체의 11.1보다 앞서 있다(BOF and McKinsey Co., 2019: 79).

대형 슈퍼마켓들은 온라인 장터(e-market places)와 할인점이 전개하는 강력한 가격 압박에 위협을 받고 있어서, 차별화와 마진의 확보를 위해 소규모 브랜드에 눈을 돌리고 있다. 소규모 브랜드는 프리미엄 제품(미국시장: 소규모 브랜드 44% vs 일반 브랜드 34%)인데다 판촉을 좀처럼 하지 않기 때문에(27% vs 44%) 점포 내방객 수와 마진을 늘리는데 기여한다. 밀레니얼 세대와 소규모 브랜드 간 궁합도 좋아서, 수제 맥주(craft beer)는 뛰어난 향, 차별화, 진정성의 상징으로 밀레니얼 소비자에게 비춰지고 있어서 물량 기준으로 미국 맥주시장의 점유율이 6%(2009)에서 14%(2017년)로 증가하였다. 소규모 브랜드는 특정의 틈새시장(예: 동물에서 원료를 취하지 않은 의류를 요구하는 vegans)을 표적으로 삼는 능력도 뛰어나고, 시장의 새로운 추세에 부응하는데도(예: 운동과 레저 겸용복 athleisure, 명품 운동복 athluxury) 탁월하다. 심지어 일부 소규모 브랜드(매출규모 Kind Bars 7억 2700만 달러, Halo Top 3억 4700만 달러, Fever Tree 2억 2000만 달러)는 단순한 거품(froth)이 아니라 제법 규모를 지닌 업체로 발전하고 있다.

의류업계는 화장품업계를 벤치마킹할 필요가 있다. MAC와 랑콤(프레스티지 영역), 로레알과 레브론(대중 영역)이 5%의 매출 성장률에 그친데 비하여, Benefit, Becca, Urban Decay와 같은 도전자들은 16%의 성장률 덕분에 글로벌 화장품 시장의 10%를 차지하는 쾌거를 이루었다. 이들 소규모 화장품 브랜드들은 스토리가 담긴 고품질의 혁신적 제품을 밀레니얼 소비자에게 제공하고, 구독료 사업모델까지 아우르는 옴니채널 전략을 구사하고, 브랜딩과 마케팅에서 차별적 역량(심지어 제조, 유통, 혁신을 아웃소싱하기도 함)

Evernote 42 후지필름의 관련 다각화

아날로그 카메라가 거의 시장에서 퇴출당하면서 후지필름 또한 일반소비자의 기억 속에서 사라졌다. 그러나 여전히 후지필름은 건재하며 매출의 상당 부분은 화장품 사업에서 거두고 있다. 필름 원료 중에 콜라겐이 있는데, 콜라겐을 다루는 고도의 기술력을 활용하여 화장품 분야에 진출한 것이다. 상품의 외견만을 놓고 보면 필름과 화장품은 전혀 관련성이 없어서 비관련다각화라고 말할 수 있지만, 사업의 다각화를 관련과 비관련으로 구분 짓는 기준은 핵심역량, 즉 기존기술을 활용할 수 있는가의 여부이다.

을 발휘하고, 소셜미디어에서 규모에 걸맞지 않은 막강한 존재감(Anastasia Beverly Hills는 주당 60건 이상을 포스팅하고 600명 이상의 인플루언서들과 작업한 덕분에 인스타그램의 팔로워가 1800만 명에 육박. 방문객이 절정에 달하는 시간에는 3시간당 1건의 신규 포스팅을 하는 것을 목표로 설정. 포스팅 건당 평균 6만8천의 상호작용이라고 하는 높은 고객관여를 이룸. 그 결과 매출액이 2012년 200만 달러에서 2018년 3억4000만 달러로 팽창)을 과시하고 있다는 네 가지 특징을 지닌다.

이런 위세에 대형 화장품업체들은 인수·합병으로(에스테 로더는 Smashbbox, Too Faced, Becca를 인수, 로레알은 Urban Decay, Nyx, IT를 인수) 대응하고 있다. 의류업체 중 구찌는 역(reverse) 멘토링을 실시하여, 밀레니얼 세대 종업원들이 혁신의 흐름을 상사에게 알려주고 있다. 이는 규모가 작아야 하는 게 아니라, 행동이 '작아야' 한다는 점을 시사한다.

Asos(As seen on screen의 약자. 2000년 런던 설립. 온라인 패션·화장품 판매. 표적고객은 젊은 성인)의 CEO 닉 베이튼(Nick Beighton)은 4%의 순익(EBITDA) 수준을 설정한 이유로, 그 정도의 수익을 거두어야 고객과 제품, 혁신, 실험정신에 투자할 수 있기 때문이라고 한다. 이 회사의 고객 30%는 30대 이상이지만, 주된 표적고객은 20대(twenty-somethings)로서 회사의 목소리와 제품, 가격, 경험, 콘텐츠 모두가 20대의 관여에 맞추어져 있다.

향후 AI 도입은 두 가지 측면을 반영하는데, 하나는 추천 기능을 통한 고객 체험의 강화이고, 다른 하나는 고객문의와 제품 처리비용의 개선이다. 가령, 반품 걱정 없이 판매 상품과 고객의 몸매를 매칭 시키는 서비스를 꼽을 수 있다. 대부분의 고객은 브랜드마다 동일한 치수의 사이즈가 실제 입어보면 다른 크기라는 점에 엄청 짜증을 낸다. AI가 이를 해결해준다면 기업으로서는 대단한 득을 볼 수 있다.

18

패스트 패션

재미 한인교포 부부가 창업하여 성공 스토리를 만들었던 Forever21이 도산을 했다는 뉴스를 접했다. 2012-13년경부터 부부의 여식들이 상품개발 정책을 담당하면서 여성용 의류제품의 구성에 과도하게 특화한 점이 패밀리 계층의 고객군으로 표적고객을 확대시키는데 실패한 점이 부도의 원인 중 하나로 지목되고 있다. 게다가 아일랜드 기업 '프라이마크'가 염가 제품으로 경쟁의 위협을 가하고, 각국 시장에서 임대료가 비싼 입지에 점포를 개설하다보니 자금 압박도 더해갔다. 저렴한 가격은 그보다 더 저렴한 가격에 밀리게 되어 있다는 말이 떠오른다. 마찬가지로 스웨덴 기업 H&M도 중국의 인건비 상승으로 생산공장을 본사와 판매거점에서 더 먼 곳으로 이전하면서, 상품을 점포에 투입하기까지의 소요시간(lead time)이 더 걸리면서 상품의 신선도가 떨어지는 문제점을 낳고 말았다(週刊東洋経済. ユニクロvsZARA: ファストファッション新時代. 2019. 11.23.).

반면 일본의 유니클로(Uniqlo)는 섬유제조업체 토레이(東レ.Toray)와의 협력으로 신소재 개발에 성공하면서 고품질을 확보할 수 있었다. 그 덕분에 비즈니스 의류, 스포츠 의류 카테고리에서도 점차 존재감을 높여갈 수 있게 되었다. 2019년 8월 결산기의 실적을 보면, 일본시장의 영업이익이 전년대비 14% 감소(1024억 엔)한 것과는 대조적으로 해외시장에서는 17%의 증가(1398억 엔)를 보였다. 매출 기준으로 자국 일본을 포함한 아시아시장(오세아니아 포함)이 기업 전체 매출의 90%를 차지하고 있다. 가령, 중국 의류시장에서는 현지브랜드인 '海瀾之家(Heilan Home. 영문명 HLA Corp)'에 이어 2위의 자리에 올라서 있고(2014년 9위), 말레이시아 의류시장에서는 2014년 이래 줄곧 수위를 차지하고 있다(2010년 진출). 그런데 유니클로의 북미 시장 성적은 시원찮아서 적자가 이어지고 있다. 이는 세계적 브랜드로서의 존재감을 심어주기 위한 목적이 북미 시장에 있는 것이지, 성장 엔진으로서 북미 시장을 염두에 두고 있는 것은 아니라는 의미이기도 하다.

유니클로의 강력한 경쟁상대인 인디텍스(ZARA 등의 브랜드 보유 모기업)는 대조적으로 기업 전체의 매출 중 80%를 유럽과 북미 시장에서 거두어들이고 있다. 자라는 중국과 말레이시아 의류시장에서는 5위권에도 진입하고 있지 못하다. 그러나 채산성 면에서는 유니클로를 압도한다. 2018년도 영업이익률 16.7%는 패스트리테일링(유니클로 브랜드 보유 모기업)의 11%보다 높다. 유니클로의 채산성이 밀리는 원인은, 고품질을 중시하는 베이직 상품의 소재 조달비용이 높다는 점과 더불어 재고관리의 비효율성에 있다.

재고관리 차원에서 유니클로는 품절을 극도로 꺼리기 때문에 항시 여유 재고를 확보한다. 게다가 베이직 의류의 특성상 일기에 따라서 단숨에 재고가 쌓이는 단점이 있다. 즉 발열 기능, 속성건조 기능의 상품은 날씨 여하에 판매량이 크게 좌우된다. 그 결과, 위탁생산 공장에 주문하는 발주량의 변화에도 기복이 심하다. 앞서 2019년 8월 결산기의 유니클로 영업이익이 전년대비 감소한 원인도 겨울철 기온이 따뜻하여 방한 의류의 할인 판매가 늘어나면서 이익률이 저하한 점에 기인한다.

유니클로는 발매 1년 전부터 상품기획을 하여 시즌 전에 대량생산을 하는 방식이라서 리드타임이 길다는 점, 그에 따라 재고의 기동적인 조정이 여의치 않다는 문제를 안고 있다. 이의 해소를 위하여 유니클로는 2017년부터 동경의 아리아케(有明) 지역에 오피스 겸 창고의 운영을 개시하고 있다. 또한 2018년부터는 구글과 제휴하여 구글의 검색엔진을 통한 수요예측도 하고 있다. 물류창고 관리도 외주에서 자체 운영으로 전환하여 전 상품에 RFID를 부착하여 상품 이동(입고와 출고)의 실시간 점검을 하고 있다.

반면 ZARA는 신상품을 몇 주 이내에 신속하게 점포에 투입하기 때문에, 판매동향에 기초하여 저조한 판매의 상품은 추가생산을 하지 않는 식으로 함으로써 정가 판매로 전체 상품의 80%를 소화한다. 물론 자라도 테이블에 진열하는 진(jean)과 니트, 선반(rack)에 걸어놓는 카디건 등과 같은 베이직 상품(매장 면적의 1/3 차지)은 장기간에 걸쳐 판매를 하므로 비용 측면을 중시한다. 반면 매장의 2/3를 차지하는 트렌드 상품(주로 벽 쪽에 진열)은 매출 예상이 빗나갈 위험이 크므로, 시즌 초기에는 3주간의 물량만을 점포에 투입하여 고객의 반응을 살핀다.

Evernote 43 음식점의 고객 유인을 위한 가격책정

일품 메뉴 중에서 프리미엄 가격과 대용량으로 고객을 유인하려고 할 경우, 가격 책정은 이익률이 아니라 이익액을 기준으로 하는 것이 효과적이다. 가령, 중간 가격대의 메뉴가 1만5천 원의 가격에 식자재원가가 4500원(30%)으로 10500원의 총이익이 나온다면, 대용량(2-3인 분)의 메뉴는 판매가를 3만5천원에 설정하고 이익액을 중간가격대의 메뉴와 동일하게 10500원으로 하는 것이다. 이렇게 되면 식자재원가가 2만4500원이 된다. 가격 대비 원가의 비중이 중간상품의 30%에 비하여 70%에 달하는데, 이 정도의 원가라면 식자재를 프리미엄급으로 구성할 수 있다. 그렇게 되면 식자재의 차별화를 통한 고객흡인 효과를 제대로 발휘할 수 있다. 일률적인 원가 구성비율을 고집해서는 성숙기 시장의 음식사업에서 치열한 경쟁을 넘어설 수 없다.

(출전:木下尚央之, 2020: 116)

생산량은 상품 단위 당 색상별 20장 x 점포수만큼이 된다. 반응이 좋은 상품을 추가 생산할 경우에는 단순 추가가 아니라 점포로부터 전달된 정보에 입각하여 약간의 개량을 더한다. 흥미로운 점은, 試着室(fitting room)에서 착용은 해보았지만 고객이 구매하지 않은 상품을 시착실 앞의 행거에 그대로 걸어둔 뒤, 일정 시간마다 시착 후 미구매의 이유에 관하여 점원들끼리 이야기를 나누고 그 결과를 본사에 보고한다는 점이다.

ZARA가 신상품을 조기에 투입할 수 있는 원동력은 소재의 확보를 철저히 한다는 점, 디자인부터 소재의 재단에 이르는 공정을 본사 스페인에서 행하고, 봉제 작업도 스페인, 포르투갈, 모로코, 터키와 같은 인근국가의 협력공장에서 한다는 점뿐 아니라 독자적인 물류시스템 등에 있다. 전 세계 공장에서 봉제된 상품은 일단 스페인 본사로 운송된다. 본사에서는 봉제 의류를 검사하고 다리미질을 하고 RFID를 부착한 보안태그를 달아서 항공기로 각국 점포에 배송한다(유럽은 36시간 이내, 다른 지역은 48시간 이내). 이처럼 신속한 항공운송을 위하여 ZARA는 전세비행기 이용 업무를 관장하는 물류포워딩회사를 산하에 보유하고 있다. 화물 적재의 최적화 예를 들면, 일본의 점포들에 상품을 배송한 항공기가 돌아오는 길에 아시아의 생산공장에 들러서 제조 상품을 적재한 뒤에 스페인으로 귀환한다.

인디텍스가 보유한 8개의 브랜드 간에는 디자인센터는 각각 별도로 운영되지만, 물류는 공동운영되므로 언제나 항공화물을 만재(滿載)할 수 있다. 그 덕분에 점포용 물류창고는 스페인에만 있어도 충분하다. 다른 의류업체들이 매일 점포에 재고를 보충하는 반면, 자라는 주 2회만으로 족하다. 신상품의 조기 투입 덕분에 고객들은 지금 구매하지 않으면 품절될 수 있다는 구매심리를 갖게 되며, 할인 행사는 6월말과 12월말에 시작하는 두 번에 그친다. 아울러 촉진비를 거의 지출하지 않는 대신에 최우량의 입지 선택과 점포의 내장 고급화에 신경을 쓴다.

요약하기

이 장의 내용을 요약, 정리해봅시다. 양서를 보면 저자가 깔끔하게 요약해놓은 걸 볼 수 있지만, 다 차려놓은 밥상에 숟가락 하나 얹는 일은 고교 때까지로 끝냅시다. 예비 사회인인 대학생이라면 자력으로 모든 걸 정리할 능력을 구비해야 할 것입니다.

소감쓰기

이 장을 읽고 본인이 느낀 소감을 써봅시다. 어떤 자료가 주어지든 그 자료가 함의하는 바를 나름대로 말하고 써내려가는 것이야말로, 주어진 답을 작성하는 것이 아니라 자기만의 답을 만들어가는 역량일 것입니다.

참고 문헌 (References)

1. BOF and McKinsey Co.(2019). The State of Fashion 2019.
2. McKinsey & Co.(2020). The end of shopping's boundaries: Omni-channel personalization. Feb.
3. McKinsey & Co.(2020). Preparing for loyalty's next frontier: Ecosystems. March.
4. McKinsey& Co.(2019). Getting sharp on omnichannel shoppers in apparel, 09.02.
5. カーツメディアワークス(2016).あたらしいマーケティングハンドブック. 日本能率協会マネジメントセンター.
6. グローバルリンクジャパン(2019).SNSマーケティングのやさしい教科書.エムディエヌ.
7. 菊盛真衣(2020). eクチコミと消費者行動. 千倉書房.
8. 近藤公彦·中見真也(2019). オムニチャネルと顧客戦略の現在. 千倉書房.
9. のんくら외(2018). GoogleAdSenseマネタイズの教科書.日本実業出版社.
10. MarkeZine編集部(2016). ネット広告がわかる基本キーワード70. 翔泳社.
11. 木下尚央之(2020). 飲食店の五感刺激まーケティング. 同友館.
12. 福永雅文(2019). ランチェスター戦略営業大全. 日本実業出版社.
13. 佐藤義典(2018).お客様にはうれしさを売りなさい.青春出版社.
14. 佐藤義典(2018).実践商品開発マーケティング戦略. 日本能率協会マネジメントセンター.
15. 大松孝弘·波田浩之(2017).欲しいの本質人を動かす隠れた心理インサイトの見つけ方.宣伝会議.
16. 馬場久美子(2019). グローバルリーダーのためのトランジション・マネジメント. ダイヤモンド社
17. 渡部弘き(2019). 心理ロイヤルティマーケティング. 翔泳社.

18. 渡我部一成(2019).小さくても業界を牽引するリーディングブランド構築戦略.エベレスト出版

19. 山口恵市(2018).ニッチブランド革命.幻冬舎.

20. 山田理絵(2019).グローバルエリートが目指すハイエンドトラベル:発想と創造を生む新しい旅の形.講談社

21. 山田英夫(2019). ビジネス・フレームワークの落とし穴. 光文社

22. 石井栄造(2019).マーケティングリサーチの手順と使い方.日本能率協会マネジメントセンター

23. 小山田育(2019).ニューヨークのアートディレクターがいま日本のビジネスリーダーに伝えたいこと.クロスメディア・パブリシング.

24. 外川拓(2019). 消費者意思決定の構造:解析レベル理論による変容性の解明. 千倉書房.

25. 田中達雄(2018).戦略顧客の心とつながる経験価値経営.東洋経済新報社.

26. 丹下博文(2020). 企業経営の物流戦略研究(第3版). 中央経済パブリッシング

27. 村山幹朗・芹沢連(2020). 顧客体験マーケティング. インプレス

28. 小川孔輔(2019). 値づけの思考法. 日本実業出版社

29. 週刊東洋経済. 産業リポート:ファンをつくって急成長. 2019.03.09.

30. 週刊東洋経済. ファストファッション新時代. 2019. 11.23.

31. 週刊東洋経済. 激突アサヒvs.キリン: 正反対のビール戦略. 2019.10.19.

32. NIKKEI BUSINESS. ダイナミック・プライシング, 2019.03.18.

33. NIKKEI BUSINESS. 定番のつくり方. 2019.07.22.

34. NIKKEI BUSINESS. ゲームチェンジャー. 2021.02.01.

35. NIKKEI BUSINESS. CSRは業績に直結は本当か. 2021.03.15.

36. NIKKEI BUSINESS. 世界の最新経営論. 2021.04.19.

INDEX

W

Y

Z

기호

번호

그대 서강의 자랑 “이어듯” 서강 그대의 자랑 “이어라”(Sogang University)
Be as proud of Sogang as Sogang is proud of you

저자 소개 (방 용태)

» 2002년3월02일을 배재대학교 교수 시작일로 하여 2026년2월28일에 배재대학교에서 정년퇴임 예정.

» 교수 재직 중 마지막 저서의 각 페이지 머리글로 무엇을 삼을까 생각하다가 학력 난에 남을 서강대학(학사, 석사)과 일본 동경의 청산학원대학(박사), 경력 난에 남을 배재대학의 슬로건을 담기로 결정.

» 배재대학교에서 교편을 잡은 기간 중 가장 기억에 남는 일은, 제자들 해외시장탐방 보내고, 이 책을 포함하여 17권의 저서를 써서 제자들에게 신선한 지식을 전달하려고 한 일. 지방사립대학은 연구조교가 없어서 책 집필과 논문 저술의 하나부터 열까지 모든 작업을 교수가 일일이 직접 해야 한다는 여건에 비추어보면 대견한 일임.

» 어차피 육십 넘기면 덤으로 사는 삶이니까 퇴임 후 제2의 인생 따위는 가질 생각 티끌만치도 없고, 그저 밭농사하여 일용할 조식인 고구마 수확하고, 활달하기 그지없는 외손녀랑 놀고, 며느리가 손주 가지겠다는 소식 기다리는 일만 남았음.

» 다시 태어나도 똑같이 반복할 일은, 직업을 대학교수로 삼는 것, 이 세상에서 가장 사랑하는 우리아들과 부자지간 맺기 위해, 군대 가기보다 더 죽을 맛인 장가가기를 지금의 아내와 또 해야 하는 일.

※ 본 저서는 2021학년도 배재대학교 교내학술연구비 지원에 의하여 수행된 것임

그대 서강의 자랑 "이어듯" 서강 그대의 자랑 "이어라"(Sogang University)
Be as proud of Sogang as Sogang is proud of you

소비자 행동과 마케팅

발행일 2021년 12월 1일 초판 1쇄
지은이 방용태
발행인 송자영
발행처 초아출판사

주소 서울시 성북구 정릉로 36길 41
전화 070-8739-0036
팩스 0504-178-5627
E-mail choapublish@hanmail.net

ISBN 979-11-88425-16-7
정가 22,000원

크고자 하거든 남을 섬기라_Paichai University
The Salt of the Earth, The Light of the World_Aoyamagakuin University